दिन रैन

(विश्वनाथ प्रसाद तिवारी की डायरी)

विश्वनाथ प्रसाद तिवारी

वाणी प्रकाशन

वाणी प्रकाशन

4695, 21-ए, दरियागंज, नयी दिल्ली 110 002

शाखा

अशोक राजपथ, पटना 800 004

फ़ोन: +91 11 23273167 फ़ैक्स: +91 11 23275710

www.vaniprakashan.in
vaniprakashan@gmail.com

DIN RAIN
by Vishwanath Prasad Tiwari

ISBN : 978-93-5072-697-6
Diary

प्रथम संस्करण

मूल्य : ₹ 395

हर्ष प्रिंटर्स, दिल्ली-110 093 में मुद्रित

वाणी प्रकाशन का लोगो मक़बूल फ़िदा हुसेन की कूची से

धरती-सी दुर्गावती को

भूमिका

मैंने 1968 से डायरी लिखना शुरू किया। प्रतिदिन नहीं, कभी-कभी। विषय की कोई सीमा नहीं रही। साहित्य, समाज, राजनीति, कोई यात्रा या गोष्ठी प्रसंग, कोई पढ़ी हुई पुस्तक, किसी लेखक के साथ संवाद, किसी का पत्र या फ़ोन—कुछ भी जिसने मन पर अनुकूल या प्रतिकूल प्रभाव डाला, जिससे कुछ विशेष विचार आया और जो कुछ लिखने योग्य लगा, मैंने अंकित करने की कोशिश की। हो सकता है किसी दूसरे को यह सब लिखने योग्य न लगे, लेकिन यह तो अपनी-अपनी दृष्टि है। डायरियों की प्रकृति भी लेखकों की प्रकृति के अनुसार भिन्न-भिन्न हुआ करती है। पाठकों की रुचियाँ और आकांक्षाएँ अलग-अलग होती हैं। उन्हें कोई एक कृति तृप्त नहीं कर सकती। इस डायरी का सम्बन्ध मुझसे है अतः यह मेरे ही विचार और अनुभव की शब्द-सृष्टि है। हालाँकि मेरे सभी विचार और अनुभव इसमें अंकित होने सम्भव नहीं हैं क्योंकि यह न तो मेरी आत्मकथा है और न ही अपने समय का इतिहास।

इस डायरी का एक भी पन्ना प्रकाशित नहीं था। उनकी संख्या जब हजार से भी अधिक हो गयी तो एक दिन जिज्ञासा वश उन्हें उलटने-पलटने लगा। यह मार्च 2011 की बात है। मुझे यह देखकर आश्चर्य हुआ कि उनमें ऐसी जानकारियाँ हैं जिनके आधार पर अपनी मुकम्मल

आत्मकथा लिख सकता हूँ। मैं लगभग दो वर्ष उनमें डूबा रहा और अपनी आत्मकथा पूरी कर ली– 'अस्ति और भवति'। फिर भी जो बच रहा वह इस डायरी रूप में प्रस्तुत है। इसीलिए मेरे जीवन की बहुत-सी उल्लेखनीय घटनाएँ और मेरे स्वभाव की विशेषताएँ इसमें नहीं मिलेंगी। दो-चार स्थलों पर दोनों में कुछ दुहराव मिल सकता है पर डायरी की लय अलग होती है, जबकि आत्मकथा में तिथियाँ और परिस्थितियाँ घुलमिल कर एक रसायन में बदल जाती हैं।

यह डायरी कोई कल्पना प्रधान रचना नहीं बल्कि सत्य घटनाओं का बयान है। इसमें एक भी वाक्य असत्य नहीं है। यदि कोई होगा तो मेरे अज्ञान और असावधानी के कारण, न कि जानबूझ कर किया गया। मेरा मानना है कि लेखकों द्वारा कही गयी प्रासंगिक बातों को, यदि वे विवाद का विषय बनें तो भी ईमानदारी से दर्ज कर देना चाहिए, ताकि पाठक उनके विचारों से अवगत हो सकें। यह साहित्य के इतिहास के लिए भी जरूरी है। इस डायरी में अपनी कविताओं, पुस्तकों या व्याख्यानों की प्रशंसा में दूसरों द्वारा की गयी अभिव्यक्तियाँ भी अंकित हैं, जिन्हें यदि न करता तो उन लेखकों के प्रति अन्याय होता। इन्हें बहुत ही कम करके संकोच के साथ छापने की हिम्मत जुटा सका हूँ और इसके लिए क्षमाप्रार्थी भी हूँ। डायरी में जिन लेखकों के नामोल्लेख हैं वे लगभग सभी जीवित हैं। उनमें से अधिकांश के पत्र भी इस डायरी के साथ ही अलग से प्रकाशित हो रहे हैं, जिनमें इसी प्रकार की उनकी लिखित अभिव्यक्तियाँ हैं। कोशिश की है कि जो लेखक अब नहीं हैं उनके किसी विवादास्पद बयान को न छापूँ। बहुत से लेखकों की ऐसी स्मृतियाँ हैं जिनका जिक्र करके चर्चित हुआ जा सकता है। मगर लेखन और जीवन के प्रति मेरी दृष्टि यह नहीं है। यदि मेरे कुछ वाक्य उपदेश जैसे लगें तो क्षमाप्रार्थी हूँ। मैं

अपने को उपदेश देने के काबिल नहीं समझता। मेरे लिए अन्तिम कुछ नहीं है, अतः मैं अपने विचार बदल सकता हूँ।

मेरी साहित्यिक सक्रियता बहुत रही है। बाहर की संगोष्ठियों में जाना और साहित्यिक यात्राएँ आदि। उन सब का उल्लेख सम्भव नहीं है। 2008 में साहित्य अकादेमी से सम्बद्ध होने के बाद तो यात्राएँ और भी बढ़ी हैं। व्यस्ततावश उनमें से केवल कुछ की टीपें रातों को जाग कर होटलों में या ट्रेनों में ही लेता रहा। इसीलिए इसमें देश के अनेक नगरों और होटलों का उल्लेख भी हो गया है जो काल और स्थान के निर्देश के लिए जरूरी था। इस डायरी में नवम्बर 1990 से मई 2001 के बीच के लगभग एक दशक गायब हैं। मुझे बहुत अफसोस है कि मैंने इस अवधि की डायरियों को कहीं खो दिया। यह विश्वविद्यालय काल का मेरा अन्तिम दशक था।

इस डायरी में कोई विलक्षण अनुभव नहीं है। न कोई कलात्मक बुनावट। यदि सहज और सामान्य में कुछ विशेष हो सकता है तो पाठकों को उसी से सन्तोष करना चाहिए।

गोरखपुर — **विश्वनाथ प्रसाद तिवारी**

20 जून, 2013

गोरखपुर : फरवरी, 1968

नीति-अनीति के मान मनुष्य ने ही बनाये हैं और अपने विवेक से वह उनकी उपेक्षा भी कर सकता है। कोई भी मान सार्वकालिक और सर्वदेशीय नहीं होता। आज का सत्य कालान्तर में असत्य हो जाता है और भारत के मान यूरॅप में छोटे पड़ जाते हैं। साहित्य, कला, धर्म, दर्शन—सबके प्रतिमान मानवीय सन्दर्भों में ही निश्चित हो सकते हैं। धर्म का विकास जीवन की व्यवस्था के रूप में हुआ होगा और जब कुछ लोगों की जीविका बन कर वह कुछ विधिनिषेधों तक सीमित रह गया तो उसकी शक्ति भी क्षीण हो गयी। धर्म की मूल आत्मा का लोप और कर्मकांडों का प्रमुख हो जाना धर्म की पराजय है। धर्म संकीर्ण और सख्त नहीं होता। बदलती हुई परिस्थितियों और मानव-विकास के साथ उसका स्वरूप भी परिवर्तित होना चाहिए। आधुनिक वैज्ञानिक और तार्किक समय में धर्म के पीछे छूट जाने का यही कारण है। जीवन-धारा इतनी उद्दाम है कि वह अवरोधों को तोड़ती रहती है। उसके सहज प्रवाह को स्वीकार करना चाहिए। बुद्धि मनुष्य के अब तक के विकास क्रम की चरम अवस्था है। कोई भी धर्म या साहित्य या शासन उसकी उपेक्षा करके अप्रासंगिक हो जाता है।

गोरखपुर : 25 मई, 1969

हफ्ते भर पहले शहर में एक ऐसा व्यक्ति मिला था जो जयपुर (राजस्थान) का रास्ता पूछ रहा था। पहले तो मैंने उसे रेलवे स्टेशन का रास्ता बता दिया लेकिन तब मेरे आश्चर्य का ठिकाना न रहा जब उसने कहा कि उसे पैदल ही जयपुर जाना है। उसके साथ उसकी पत्नी और एक छोटा बच्चा भी था। उसने बताया कि वह सोनौली पोखरा रोड (नेपाल) पर पत्थर ढोने का काम कर रहा था।

ठेकेदार ने उसकी मजदूरी नहीं दी और उसकी वर्ष भर की कमाई लेकर भाग गया। वह वहीं से पैदल आ रहा था। लगभग 150 किलोमीटर चलकर, और अभी लगभग 500 किलोमीटर जाना है। उसकी पत्नी के चेहरे पर इस कठिन क्षण में भी लाज की मुस्कान थी। कई दिनों तक उस राजस्थानी दम्पती का चेहरा तकलीफ़ देता रहा। कुछ चेहरे मन की गहराइयों में ऐसे बैठ जाते हैं जो समय-कुसमय मन को उदास बनाते रहते हैं। इस समय मुझे उस बुढ़िया की याद आ रही है जिसे चार-पाँच वर्ष पूर्व बड़ी गंडक नदी के रेतीले कछार में देखा था। यही महीना था और यही जलती दोपहरी। बड़ी गंडक का किनारा। मीलों फैली रेतीली जमीन। वह बुढ़िया सिर पर एक गठरी लिये भागती जा रही थी। कभी सिर की गठरी रेत पर पटक कर उस पर खड़ी हो जाती और कभी पुनः गठरी सिर पर रख कर भागने लगती। क्षण भर के लिए तो मुझे उसके इस व्यवहार का कारण समझ में नहीं आया पर तत्काल मेरी स्मृति में टेनीसन की एक पंक्ति कौंध गयी 'माइ कैंडिल बर्न्स ऐट बोथ एंड्स'— My candle burns at both ends (मेरी जीवन-बाती दोनों सिरों पर जल रही है।)

गोरखपुर : 30 जून, 1969

20 जून को मैं एक भयानक ट्रेन दुर्घटना में मृत्यु के जबड़े से जिन्दा निकल आया। 20 जून मेरा जन्मदिन भी है। क्या जन्म के साथ ही जन्म में ही छिप कर मृत्यु भी नहीं आ जाती? मैं डिग्री कालेज, महाराजगंज की प्रिंसिपली स्वेच्छा से छोड़ कर चला आया, इस लालच में कि गोरखपुर विश्वविद्यालय में नियुक्ति हो जायेगी। लेकिन जिस पद पर आया था वह प्रशासनिक नियुक्ति थी जो 31 मार्च को समाप्त हो गयी। मेरी नियुक्ति इंडियन कोआपरेशन मिशन नेपाल में भी हो गयी है। जहाँ 1 अप्रैल को ज्वाइन नहीं किया। अब बेकार हूँ और इसी उदास-निराश मनःस्थिति में वाराणसी गया था। 8 जून को मेरे द्वितीय पुत्र का जन्म हुआ और 16 जून को मैं वाराणसी के लिए रवाना हुआ। 20 जून को रात में वाराणसी से गोरखपुर लौटते हुए जखनिया और दूलहपुर रेलवे स्टेशन के बीच मेरी ट्रेन

मघई नदी में पुल से नीचे गिर गयी। लगभग डेढ़ सौ लोग इस दुर्घटना में अकाल कवलित हुए। घायलों की संख्या इसके दो गुनी थी। डिब्बे के बाहर सुरक्षित निकाल लिये जाने के बाद भी मुझे यकीन नहीं होता था कि बच गया हूँ। डर के मारे पिशाब तक करने जाने की हिम्मत नहीं होती थी। अभी भी इस हादसे से उबर नहीं पाया हूँ। इस अनुभव पर बाद में विस्तार से लिखूँगा।

गोरखपुर : दिसम्बर, 1969

एक प्रश्न बार-बार मन को मथता है कि सत्य क्या है? अन्तिम सत्य की जिज्ञासा में जब कुछ नहीं हासिल होता तो सोचता हूँ, मेरा सत्य खंड सत्य है। न चाहते हुए भी जब कुछ करने को विवश होता हूँ या मेरी इच्छा के विपरीत कुछ हो ही जाता है तो लगता है, होना ही सच है। जीवन के शाश्वत प्रश्नों से जूझना मनुष्य की नियति है। इन्हीं में वह अपने जीवन का अर्थ भी ढूँढ़ता है और इसे अर्थ भी देता है। कभी-कभी सोचता हूँ, क्या व्यावहारिक सत्य और पारमार्थिक सत्य दोनों एक-दूसरे के विरोधी हैं? क्या व्यक्ति सत्य समूह के सत्य से भिन्न है? मुझे ऐसा नहीं लगता। आखिर सम्पूर्ण सृष्टि में एक ही चेतना तो व्याप्त है। दुनिया भर का मनुष्य सुख और दुख का एक जैसा अनुभव करता है। उसे देश, काल, जाति, धर्म, नस्ल, रंग, ज्ञान, बल, धन आदि किसी आधार पर अलग नहीं किया जा सकता। इकाई की अपनी सत्ता है, अपनी नियति है, फिर भी उसमें एक विशाल समूह के सुख-दुख का अंश समाया होता है। किसी व्यक्ति का अपने को सर्वोपरि मान लेना एक मूर्खतापूर्ण दंभ है। ऐसा व्यक्ति किसी दूसरे का आदर नहीं कर सकता अतः स्वयं भी किसी का आदर नहीं प्राप्त कर सकता और अन्ततः कुंठित होकर स्वयं का ही गुणगान करता या दूसरों में दोष-दर्शन करता रह जाता है। भारतीय सन्तों-भक्तों ने मनुष्य में जो छह कमजोरियाँ बताई हैं—काम, क्रोध, मद, लोभ, मोह और मत्सर— इनसे मुक्त हुए बिना वास्तविकता को देख पाना सम्भव नहीं है। ये व्यक्ति की आँखों को अन्धा कर देते हैं। जो इनसे जितनी मात्रा में मुक्त होता है, यथार्थ और सत्य के उतने ही अंश को देख पाता है। जो मोह से ग्रस्त है वह 'पर' को

कैसे देख सकता है? आत्ममोह का शोधन आत्मलोचन से होता है। पहले देखने वाली आँख कीचड़ से मुक्त हो तब तो दृश्य स्पष्ट होगा।

गोरखपुर : जनवरी, 1970

कुछ दिनों से मेरे विचारों में तेजी से परिवर्तन हो रहा है। मुझे स्वयं आश्चर्य है कि कुछ दिनों पूर्व तक जिन मान्यताओं को दृढ़ता के साथ स्वीकार करता था अब वे अर्द्धसत्य प्रतीत होती हैं। नीति-अनीति, सत्य-असत्य, श्लीलता-अश्लीलता आदि के सम्बन्ध में मेरी पुरानी धारणाओं में काफी अन्तर आया है। कारण यह कि पढ़ते हुए अब चिन्तन भी चलने लगा है। पहले स्वीकार करके बढ़ता था, अब अस्वीकार के साथ चलता हूँ और परिवेश के साथ मानवीय सम्बन्धों का भी विश्लेषण करता हूँ। परिणामतः बहुत-सी मान्यताएँ टूटती हैं और नयी सामने आती हैं। सन् 1968 में मैंने 'साठोत्तरी पीढ़ी के नाम' शीर्षक लेख लिखा था जो फरवरी 1969 के 'ज्ञानोदय' में प्रकाशित होकर बहुत चर्चित हुआ था। उस निबन्ध की बहुत-सी बातें आज मेरे विचारों के साथ रख दी जायें तो एक स्पष्ट विरोध मिलेगा। मैं इसे बुरा नहीं मानता। किसी का विचार यदि सदा एक ही रह जाय तो वह या तो त्रिकालदर्शी होगा या जड़। आइरिश कवि डब्ल्यू. बी. येट्स अपनी प्रकाशित कविताओं तक के अगले संस्करणों में परिवर्तन कर दिया करते थे।

गोरखपुर : फरवरी, 1970

संकुचित ग्रामीण मानसिकता के प्रभाव स्वरूप मैं सेक्स सम्बन्ध को हेय मानता रहा। अतः उसकी अतृप्ति मेरे भीतर रही है। विवाह (1957) के बाद पढ़ाई के सिलसिले में लगभग एक दशक अकेले बाहर रहा और संकोचवश अपनी पत्नी से खुल कर बात तक नहीं कर सका। मेरी कविताओं में सेक्स की बेचैनी के संकेत मिलेंगे। मगर अब मैं नर-नारी के बीच सेक्स सम्बन्ध को सहज स्थिति के रूप में स्वीकार करने लगा हूँ। सेक्स की कुंठा अनेकानेक मानसिक विकृतियों को जन्म देती है।

"देख रे, तेरे शास्त्र तुझे धोखा देते हैं। जो तेरे भीतर सत्य है उसे दबाने को कहते हैं, इस ब्रह्माण्ड का प्रत्येक अणु देवता है। देवता ने जिस रूप में तुझे सबसे अधिक मोहित किया है, उसी की पूजा कर। न तो प्रवृत्तियों को छिपाना उचित है, न उनसे डरना कर्त्तव्य है और न लज्जित होना युक्तियुक्त है। डरना किसी से भी नहीं, लोक से भी नहीं, वेद से भी नहीं, गुरु से भी नहीं, मन्त्र से भी नहीं।" 'बाणभट्ट की आत्मकथा' (हजारी प्रसाद द्विवेदी) की ये पंक्तियाँ बार-बार मन में गूँजती हैं। काश, सहज होकर जी सकता।

वाराणसी : 5 मई, 1970

तर्क और बुद्धि ने मुझे इतनी शक्ति तो दी कि सर्वशक्तिमान ईश्वर के अस्तित्व पर प्रश्नचिह्न लगा सकूँ पर वह मुझमें इतना साहस न भर सकी कि अपने निष्कर्षों को क्रियात्मक रूप दे सकूँ। विचार और लेखन में ईश्वर के प्रति संशयालु होते हुए भी रोज स्नान के बाद पूजा करता हूँ। वाराणसी आदि धार्मिक नगरों में जाने पर मन्दिरों के दर्शन करता हूँ और उससे मुझे शक्ति मिलती है। जिस कर्म से मन को शक्ति मिले उसे ढोंग भी कैसे कहूँ? मेरे मन का यह अन्तर्विरोध क्या मेरे युग-मानस का सत्य नहीं है? आज के भारतीय आदमी ने धर्म और ईश्वर पर प्रश्नचिह्न तो लगाया मगर वैज्ञानिक दृष्टि को अपना आचरण न बना सका। परिणामतः उसके सिद्धान्त और व्यवहार के बीच खाई हो गयी। क्या भारत के साम्यवादी भी इसके उदाहरण नहीं हैं?

गोरखपुर : जून, 1970

मौलिकता के सन्दर्भ में मुझे अंग्रेजी का यह कथन सच लगता है "All Originality is an undetected theft." अर्थात हर मौलिकता एक अनपहचानी अनुकरण होती है। मुनष्य को सारा ज्ञान और अनुभव इस संसार से ही प्राप्त होता है। संस्कार और वातावरण से मस्तिष्क जो विस्तार पाता है उसके अन्तर्गत ही वह सोचता समझता है। स्वाभाविक

है कि मस्तिष्क की सीमा के कारण उसका ज्ञान और अनुभव भी अपूर्ण है। इसीलिए किसी प्रश्न पर अन्तिम निर्णय देना या शाश्वत सत्य का प्रतिपादन करना तर्कसंगत नहीं है। ईश्वर की सृष्टि बिना आधार और बिना किसी पूर्व प्राप्त सामग्री के है। "शून्य भीति पर चित्ररंग नहिं, तन बिनु लिखा चितेरे" (विनय पत्रिका : तुलसीदास)। मनुष्य की सृष्टि out of something है। कलाकार निमित्त कारण है। उसकी मौलिकता का अर्थ 'नवीनता' से है। समय के साथ भाषा घिसती है, शब्दों से अर्थ की सुगन्ध उड़ जाती है, उसका रंग धूमिल हो जाता है, तब कवि फिर से रंग भरता है, महक पैदा करता है। इसी को कहते हैं कि वह भाषा को चार्ज करता है, जैसे बैट्री चार्ज की जाती है। कवि अपनी नवीन उद्‌भावना शक्ति के द्वारा पुराने कथन को भी नवता प्रदान करता है। उर्दू शायरी में बात को आगे बढ़ाने (to extend) की स्वीकृत परम्परा है। भौतिकी के विद्वानों के अनुसार मनुष्य किसी नये पदार्थ की सृष्टि नहीं कर सकता। मनोविज्ञानवेत्ताओं के अनुसार कोई ऐसा स्वप्न भी नहीं देख सकता जो उसके मन में पहले से विद्यमान न हो। तात्पर्य यह कि हम जिसे नया कहते हैं वह दरअसल पहले से विद्यमान होता है। बकौल सार्त्र एक आदमी पीड़ा में चीखता है और एक दूसरा पीड़ा में गाता है। दूसरे आदमी की अभिव्यक्ति सर्जनात्मक है और मौलिक भी।

गोरखपुर : 5 जनवरी, 1971

26, 27, 28 दिसम्बर (1970) को पटना में युवा लेखक सम्मेलन था। इसमें गोरखपुर से तीन लेखक आमन्त्रित थे—परमानन्द श्रीवास्तव, देवेन्द्र कुमार और मैं। अभी उसी सम्मेलन से लौटा हूँ। इतने बड़े लेखक सम्मेलन में शामिल होने का यह मेरा पहला अनुभव था। इसमें फणीश्वरनाथ रेणु, नामवर सिंह, अशोक वाजपेयी, रमेश गौड़, इब्राहिम शरीफ, गंगाप्रसाद विमल, रवीन्द्र कालिया, काशीनाथ सिंह, धूमिल, कुमारेन्द्र पारसनाथ सिंह, चन्द्रकान्त देवताले, दूधनाथ सिंह, चन्द्रभूषण तिवारी, नागेश्वर लाल, सौमित्र मोहन, ज्ञानेन्द्र पति, जगदीश चतुर्वेदी, बलदेव वंशी, ऋतुराज, विजयमोहन

सिंह, जितेन्द्र भाटिया, ममता कालिया, कामतानाथ, गिरिराज किशोर, अमर गोस्वामी, सुदर्शन नारंग, अरविन्द मेहरोत्रा, नवल किशोर, नन्द चतुर्वेदी, विष्णु खरे आदि उपस्थित थे। इनमें से कइयों को पहली बार देखने और सुनने का अवसर मिला। उनके खान-पान और आचार-विचार से भी परिचित हुआ। भले इस सम्मेलन से मुझे कुछ मूल्यवान हासिल न हुआ हो और कई लेखकों के व्यक्तिगत आचरण से कुछ सदमा भी लगा हो पर मेरे लिए तो इतना ही बहुत है कि ऐसे सम्मेलन में शामिल होने और मंच से अपनी बात कहने का अवसर मिला।

गोरखपुर : अप्रैल, 1971

मैंने अभी बहुत ज़्यादा लिखा नहीं है, न लेखक के रूप में मुझे कोई जानता है, पर पता नहीं क्यों मेरे मन को यह प्रश्न कोंचता रहता है कि मेरे लेखन की सार्थकता क्या है? कि लेखन और सीधा कर्म में कौन बेहतर है? कि लेखन क्या सीधे कर्म से पलायन है? पिछले दिनों 'ज्ञानोदय', 'मूल्यांकन' और 'सिर्फ' तथा कुछ अन्य पत्रिकाओं के लिए लिखी गयी कुछ टिप्पणियों में मेरे मन का यह द्वन्द्व व्यक्त हुआ है। क्या यह द्वन्द्व इसलिए है कि मेरी प्रवृत्ति बहिर्मुखी भी है? या इसलिए कि मेरे पिछले एक दशक सामाजिक -राजनीतिक कार्यकर्ताओं के सम्पर्क में गुजरे हैं? लेकिन अब जैसे-जैसे विचारकों को पढ़ रहा हूँ और स्वयं भी विचार कर रहा हूँ, इस निष्कर्ष पर पहुँच रहा हूँ कि क्या लेखन भी एक सक्रिय और सीधा कर्म नहीं है? ऊपर से देखने पर ऐसा प्रतीत हो सकता है कि लेखक-रचनाकार कारोबारी जिन्दगी से पलायन कर रहा है पर दरअसल वह उस जिन्दगी को शब्दों में मुखर करता है, उसे सही-सही पहचानने और पकड़ने की कोशिशें करता है। साहित्य समाज का दर्पण मात्र नहीं है, वह उसका निर्माता भी है। सोचता हूँ यदि उपनिषद, रामायण और महाभारत आदि न होते तो क्या मुझ भारतीय का मन वैसा ही होता जैसा कि आज है? दूसरा क्या साधन है हमारे पास हजारों वर्षों के अनुभव और चिन्तन को जानने का जिसकी प्रेरणा से हम जीते-जागते और अपने को कल की लड़ाई के लिए तैयार करते हैं?

देश और काल को शब्द देना तथा भविष्य के झाड़-झंखाड़ और अन्धकार के बीच किसी पगडंडी की कल्पना करना क्या कोई निरर्थक कर्म है? फर्ज कीजिए यदि प्रेमचन्द ने अपना समय अपने गाँव की सफाई, सड़क निर्माण और अन्य तत्कालीन उपयोगी कार्यों में खपा दिया होता तो क्या वह उनके लेखन से अधिक सार्थक होता?

गोरखपुर : मई, 1971

मैंने अपनी मेज पर एक ग्लोब रखा है। छोटे से इस ग्लोब पर जब हाथ फेरता हूँ तो इसका घूमना बहुत अच्छा लगता है। जैसे पृथ्वी घूम रही हो अपनी धुरी पर। मगर जब देखता हूँ कि प्रकृति के अलावा मनुष्य ने भी खंडित कर दिया है इसे, तो उदास हो जाता हूँ। हर देश ने अपनी सीमाएँ खींच दी हैं। क्यों उसे लेना पड़ता है प्रकृति की दी हुई इस धरती पर वीजा और पासपोर्ट? क्या आदमी की पहचान के लिए जरूरी है किसी देश, जाति, धर्म, सम्प्रदाय का बिल्ला? क्या आदमी का आदमी होना मात्र पर्याप्त नहीं है? पिछले कुछ वर्षों से यह विचार मेरे मन में उठता रहा है मगर यह क्या कभी साकार हो सकेगा?

गोरखपुर : 26 मार्च, 1971

स्विच खोलते ही रेडियो सावधान करता है, "एक ऐलान सुनिये। पूर्व पाकिस्तान में सभी राजनीतिक गतिविधियों पर रोक लगा दी गयी है। कोई व्यक्ति न भाषण करेगा, न किसी का भाषण सुनेगा, न किसी भाषण का आयोजन करेगा, न नारा लगाएगा और न किसी प्रकार के जुलूस में भाग लेगा। कोई समाचार बिना सेंसर किये पत्रों, रेडियो या टेलीविजन से प्रसारित नहीं होगा। हिदायत की जाती है कि लोग अपने हथियार या छापने की मशीनें फौजी कार्यालय में जमा कर दें। सैनिक अधिकारियों को किसी भी स्थान की तलाशी लेने का अधिकार होगा। आगे विवरण की प्रतीक्षा करें। दस बजे ऐलान किया जायेगा।"

अभी तो कल ही तीसरे पहर यही रेडियो बड़े इत्मीनान से कह रहा

था कि राष्ट्रपति याहिया खां ने पाकिस्तान का वर्तमान राजनीतिक संकट समाप्त करने के लिए अवामी लीग के प्रधान शेख मुजीबुर्रहमान की चार सूत्रीय माँगे सिद्धान्त रूप से स्वीकार कर ली हैं। प्रमुख अखबारों ने भी यही सम्भावना प्रकट की थी कि याहिया खां आज रेडियो से समझौता हो जाने का ऐलान करेंगे जिसमें सैनिक शासन हटाकर पूर्व पाकिस्तान तथा पश्चिम पाकिस्तान के चारों प्रान्तों की मुल्की सरकारों को सत्ता सौंपने की घोषणा होगी।

यह अचानक क्या हो गया? क्या दस दिनों से ढाका में बैठकर फौजी तानाशाह अपनी समर नीति दृढ़ कर रहा था? क्या अवामी लीग से बातचीत एक कुचक्र मात्र थी? जैसे-जैसे घड़ी की सुई दस की ओर बढ़ रही है, बेचैनी बढ़ती जा रही है पर दस बजे कहीं से कोई समाचार नहीं आता। रेडियो मौन है। पाँच सौ मील पूरब से फौजी बूटों और गोलियों की आवाज सुनाई पड़ रही है, रेडियो स्टेशन चारों ओर से घेर लिया गया है, आहत कर्मचारी फर्श पर छटपटा रहे हैं, अपने ही रक्त में सने हुए। लहूलुहान ढाका विश्वविद्यालय छात्रावास की ऊपरी मंजिल से कूद कर आत्माहुति करती छात्राएँ गौरी चौधरी, शान्ति मजुमदार, अनिता बनर्जी, शशि गुप्त... चिर दिन तोमार आकाश बाताश आमार प्राणे ओ मां आमार प्राणे बाजाय बांसी...।

गोरखपुर : 27 मार्च, 1971

यह आकाशवाणी है "पूर्व पाकिस्तान में सेना से जनता का जमकर संघर्ष हो रहा है। ढाका और चटगांव की सड़कों पर घमासान लड़ाई जारी है। पूरे प्रान्त में कर्फ्यू लगा दिया गया है। देखते ही गोली मार देने का आदेश हो चुका है। दस हजार नये पाकिस्तानी सैनिक बंगलादेश पहुँच गये हैं।" पूरब में गोलियों की आवाज़ फिर सुनाई पड़ने लगती है। हिंसा ने अहिंसा को अपनी दिशा बदलने के लिए मजबूर कर दिया है। किसी अज्ञात स्थान से मुजीब ऐलान कर रहे हैं, "हम खून का बदला खून से लेंगे। संसार की कोई ताकत हमें आजादी लेने से रोक नहीं सकती। हम खून की अंतिम

बूँद तक लड़ेंगे।" कहीं पता नहीं है नायक का। खलनायक जोर-जोर से चीख रहा है और रक्षक उसके आदेश पर गोलियाँ दाग रहे हैं, अन्धकार में इत्मीनान से बैठे मूक दर्शकों पर। कहीं पता नहीं है नायक का। केवल उसकी आवाज गूँजती है "यह तुम्हारी स्वाधीनता और मुक्ति का संग्राम है। घर-घर को दुर्ग बना दो। जो कुछ भी हाथ में है लेकर लड़ो।" आज रात बड़ी भयानक है। चाँद कब का ढल चुका है। हत्यारे उसका पीछा कर रहे हैं जो शायद उसे खत्म कर देंगे रात खत्म होने के पहले। मगर उसकी आवाज कोठरी के हर द्वार से टकरायेगी। इस बन्दीगृह में क्रान्ति हो जायेगी। सभी बेड़ियाँ टूट जायेंगी। सभी दीवारें ढह जायेंगी। एक भी पहरेदार का पता नहीं चलेगा।

गोरखपुर : 2 अप्रैल, 1971

रोशनारा बेगम (ढाका विश्वविद्यालय की एक छात्रा) ने सीने पर बारूदी सुरंग बाँधकर अपने को पैटन टैंक के सामने झोंक दिया। और 'सारी हरामी दुनिया' को बता दिया कि कोई नहीं छीन सकता है किसी का वरण स्वातन्त्र्य कि स्वतन्त्रता जीवन का चरम मूल्य है। दुनिया भर का आदमी अपने स्वातन्त्र्य के लिए ही जीवन भर संघर्षशील रहता है। अपनी आजादी को ही जीने और भोगने के लिए, जो उसका जन्म सिद्ध अधिकार है—जीने का अर्थ है। जिसे वह उम्र भर ढूँढ़ता है और जिसे प्राप्त करने, चरितार्थ करने के लिए स्वेच्छया वरण की गयी मृत्यु भी जीवन का ही पर्याय हो जाती है— सच्चे और नये जीवन का। तुम हमें आजाद होकर जीने नहीं दे सकते तो अपनी स्वतन्त्रता के साथ मरने से भी नहीं रोक सकते।

गोरखपुर : 10 अप्रैल, 1971

लोकतन्त्र के मस्तक पर फौजी पंजे। अन्धकार में सधे हुए खूनी हाथ टटोल रहे हैं गर्दन। आदमी चारों ओर घिर गया है आततायियों से। युद्धभूमि में बिल्कुल अकेला घिर गया है। यह सेना और जनता की लड़ाई है। लोकतन्त्र और तानाशाही की लड़ाई है। हर व्यक्ति ने विद्रोह कर दिया

है। पाकिस्तानी झंडा कहीं नहीं दीखता। हर मकान, दुकान, दफ्तर पर बंगलादेश का हरा-लाल सुनहरा झंडा फहरा रहा है। फौजी शासन के कड़े आदेशों के बावजूद कोई काम पर नहीं लौटता। यह विद्रोह नहीं दमन के विरुद्ध आजादी की लड़ाई है। क्या साढ़े सात करोड़ आदमी की कोई नियति नहीं होती? आज दो महीने से अखबार और रेडियो चीख रहे हैं, ढाका विश्वविद्यालय ध्वस्त कर दिया गया, छात्रों को जिन्दा जला दिया गया, छात्राओं ने शील की रक्षा के लिए छतों से कूद-कूद कर आत्महत्या कर ली। प्राध्यापकों, साहित्यकारों, बुद्धिजीवियों को सता-सताकर मार डाला गया। रवीन्द्रनाथ ठाकुर का सेलाइदा स्थित मकान जला दिया गया, बच्चों और बूढ़ों को कतार में खड़ा कर मशीनगनों से भून दिया गया, घरों में घुसकर स्त्रियों के साथ बलात्कार किया गया और अब उन्हें संगीनों के नोक पर बाँधकर ढाल का काम लिया जा रहा है। आगजनी, लूट बलात्कार, सामूहिक हत्या। यह बीसवीं शताब्दी का सबसे बड़ा नरसंहार है। कुछ नहीं हो सकता संगीनों के साये में—सिर्फ बलात्कार हो सकता है। बन्दूक की नली निहत्थी भीड़ को कहीं नहीं ले जा सकती सिवा उन नरभक्षी माँदों के जहाँ जंगल की भाषा में लोकतन्त्र और मताधिकार जैसे शब्दों का व्याकरण बनता है। एक खूँखार गीध चंगुल में दबाकर उड़ जाना चाहता है पूरे देश को। ढाका, नारायणगंज, चटगांव, रंगपुर, खुलना, जैसोर, कुमिला, राजशाही, सिलहट, दीनाजपुर, बोगरा चारों ओर टैंकों, तोपों, बमों और विमानों की गड़गड़ाहट, जमीन और आसमान काँपते हैं। पूरा देश एक कब्रगाह हो गया है। सड़कों पर चीथड़े, खून और लाशों के अलावा कुछ दिखाई नहीं देता। खून से लाल हो गयी है सोने की मिट्टी। चारों ओर सुनाई पड़ती हैं आहत चीत्कारें। जलते शहर, रोती स्त्रियाँ, लाशों से चिपके चीखते बच्चे, मँडराते युद्धकों के बीच सहमे हुए लोग। गोलियाँ दगती हैं अनवरत, मौत का ढोल बजता है। चारों ओर हथियार बन्द पेशेवर आकृतियाँ पीछा कर रही हैं। ये हत्यारे उन बच्चों को मार डालेंगे जो माँदों में चैन से सो रहे हैं। इन्हें बचाओ। इन्हें बचाओ !! यह जंगल को नष्ट करने की साजिश है।

गोरखपुर : 10 जून, 1971

कैसे टूटेगा यह सन्नाटा जो बर्फ की तरह चारों ओर जम गया है। सभी खामोश हैं, सभी चुप। कहाँ हैं जनतन्त्र की रक्षा करने वाली शक्तियाँ? फौजी बूटों से जनमत रौंदा जा रहा है। कहाँ हैं सर्वहारा क्रान्ति के मसीहा? क्या उनकी जनक्रान्ति सेना की बन्दूकों से फूटेगी? क्यों खामोश है स्वतन्त्रता, समानता, भ्रातृत्व और विश्वशान्ति के लिए बनाई गयी दुनिया की पंचायत? वह कौन-सी अन्तर्राष्ट्रीय आचार संहिता है जो सामूहिक नरसंहार, लूट, आगजनी, बलात्कार को जायज़ करार देती है? क्या साढ़े सात करोड़ आदमी की नियति एक बर्बर तानाशाह की मुट्ठियों में छटपटाने के लिए छोड़ दी जायेगी? क्या यह मामला किसी राष्ट्र का आन्तरिक मामला है? क्या अपनी चुनी हुई सरकार का समर्थन विद्रोह है? ये चारों ओर की चुप्पियाँ भयंकर तूफान का संकेत हैं। अब नहीं जिन्दा रह सकती कोई जनता की सरकार। नहीं हो सकती कोई भी जनक्रान्ति। स्वतन्त्रता, समानता और विश्वशान्ति जैसे शब्दों पर लोग थूकेंगे। क्या हो सकता है आदमी का मनोबल टूट जाने के बाद? साढ़े तीन हाथ का खाता-पीता भेड़िया बच जायेगा। नहीं, आदमी से बड़ा कुछ नहीं है—न व्यवस्थापक, न राष्ट्र, न राष्ट्रीयता। वह आदमी लड़ रहा है—युद्धभूमि में अकेला और सभी अपनी-अपनी कुर्सियों में पर-पीड़न का मजा ले रहे हैं। सभी खामोश हैं, सभी चुप। किसे सम्बोधित करें? रौंदे हुए गाँवों या जलते बन्दरगाहों को? किससे माँगे शक्ति—छटपटाते जवानों या आत्महत्या करती स्त्रियों से? कौन देगा मान्यता मुक्तिवाहिनी को जो निष्कवच है युद्धभूमि में। संघर्षरत है टूटे हथियारों के साथ। कौन देगा शक्ति उन्हें जो लौट आये थके-हारे, आहत, निशस्त्र। कौन देगा शान्ति उन्हें जो जीने की अदम्य आकांक्षा के बावजूद आज की लड़ाई में मर गये और शायद कल की लड़ाई में मर जायेंगे—अपनी ही नियति के विरुद्ध लड़ते हुए।

गोरखपुर : 3 दिसम्बर, 1971

सच बोलने की इतनी कीमत चुकानी पड़ती है। भारत के एक दर्जन नगरों-हवाई अड्डों पर पाकिस्तानी बमबारों ने अचानक हमले कर दिये

हैं। लड़ाई शुरू हो गयी है। कुछ नहीं कहा जा सकता क्या होगा। सारा शहर अँधेरे में डूबा है। कुछ निश्चित नहीं कितनी लम्बी होगी यह रात और सुबह होगी भी या नहीं। कब तक चलते रहना पड़ेगा दम साधे सोये हुए गाँवों और कर्फ्यू में काँपते नगरों के बीच। कुछ निश्चित नहीं। सिवा एक बीमार सम्भावना के कि पीड़ा से मुक्ति के लिए सहनी होगी पीड़ा। लड़ाई से मुक्ति के लिए लड़नी होगी लड़ाई। कान रेडियो पर लगे हैं, आधी रात प्रधानमन्त्री सन्देश देती हैं, "हम निर्णयात्मक लड़ाई लड़ेंगे। युद्ध हमारे लिए विकल्पहीन है। बंगलादेश की अन्तरात्मा को कुचला नहीं जा सकता।"

गोरखपुर : 8 दिसम्बर, 1971

पूरब और पश्चिम दोनों सीमाओं पर लपटें उठ रही हैं। विमान गड़गड़ाते, आग बरसाते तीर-सा निकल जाते हैं। टैंकों और तोपों के गोले गिरते हैं। जमीन से धूल के बगूले उठते हैं। गोलियाँ दगती हैं अनवरत, संगीनें बढ़ती हैं। आदमी मारता है आदमी को। रौंदते, छेदते आगे निकल जाता है। विकल्पहीन हो तो भी युद्ध युद्ध ही है। 'आइ प्रेफर द मोस्ट अनजस्ट पीस टू द जस्ट वार।" अफवाहें गर्म हैं। कुछ पता नहीं क्या हो रहा है। रेडियो के अपने-अपने दावे। युद्ध और प्रेम की सही अनुभूति तो उसे ही हो सकती है जो इनवाल्व हो। घड़ी तकिये के नीचे दब गयी है। अन्धकार में कुछ नहीं दीखता। रात के कोई एक बजे होंगे। मेरे बगल में रहने वाला वायु सेना का पाइलट पाकिस्तानी क्षेत्र में लापता है। रात यह खबर यहाँ उसकी पत्नी को दी गयी। वह रजनीगन्धा। अक्सर चाँदनी रातों में उस युवा दम्पती को एक-दूसरे के प्रेम में डूबते-तैरते देखता था। इस घटना के बाद भी मैंने उसे देखा–एक चेहरा जिसमें सिर्फ भविष्य था, न भूत न वर्तमान। वह भारतीय युवती पता नहीं कब तक अपने लापता पति के लिए सिन्दूर लगाती रहेगी। और अभी एक गोली सनसनाती हुई एक सिपाही के सीने में घुस गयी वह वहीं ढेर हो गया है। कोई नहीं बता सकता वह किसकी गोली से मरा, क्यों मरा? प्रभु ईशु दुनिया भर के पापों के लिए तुम्हें क्रास पर चढ़ना होगा। सेनापति पुकार रहा है, "आगे बढ़ो, तुम विजेता के रूप में नहीं, मुक्तिदाता के रूप में याद किये जाओगे।"

गोरखपुर : 10 दिसम्बर, 1971

30 लाख निहत्थे नागरिकों का वध किया गया और एक करोड़ लोगों को घर छोड़ने पर मजबूर, फिर भी वे चुप रहे और अब जब कि धरती का एक टुकड़ा दुनिया के नक्शे पर एक सच्चाई बन चुका है वे उसके विरोध में भौंकने लगे हैं। कई दिनों से राष्ट्रसंघ में और बाहर भी अमेरिकी-चीनी गतिविधियाँ तेज हैं। वे चाहते थे एक पूरे देश को भिखारी और वेश्या बना देना जिसे हमने एक स्वतन्त्र राष्ट्र के रूप में मान्यता दे दी। उन्हें आश्चर्य और क्रोध है, कैसे हम उनकी बैसाखियों को फेंक अपने पाँव पर खड़े हो गये? उन्होंने तो हमारी जबान काट कर हमें सर्कस का विकलांग बच्चा बना देना चाहा था। हम बोलने और स्वतन्त्र निर्णय कैसे लेने लगे? वे एशिया में सबसे बड़े लोकतन्त्र भारत का यह उदय नहीं बर्दाश्त कर सकते। राष्ट्रसंघ में सभी कर्जखोर उनकी हाँ में हाँ मिलाते रहेंगे। क्या इसे विश्व जनमत समझा जाना चाहिए? क्या सरकारों का मत हमेशा जनता का भी मत हुआ करता है? दाँत तोड़ लिए जाने के बाद साँप एक तमाशा बन जाता है। फिर वह पिटारी से धीरे-धीरे निकलकर बीन की धुन पर नाचने लगता है—चाहे वह संपेरा अमेरिका हो या चीन। मगर सच्चाई को पिटारी में बन्द नहीं किया जा सकता। किसी भी कोठरी की कोठरी में बन्द कर दो रक्त है तो पुकारेगा। सारी दुनिया उसकी वास्तविकता को एक-न-एक दिन स्वीकार करेगी।

गोरखपुर : 17 दिसम्बर, 1971

मोटे बेलन-सी घूमती एक लम्बी भयानक काली रात का अन्त हो गया। कल ढाका में पाकिस्तानी सेनाओं ने आत्मसमर्पण कर दिया। कर्ज के हथियार से लड़ाई लड़ी जा सकती है पर उसे जीता नहीं जा सकता। कर्ज का अन्न मनोबल नहीं देता। नहीं दे सकता। पहली बार आज सूरज निकला है। पहली बार पदमा की लहरों ने गीत गाया है। पहली बार आज सड़कों पर युवतियाँ दिखाई पड़ी हैं। पहली बार आज लोगों की आँखें मुस्कराई हैं। किसने क्या खोया क्या पाया इसका लेखा-जोखा तो

शायद इतिहास और समय भी न कर सके पर यह सही है कि मामूली आदमी द्वारा स्वाधीनता और मुक्ति के लिए लड़ी गयी यह लड़ाई इतिहास में बेमिसाल है। इसे युद्ध न कहकर मानव की मुक्ति यात्रा कहें तो शायद अधिक अर्थवान हो। जनशक्ति को गोलियों से नहीं दबाया जा सकता। दुर्दमनीय और अपराजेय है वह। मानव की जय-यात्रा को कोई नहीं रोक सकता। मनुष्य का भूगोल शायद उसके इतिहास से अधिक प्रामाणिक होता है। धर्म और जाति और रंग के आधार पर कोई जमात खड़ी करके किसी राष्ट्र का निर्माण नहीं किया जा सकता। आदमी बहुत बड़ा है धर्मों, जातियों और रंगों से। यह एशिया में आदमी की विजय है, लोकतन्त्र की विजय है और निश्चय ही दुनिया का भावी इतिहास इससे अप्रभावित नहीं रहेगा। आज नहीं मगर वर्षों बाद हम भी यह सोचकर आश्चर्य और गर्व करेंगे कि बीसवीं शताब्दी के इस भीषण संहार और मानव की इस महान मुक्ति दोनों के हम जीवित साक्षी रहे हैं। जय बांगला, जय भारत।

गोरखपुर : 24 मार्च, 1972

गोरखपुर विश्वविद्यालय पुस्तकालय का गाँधी हाल। समय सायं साढ़े छह बजे। उर्दू विभाग की ओर से 'जश्ने फ़िराक़' आयोजन था, जिसमें उत्तर प्रदेश के राज्यपाल बी.गोपाल रेड्डी भी उपस्थित थे। हाल नगर के विशिष्ट श्रोताओं से खचाखच भरा था। फ़िराक़ की शख्सियत और शाइरी के सम्बन्ध में प्रो. आले अहमद शुरूर, प्रो. एहतिशाम हुसैन और बी.गोपाल रेड्डी बोल चुके थे। श्रोता फ़िराक़ को सुनने के लिए बेताब थे। पीछे विद्यार्थी शोर कर रहे थे। फ़िराक़ साहब मंच पर आये, हाल में शान्ति छा गयी। वे अपने विशिष्ट अन्दाज और बुलन्द आवाज में बोले, "उर्दू विभाग की ओर से जो पत्रिका छापी गयी है उसकी पहली लाइन ही गलत है। छपा है—वह शख्स भी एक अजीब आदमी है। इसमें 'वह' की जगह 'यह' होना चाहिए। और 'भी' कहाँ से आ गया? यह लाइन ऐसे होनी चाहिए—'यह शख्स एक अजीब आदमी है।' जब विश्वविद्यालय में ऐसी गलती होगी तो दूसरों का क्या कहना? उर्दू शायरी की एक कमजोरी है कि उसका अधिकांश

केवल गुदगुदी पैदा करके रह जाता है। शायरी एक सीरियस चीज है। बड़ी जिम्मेदारी की चीज है। शायरी में एक आग होनी चाहिए। मैथ्यू आरनल्ड ने एक जगह लिखा है कि शायरी की दुनिया में सेकेण्ड क्लास के लिए कोई जगह नहीं है। उसमें हमेशा दी बेस्ट के लिए ही जगह होती है। शायर एक बहुत बदनाम कौम है, मगर वह सच्चा साथी होता है। उसमें बालकों का भोलापन और ज्ञानियों का ज्ञान एक साथ होता है। ऐसे जलसे शायर को कुछ नहीं देते। ऐसे जलसों से मुझे रूहानी घाटा होता है। मैंने अपनी पूरी जिन्दगी भारत की खोज में लगाई है। हिन्दुस्तान की धड़कन को अपनी शायरी में ढालने की कोशिश की है।'' फ़िराक़ ने अपनी बातों की पुष्टि में अपनी शायरी के कई टुकड़े सुनाये। शायरी पढ़ते हुए उनकी तन्मयता, उनके हाव-भाव, उनका चेहरा और बड़ी-बड़ी आखें गौर करने लायक थीं। उनसे उनकी शायरी का अर्थ और भी खुल और खिल रहा था।

गोरखपुर : 3 अप्रैल, 1972

25 मार्च को चल कर 26 मार्च को दिल्ली पहुँचा। साथ में अरुणेश नीरन थे जो मेरे आग्रह पर सहयात्री बन गये थे। दिल्ली में पुस्तक मेला देखना तथा लेखकों से भेंट मुलाकात ही मुख्य लक्ष्य रहा। हम लोगों का बसेरा वागीश शुक्ल के यहाँ था। दिल्ली भ्रमण में वे भी हम लोगों के साथ हो जाया करते थे। एक दिन हम लोग 'दिनमान' कार्यालय गये जहाँ रामसेवक श्रीवास्तव, सर्वेश्वर जी, प्रयाग शुक्ल आदि से भेंट हुई। रघुवीर सहाय से मिलने पर मैंने पूछा, ''क्या आपका कोई नया कविता-संकलन आ रहा है?'' उन्होंने कहा, ''कविता संकलन तो तैयार है पर कोई प्रकाशक छापने को तैयार नहीं। राजकमल से भी बात की और राधाकृष्ण से भी। पता नहीं कौन-सी राजनीति है कि कोई तैयार नहीं होता।'' मुझे आश्चर्य हुआ कि 'दिनमान' जैसे पत्र के सम्पादक और चर्चित कवि रघुवीर सहाय का कविता संकलन छापने को कोई तैयार नहीं। रघुवीर जी ने कहा, ''आप किसी छोटे प्रकाशक से बात करें, मैं अपनी दो-एक और पुस्तकें छपाना चाहता हूँ। यदि जुलाई तक कोई तैयार नहीं हुआ तो मुझे स्वयं छापनी पड़ेगी।''

'दिनमान' के बाद राजकमल प्रकाशन गया जहाँ शीला सन्धू से मुलाकात हुई। वहाँ भगवती चरण वर्मा भी थे। उनसे उनके उपन्यासों पर कुछ देर बात हुई। वे घूमघाम कर वही पुराने उत्तर दे रहे थे। शीला जी ने बताया कि 30 तारीख को साहित्य अकादेमी का पुरस्कार वितरण है जिसमें नामवर सिंह को पुरस्कार मिला है और उसी दिन शाम को शीला जी ने एक भोज का आयोजन किया है। उसमें उन्होंने मुझे भी आमन्त्रित किया। वहाँ से 'साप्ताहिक हिन्दुस्तान' गया जहाँ मनोहर श्याम जोशी से मुलाकात हुई। जोशी जी का कहना था कि अब पत्रों में कविता और रचनात्मक साहित्य के लिए कम जगह रह गयी है। लोगों की रुचि विज्ञान या समाजशास्त्रीय विषयों की ओर जा रही है।

29 मार्च को नैशनल बुक ट्रस्ट द्वारा आयोजित लेखक सम्मेलन में शामिल हुआ। इम्पीरियल होटल के बालरूम में सारी कार्रवाई अंग्रेज़ी में चल रही थी, किसी श्रोता को बोलने की अनुमति नहीं थी। सौमित्र मोहन के आग्रह पर हम लोग आधे घण्टे बैठे। फिर काफी हाउस, जहाँ नामवर सिंह, रमेश कुंतल मेघ और कुमारविकल मिले। दूसरे दिन साहित्य अकादेमी कार्यालय गये जहाँ प्रभाकर माचवे से मिले। माचवे जी बोले कि अन्य भाषाओं में हिन्दी जैसी गुटबन्दी और राजनीति नहीं है। वहाँ भारतभूषण अग्रवाल से मिलने पर मैंने उनसे अज्ञेय के बारे में एक लेख माँगा। अग्रवाल जी ने कहा, "मैं तो अज्ञेय पर एक पूरी पुस्तक ही लिखना चाहता हूँ, एक निबन्ध में सारी बातें नहीं आ सकेंगी। एक बार राजकमल से कान्ट्रैक्ट भी हुआ था पर जब अज्ञेय जी को मालूम हुआ तो उन्होंने मुझसे कह दिया कि मैं उन पर कोई पुस्तक न लिखूँ।" मुझे यह आश्चर्यजनक लगा। कोई लेखक किसी पाठक को उस पर पुस्तक लिखने से कैसे रोक सकता है? छप जाने के बाद तो रचना सार्वजनिक सम्पत्ति हो जाती है। इसी दिन सायंकाल साहित्य अकादेमी के पुरस्कार वितरण समारोह में शामिल हुआ। समारोह के अध्यक्ष थे सुनीति कुमार चटर्जी। पुरस्कार ग्रहण के बाद सभी लेखकों ने अपने संक्षिप्त वक्तव्य दिये। नामवर सिंह ने कहा, "मैंने सरस्वती के मंदिर में कविता के साथ प्रवेश किया था। मगर जब देखा कि साधुओं ने मन्दिर को गन्दा कर रखा है तो झाड़ू उठाने की जरूरत महसूस हुई।" झाड़ू

से उनका संकेत 'आलोचना' से था। अकादेमी का यह समारोह औपचारिक लग रहा था। कई लेखक पुरस्कार लेकर मंच से बाहर चले गये। स्वयं अध्यक्ष भी समारोह समाप्ति के 15 मिनट पूर्व किसी अन्य कार्य से चले गये। बाहर निकल कर हम लोगों (रामदरश मिश्र, नित्यानन्द तिवारी आदि) ने चाय पी और एक टैक्सी से शीला संधू के भोज में शामिल होने चल पड़े। उस भोज में भारी संख्या में लेखक उपस्थित थे। स.ही. वात्स्यायन, बच्चन, भगवती चरण वर्मा, भगवत शरण उपाध्याय, रघुवीर सहाय, श्रीकान्त, सर्वेश्वर, मनोहर श्याम जोशी, गिरिराज किशोर आदि। कुमारी उमा शर्मा के नृत्य का भी कार्यक्रम था जिन्होंने सूर के पदों और बिहारी के दोहों पर भावपूर्ण नृत्य प्रस्तुत किया। नामवर सिंह और मनोहर श्याम जोशी मेरे साथ गोरखपुरी सुरती का भी आनन्द लेते रहे। 1 अप्रैल को प्रातः हम शमशेर जी के यहाँ गये। वे मधुर स्वभाव और सरल हृदय हैं। उन्होंने चाय के साथ केला खिलाया। वे साधारण सा पैंट और कमीज पहने थे। पैंट एकाध जगह फटा भी था।

गोरखपुर : 4 अप्रैल, 1972

दो दिनों से चेग्वेवारा की डायरी– Bolivian diary पढ़ रहा हूँ। यह ग्वेवारा के अन्तिम ग्यारह महीनों की साहसिक गाथा है। गोरिल्ला संघर्ष का एक दस्तावेज। 1967 के 28 अगस्त को चे ने अपनी घोड़ी को मार कर क्षुधा तृप्त करने तथा 30 अगस्त को अपने आदमियों द्वारा प्यास बुझाने के लिए अपना ही पिशाब पीने का जिक्र किया है। क्यूबा की क्रान्ति की सफलता के बाद चे वहाँ की सरकार में उच्चतम पदों पर रहे। सम्भवतः मन्त्री भी रहे और सरकारी प्रवक्ता के रूप में उन्होंने विदेश यात्राएँ भी कीं। मगर कुछ ही दिनों बाद इन सुख-सुविधाओं को छोड़कर वे बोलविया चले गये और वहाँ गुरिल्ला संघर्ष शुरू किया। उसी संघर्ष में वे शहीद हुए।

गोरखपुर : 15 नवम्बर, 1972

पिछले छह महीनों से कठिन आर्थिक तंगी में हूँ। मुझे याद नहीं पैसे रुपये का इतना संकट जीवन में कभी आया हो। जब से गोरखपुर में मकान

बनवाना शुरू किया है, किससे किससे कर्ज नहीं लेना पड़ा। किसका किसका बकाया नहीं लगाना पड़ा। अब उधार वसूलने वालों का क्रम नहीं टूटता। कभी मिस्त्री, कभी बढ़ई, कभी सीमेंट वाला, कभी लोहे वाला। दैनिक खर्च के लिए कुछ बचता ही नहीं। पत्नी-बच्चों का अलग तकाजा। किसी को कुछ, किसी को कुछ। स्वयं मेरे भी जूते टूट गये हैं और धोती-कुरते की कमी। अपना कष्ट तो सह लिया जाता है पर बकाये का तगादा बर्दाश्त नहीं होता। छह महीनों से तनख्वाह के रुपये कहाँ चले जाते, पता ही नहीं चलता। मेरी पत्नी तो अपना जेवर तक बेचने पर राजी हो गयी पर मेरी हिम्मत ऐसा करने की नहीं हुई।

गोरखपुर : नवम्बर, 1972

किताबों की झाड़-पोंछ करते हुए अचानक एक पन्ना हाथ आ गया है जिस पर रेणु का एक वाक्य लिखा है, जिसे उन्होंने अपने एक इंटरव्यू में कहा था, "मैं व्याकरण के नियम नहीं बता सकता, लेकिन यह बता सकता हूँ कि हिरामन की पीठ में गुदगुदी क्यों होती है।" मैंने इस वाक्य को डायरी में नोट कर लिया था। वह डायरी बच्चों के हाथ से होती हुई जाने कहाँ खो गयी जिसका वह पन्ना आज किताबों के बीच दबा अचानक मिल गया।

भाषा मनुष्य द्वारा किया गया आज तक का सबसे मूल्यवान और आश्चर्यजनक आविष्कार है। इसकी उत्पत्ति इतनी जटिल और रहस्यमय है कि इसके बारे में निश्चित रूप से कुछ भी नहीं कहा जा सकता। हम जिस संसार में साँस लेते हैं वह भाषा का ही संसार होता है। उसी में हम अनुभव करते, सोचते, अभिव्यक्त करते और अपने को छिपाते भी हैं। वह हमारे सम्पूर्ण अस्तित्व के साथ गहरे जुड़ी होती है। मगर सच यह भी है कि भाषा की एक सीमा है। वह हमारी इंद्रियों द्वारा दृश्य सम्पूर्ण वस्तु जगत को या भावों की चरम स्थिति को ठीक-ठीक उसी रूप में व्यक्त नहीं कर पाती। एक छोटे-से कमरे में एक मोमबत्ती जल रही है। उसकी लौ काँप रही है। धुएँ की एक पतली डोर धीरे-धीरे तैरते हुए सारे कमरे में फैल रही है। काँपता हुआ प्रकाश अन्धकार को कभी निकट खींच लाता है कभी थोड़ा

पीछे ढकेल देता है। मोमबत्ती धीरे-धीरे पिघलती रहती है और इन सबके बीच हमारा मन जिन कल्पनाओं से एकबारगी गुजर जाता है उन सबको सम्पूर्ण रूप में ज्यों का त्यों व्यक्त करने में भाषा को कठिनाई होती है। अनुभव और भाषा का यह द्वन्द्व रचनाकार बराबर महसूस करता है। यह उसकी अभिव्यक्ति का संकट है। वह बार-बार शब्दों को लिखता-काटता, काटता-लिखता है और अन्त तक महसूस करता है कि जो कहना चाहता था, नहीं कह सका।

और व्याकरण? उसका अभिव्यक्ति के साथ अनिवार्य सम्बन्ध है। भाषा व्याकरण के नियमों में ही अपना अर्थ देती है। भाषा के सामाजिक रूप को बनाये रखने के लिए व्याकरण आवश्यक है, जैसे नदी के प्रवाह को बनाये रखने के लिए दोनों किनारे जरूरी होते हैं। रेणु जी यदि व्याकरण के नियमों का पालन न करते तो उनके उपर्युक्त खूबसूरत वाक्य का हम आनन्द नहीं ले सकते थे। लेकिन कविता में कवि व्याकरण के नियमों का अतिक्रमण करता है। कहीं वह पुल्लिंग की जगह स्त्रीलिंग और कहीं स्त्रीलिंग की जगह पुल्लिंग का प्रयोग कर देता है। कहीं वाक्य क्रिया से शुरू कर देता है, कहीं विशेषण से, तो कहीं 'और' या 'किन्तु' जैसे शब्दों से। गद्य में व्याकरण का क्रम बना रहता है पर कविता में यह भंग हो जाता है। कविता ऐसी विधा है जिसमें कवि भाषा का ही कम से कम उपयोग करना चाहता है।

गोरखपुर : 17 जनवरी, 1973

भारत के गाँवों में जिन गालियों का धड़ल्ले से प्रयोग होता है उनमें अधिकांश स्त्री-पुरुष लैंगिक सम्बन्धों और गुप्तांगों को लक्ष्य करके दी जाती हैं। पुरुषों द्वारा स्त्रियों को ही नहीं, स्त्रियों द्वारा स्त्रियों को भी। इनसे एक पूरे समाज की यौन अतृप्ति और कुंठा का पता चलता है। भारतीय मध्यवर्ग और कहें कि तीन-चौथाई जनसंख्या का मन अनेक कुंठाओं, विकृतियों और जड़ नैतिकता से ग्रस्त है। खास तौर से स्त्री-पुरुष सम्बन्धों को लेकर। जिस देश में अर्धनारीश्वर और देवताओं

की युगल मूर्त्तियाँ प्रतिष्ठित हों वहाँ नर-नारी के बीच इतना अलगाव आश्चर्यजनक ही लगेगा। भारत में सेक्स के दमन का जो पाठ पढ़ाया गया उसने अवश्य ही समाज का कुछ भला किया होगा पर एक सीमा के बाद दमन का विस्फोट बहुत भयानक हो जाता है जो आक्रामकता और बलात्कार आदि अनेक अपराधों के रूप में व्यक्त होता है। मुझे याद है कि बचपन में मेरे गाँव में बहुत ज्यादा पंचायतें इसी को लेकर हुआ करती थीं। यौन अतृप्तियाँ नर-नारी सम्बन्धों को सहज नहीं होने देतीं और इससे व्यक्तित्व का विघटन होता है। अपने देश की मध्यवर्गीय स्त्रियों की आँखों में मुझे हमेशा एक भय और विवशता का भाव तैरता दिखता है और युवकों की आँखों में स्त्रियों के प्रति उनसे लिपट जाने की इच्छा।

गोरखपुर : रानी का गोला, 7 फरवरी, 1973

इस घर में आज यह मेरी आखिरी रात है और यहाँ बैठकर मैं आखिरी पन्ना लिख रहा हूँ। दिन और तारीख तो याद नहीं, पर 1957 के अगस्त महीने में मैं यहाँ आया था—बी.ए. प्रथम वर्ष के एक विद्यार्थी के रूप में। साढ़े पन्द्रह वर्ष पूरे हो गये। कितनी यादें इस धरती के साथ जुड़ी हैं। यहीं रातों को जाग-जाग कर परीक्षा की तैयारियाँ कीं। यहीं कई बार फाकाकशी की। कितनी बार क्रोध में, हर्ष में, नींद में, अनिद्रा में, काम में, कल्पना में, प्रतीक्षा में, बेचैनी में कितना-कितना डूबा-उतराया। एक बार आत्महत्या का कुविचार भी मन में आया। मेरे दो पुत्रों का जन्म यहीं हुआ। यहीं अनेक आलोचनात्मक लेखों और कविताओं का भी। इस घर से दिखता नीला, कत्थई, गेरुआ आकाश, नीबू, नीम, पीपल, ताड़ के वृक्ष, चाँदनी, अन्धकार और तारों भरी रात मेरी स्मृति में स्थायी रूप से बस गयी। यह मेरी कर्मभूमि है। अब तक के जीवन में जो कुछ बना हूँ, बहुत कुछ इसी घर में। कितनी बार कटा, पिटा, गढ़ा, छीला गया है मन। बने-बिगड़े हैं विचार। यादें उन रचनात्मक क्षणों की, उन भावोद्वेलनों की। नहीं, मैं सब कुछ अंकित नहीं कर सकता। विदा, हे भूमि, हे परिवेश। समय की धारा में वापस लौटना नहीं होता। केवल स्मृति रह जाती है।

गोरखपुर : 27 मार्च, 1973

आज गोरखपुर विश्वविद्यालय के हिन्दी विभाग में प्रसिद्ध कथाकार यशपाल ने व्याख्यान दिया। मैंने उसके संक्षिप्त नोट्स लिये जो लगभग उन्हीं के शब्दों में प्रस्तुत हैं– "सन् 1938 में जब मैं आजीवन कारावास के बाद जेल से छूटा तो पत्रकारों ने पूछा, आपका अगला कार्यक्रम क्या होगा?" मैंने उत्तर दिया, "जो अब तक करता रहा, वही करता रहूँगा। फर्क यह होगा कि पहले मेरे हाथ में बुलेट थी, अब बुलेटिन होगी। जो काम गोली से करता था उसे अब लेखनी से करूँगा।

मैं साहित्य को समाज का दर्पण मानता हूँ। मगर वह किस समाज का दर्पण होता है? वह हमेशा अपने देश-काल के मुखर वर्ग का दर्पण होता है। कालिदास की कृतियों में राजा दिग्विजय करते चले जाते हैं। क्या आज दिग्विजय सम्भव है? जब मैंने अजंता की मूर्तियाँ देखीं तो देखा कि उनमें राजा और रानी के शरीर पर तो वस्त्र हैं पर उनके सेवक अर्द्धनग्न हैं। वे लँगोटी पहने पालकी ढोये जा रहे हैं।

मनोरंजन के विविध रूप और स्तर होते हैं। बच्चों, वयस्कों, अशिक्षितों या शिक्षितों का मनोरंजन अलग-अलग चीजों से होता है। गुब्बारा बनाने वाला भी एक मनोरंजन देता है और ऐसी मिठाइयाँ बनाने वाला भी देता है जिनसे गला या स्वास्थ्य खराब होता है। सवाल यह है कि आप किस प्रकार का मनोरंजन देते हैं?

धर्म के जो दस लक्षण बताये गये हैं उनमें कहीं भी ईश्वर की चर्चा नहीं है। धर्मपरायण का अर्थ ईश्वरवादी होना नहीं है। कोई भी व्यक्ति धर्म निरपेक्ष नहीं हो सकता। 'सेक्यूलर' शब्द का अर्थ 'धर्म निरपेक्ष' नहीं बल्कि 'लोकायत' या 'लोकपरक' है। ईश्वर के बारे में मैं निश्चयपूर्वक कुछ नहीं कह सकता। वह परम्परागत मान्यताओं का प्रतिनिधि है। प्रमाण अस्तित्व का दिया जाता है। अनस्तित्व का क्या प्रमाण?

अपने विचारों के प्रति ईमानदारी, लगन और न्यौछावर होने का संकल्प मेरी दृष्टि में प्रतिबद्धता है। मेरी प्रतिबद्धता मेरे विवेक से उत्पन्न है। लाभ की आशा या कष्ट के भय (जो ईश्वर की कल्पना के मूल में

है) से प्रतिबद्धता खंडित होती है। मेरे विचार से लेखक को समाज के प्रति अपना दायित्व महसूस करना ही चाहिए। इसी दायित्व ने मुझे क्रान्तिकारी भी बनाया था।

एक ही चीज की अलग-अलग दृष्टियों से अलग-अलग व्याख्याएँ हो सकती हैं। गीता से तिलक ने निष्कर्ष निकाला कि अपनी आजादी के लिए मर मिटो। गाँधी ने उसी से अहिंसात्मक निकर्ष निकाला। अंग्रेज सरकार ने अपने सैनिकों की समाधि पर गीता का श्लोक खुदवाया और गीता द्वारा सैनिकों को भर्ती के लिए आकर्षित किया।

जब 'दिव्या' प्रकाशित हुई तो दद्दा (मैथिलीशरण गुप्त) ने एक पत्र लिखा और मेरी प्रशंसा की कि इसमें मैंने कोई प्रचार नहीं किया है और यह बड़ी श्रेष्ठ कृति है। मगर मैं समझता हूँ कि मैंने सबसे अधिक प्रचार 'दिव्या' और 'अमिता' में ही किया है।"

पुनश्च

व्याख्यान के बाद यशपाल से कई प्रश्न पूछे गये। एक प्रश्नकर्ता ने पूछा, "क्या कोई भी पिता अपनी पुत्री को 'दादा कामरेड' की 'शैल' बनाना चाहेगा?" यशपाल ने उत्तर दिया, "भगत सिंह के पिता उसे क्रान्तिकारी नहीं बनाना चाहते थे। एक बार उन्होंने उसे लाठियों से पीटा था। वैसे ही कोई पिता अपनी बेटी को शायद शैल भी न बनाना चाहे। पर मैं यशपाल अपनी बेटी को शैल बनने से नहीं रोकूँगा।"

गोरखपुर : 25 जून, 1973

महीना भर हो गया, न कुछ पढ़ा, न लिखा। दुनियादारी में शादी-ब्याह, बर-बारात, घर-गृहस्थी के कार्यों में फँसा रहा। उधर परीक्षा की कापियाँ और इधर यह सारा चक्र। पूरी छुट्टी व्यर्थ हो गयी। जब भी फिक्रे दुनिया में सर खपाता हूँ, यही लगता है कि अपने को निरर्थक कर रहा हूँ। मगर ऐसा क्यों महसूस करता हूँ? यदि पढ़ना-लिखना अर्थवान है तो आपसी सम्पर्क-व्यवहार, दूसरों के सुख-दुख में शरीक होना, अपने

परिवार के तात्कालिक कार्यों में दिलचस्पी लेना, क्या समय गँवाना है? लेखक के रूप में अपनी प्रतिभा गढ़ने के लिए आदमी के रूप में अपनी प्रतिभा को ढाहना क्या उचित है? एक बेहतर आदमी बने रहना, एक बेहतर लेखक बने रहने से कमतर क्यों है? यदि लेखन किसी को प्रभावित कर सकता है तो क्या आदमीयत किसी को प्रभावित नहीं कर सकती? हम बेहतर लेखक बनने के फेर में प्रायः एक बेहतर आदमी बनने से चूक जाते हैं।

गोरखपुर : अगस्त, 1973

मेरे बाबा (Grandfather) गाँव से यहाँ दवा कराने आये हैं। महीने भर से मेरे पास हैं। स्वस्थ हो चले हैं। बगल के कमरे में उनका बिस्तर लगा है। उनके खाने-पीने सोने की अच्छी व्यवस्था है। मैं भी कुछ समय निकाल कर उनके पास बैठ लेता हूँ पर हमारे बीच संवाद नहीं हो पाता। वे मुझसे उम्र में पचास वर्ष बड़े हैं, पढ़े-लिखे नहीं हैं, उनका सारा जीवन गाँव में बीता है। हम दोनों का अनुभव और भाषा संसार अलग हो गया है। हम दोनों बातचीत करें तो किस विषय पर? उन्हें अकेलेपन की पीड़ा सता रही है। दो दिन पूर्व जब मेरे पिता जी उन्हें देखने आये थे तो बाबा की आँखें डबडबा गयी थीं। सम्भवतः उन्होंने पिता जी को मेरी अपेक्षा अपने अधिक निकट महसूस किया होगा। शायद मैं भी पिता जी को उनकी अपेक्षा अधिक निकट महसूस करता हूँ। उस दिन मैं कुछ देर तक उदास हो गया था और सोच रहा था कि मैं बाबा से अलग हो गया हूँ या वे मुझसे। नहीं, वे तो अपनी जगह हैं। मुझे ही मेरी परिस्थितियों, जरूरतों और नये सम्बन्धों ने उनसे कुछ अलग कर दिया है। इसी तरह आने वाली पीढ़ियाँ अलग होती जाती हैं।

गोरखपुर : 15 अक्तूबर, 1973

वह बरसात की एक खूबसूरत रात थी। दिन डूबने में अभी कुछ वक्त बाकी था मगर घने काले बादलों के कारण अँधेरा घिर गया था। हवा के तेज झकोरों के साथ वर्षा शुरू हुई। बारिश में भीगना मुझे बहुत प्रिय है मगर अभी दो दिन पूर्व ही फ्लू से उठा था अतः ऐसा खतरा

नहीं उठा सकता था। मैं बरामदे में टहलता हुआ आकाश से झरती बूँदों का आनन्द ले रहा था। बाहर छत का पानी आवाज के साथ नीचे गिर रहा था। सामने वाली सुनसान सड़क बिजली की रोशनी में चमक रही थी। अतः कमरे में आ गया था लेकिन खिड़कियाँ खोल ली थीं। जिनसे ठंडी हवा के साथ रह-रह कर बौछारें अन्दर आ जाती थीं। हवा, बौछार और बादलों के साथ मेरा लगाव है और चाहता हूँ कि यह लगाव कभी खत्म न हो।

1956 या 57 में, जब मैं इंटरमीडिएट का छात्र था, मैंने पहली कहानी लिखी थी। उस कहानी का शीर्षक तो याद नहीं, पर वह देशभक्ति और उत्सर्ग की भावना से प्रेरित होकर लिखी गई थी। वह कहानी क्या थी, एक संवाद मात्र थी जिसे मेरे आदर्शवादी विचारों ने कुछ शब्द दे दिये थे। जहाँ तक मुझे स्मरण है, वह सुभाषचन्द्र बोस के साहसिक व्यक्तित्व से प्रभावित होकर लिखी गयी थी। वह न कहीं छपी, न छपने लायक थी। तबसे आज तक कई बार कहानी लिखने की इच्छा हुई पर लिख न सका। बल्कि मैंने एक प्रकार से कहानी और उपन्यास न लिखने का ही प्रण कर लिया। पर कल वह प्रण टूट गया। सार्त्र की 'द वाल्स' (दीवारें) शीर्षक कहानी पढ़ते हुए अचानक भीतर कुछ ऐसी हलचल होने लगी जिसे रोक नहीं सका। मैंने लेख लिख कर उस उमड़ घुमड़ को शान्त करना चाहा पर एक-दो वाक्यों से आगे कलम नहीं चली। फिर कविता में व्यक्त करना चाहा पर वह भी नहीं बनी। अन्त में कहानी के लिए लेखनी उठाई और देर रात तक लिखता चला गया। आज उसे पूरा कर लिया। इस कहानी का शीर्षक है– 'डायरी', जो मेरी प्रथम कहानी है। यह न चाहते हुए भी जिस दबाव में लिखी गयी है उससे मेरी यह धारणा पुष्ट होने लगी है कि रचनाएँ अपने रूप (फार्म) अन्दर से साथ लेकर बाहर आती हैं।

गोरखपुर : 22 अक्तूबर, 1973

मेरे बड़े लड़के पप्पू (उम्र 7 वर्ष) को टांसिल के कारण बुखार हो गया है। वह मेरे छोटे भाई के साथ डाक्टर के पास गया था। जब लौटने में

दो घंटे से अधिक होने लगा, मेरी पत्नी बेचैन हो गयी। वह खिड़की के पास खड़ी होकर सड़क की ओर आँखें लगाये थी। हर आने वाले के बीच अपने पुत्र को ढूँढ़ रही थी। वह कभी आँगन में जाती, कभी बरामदे में और फिर खिड़की के पास आकर खड़ी हो जाती। उसकी भर्राई आवाज उसकी बेचैनी छिपने नहीं देती। समय उसके लिए बहुत भारी हो गया था। मुझसे कहने लगी, "डाक्टर के पास आपको खुद लेकर जाना चाहिए था। मेरा लड़का बहुत कमजोर दिल है। आप होते तो उसे ढाढस होती। पता नहीं, डाक्टर इंजेक्शन न लगावे।" फिर वह नौकर को डाँटने लगी, "तुम क्या समझोगे मेरी बेचैनी।"

नौकर न समझे, मगर मैं उसकी बेचैनी समझ सकता हूँ। मुझे याद है, जब पप्पू एक वर्ष का था। रात को हम तीनों प्रायः एक ही साथ सोते थे। जाड़े की रातों में पप्पू कई बार बिस्तर पर पेशाब कर देता था। उसे पप्पू की हरकतों से पता चल जाता था और वह पहले ही अँजुरी में भर कर उसका पेशाब चारपाई के नीचे गिरा देती थी। उसका पाखाना भी हाथ से पोंछ दिया करती थी और जब कभी पप्पू ज्वरग्रस्त होता वह रात-रात भर उसे गोद में लेकर हिलाती रहती। मैंने गौर किया है कि पप्पू के जन्म के बाद मेरे प्रति उसके व्यवहार में बदलाव आया है। वह मुझसे कुछ दूर हुई है। अपनी सन्तान के साथ माँ का लगाव वैसा ही होता है जैसा रचनाकार का अपनी रचना के साथ। क्या स्त्री अपनी सन्तान के लिए अपने पति को त्याग सकती है?

गोरखपुर : जनवरी, 1974

मेरी कविताओं में 'हत्या' और इससे मिलती-जुलती शब्दावली कई बार आ जाती है। मैं जिन अशिक्षित, फटेहाल और बदनसीब गाँवों से आया हूँ वहाँ मैंने बहुत अत्याचार देखे हैं। आज भी अपने चारों ओर देख रहा हूँ। धन, सत्ता और गुंडई के बल से निरीहों का उत्पीड़न करने वालों के प्रति मेरे मन में इतनी नफरत होती है कि कभी-कभी मन में आता है उनकी हत्या कर दूँ, किसी सशस्त्र क्रान्तिकारी संगठन की शुरुआत करूँ या डाकू बन जाऊँ। किसी तरह

उन नरपिशाचों के भार से धरती हलकी हो। वर्तमान कानून व्यवस्था उनके सामने बहुत कमजोर लगती है।

गोरखपुर : 9 अगस्त, 1974

एक समारोह में ठाकुर प्रसाद सिंह ने कहा, ''साहित्यकार वह है जो हर तरह के काम करता है पर प्रथम वरीयता साहित्य को ही देता है।'' इसी को रघुवीर सहाय ने यों कहा है, ''सबसे मुश्किल और सही रास्ता एक ही है कि मैं सब सेनाओं में लड़ूँ मगर अपने को अन्त में मरने के लिए सिर्फ अपने मोर्चे पर दूँ अपनी भाषा के, शिल्प के और उस दोतरफा जिम्मेदारी के मोर्चे पर जिसे साहित्य कहते हैं।'' (आत्महत्या के विरुद्ध, भूमिका)। जीने के लिए अनेक प्रपंचों से गुजरना पड़ता है, अपने को जोड़ना-तोड़ना-मोड़ना पड़ता है। राशन के लिए क्यू में खड़ा होना, चीनी के लिए सप्लाई दफ्तर जाना पड़ता है। दवा के लिए डाक्टर की घण्टों प्रतीक्षा करनी पड़ती है, अफसर, नेता या पैसे वाले के सामने अपमानित होना पड़ता है। तात्पर्य कि करणीय-अकरणीय बहुत कुछ करना पड़ता है। मगर एक साहित्यकार ये सारे प्रपंच विवश भाव से, अरुचि के साथ करता है और अपने नागरिक मोर्चे पर हारता भी रहता है–''लख कर अनर्थ आर्थिक पथ पर/हारता रहा मैं स्वार्थ समर।'' (निराला) लेखक के लिए सबसे कीमती और महत्त्वपूर्ण होता है उसका लेखन ही। वही उसकी प्रथम वरीयता है। 'बाणभट्ट की आत्मकथा' (हजारी प्रसाद द्विवेदी) में बाबा पूछते हैं, ''मान ले कि एक निशाचर अचानक आकर तुझे धर दबाये और अपने बायें हाथ में तेरी उस स्वामिनी की और दाहिने हाथ में महावराह की मूर्ति को लेकर बोले कि तू प्राण देकर किसी एक को बचा सकता है, तो किसे बचाने लिए प्राण देना पसन्द करेगा!'' बाणभट्ट के मुख से उसकी इच्छा के विरुद्ध जैसे कोई कहलवा देता है–''प्राण देकर मैं भट्टिनी को बचाऊँगा।'' लेखक भी अपने लेखन को ही बचाना चाहेगा। मैंने अपनी कहानी–'डायरी', में इसे रचनात्मक रूप देने की कोशिश की है। मैं सोचता हूँ यदि किसी कारण शीघ्रता में अपना घर छोड़ कर भागना पड़े, तो अपनी कुछ अप्रकाशित

रचनाओं को जरूर साथ ले लूँगा। लेखन में कुछ तो ऐसा होता है जिसे लेखक खुद अपने जीवन काल में ही अस्वीकार कर देता है, कुछ ऐसा होता है जिसे छोड़ कर वह दुखी नहीं होता। मगर कुछ ऐसा भी होता है जिसे किसी मूल्य पर वह छोड़ने को तैयार नहीं होता। वह तीसरे प्रकार का लेखन ही उसका मूल्यवान लेखन है जिसमें वह अपने को पाता है और जिसके नष्ट होने में खुद को मिटता हुआ महसूस करता है। मेरे पास इस प्रकार के लेखन में मेरी डायरियाँ हैं जो किसी फरमाइश में या पैसा पाने या शोहरत कमाने के लिए नहीं लिखी गयी हैं। शायद इनको लिखे बिना अपने को मुक्त नहीं कर सकता था। शायद ये मृत्यु के विरुद्ध मेरे घोषणापत्र हैं। इनको लिखते हुए मैं अपनी उलझनें सुलझाता और आत्मरूप की खोज करता रहा।

गोरखपुर : 31 अगस्त, 1974

मेरी रातें अक्सर और बहुत वर्षों से अर्द्ध निद्रा या अर्द्ध जाग्रत अवस्था में कटती हैं। करवटें बदलने और सपने देखने में। सेक्स के, भय के या भावी योजनाओं के सपने। सपने अधिक वे देखते हैं जिनकी इच्छाएँ अतृप्त होती हैं। जो भूत या भविष्यजीवी होते हैं। जो वर्तमान को मुक्त होकर भोग नहीं पाते। मैं ऐसा ही आदमी हूँ जो वर्तमान को मुक्त होकर भोग नहीं पाता। भविष्य सदा मेरे सिर पर नंगी तलवार की तरह लटकता रहता है। मुझे लगता है कि भारत के अधिकांश लोग बल्कि कहूँ कि भारतीय दृष्टि ही भविष्यजीवी है। यहाँ के लोग परलोक के पीछे इहलोक की उपेक्षा करते हैं। 'कल' के लिए आज की कुर्बानी देते हैं। कुछ लोगों का कहना है कि भविष्य की कोई सत्ता नहीं होती क्योंकि उसका कोई स्पष्ट और निश्चित स्वरूप नहीं है। कुछ लोग मानते हैं कि वर्तमान की कोई सत्ता नहीं क्योंकि वह क्षण मात्र में अतीत हो जाता है। कुछ लोग अतीत को ही कुछ नहीं मानते क्योंकि वह तो स्वयं अस्तित्वहीन हो चुका है। मगर इस प्रकार के मत विचार करने वालों के हैं। मेरे जैसे सामान्य व्यक्ति के लिए तो तीनों कालों की सत्ता है। आदमी मैं सेल्फ कांशस और महत्वाकांक्षी हूँ। भविष्य की चिन्ताओं और योजनाओं ने मेरा वर्तमान मुझसे छीन लिया है। मृत्यु का

भय मुझमें इसलिए है कि जीना चाहता हूँ लेकिन क्यों जीना चाहता हूँ? सामान्य आदमी मृत्यु को तब महसूस करता है जब वह उस पर आक्रमण कर देती है। मगर एक संवेदनशील उसके खौफनाक पंजों को निरन्तर महसूस करता रहता है।

गोरखपुर : सितम्बर, 1974

बहुत फरेब है, अत्याचार है, बेईमानी और हैवानियत है दुनिया में, फिर भी इंसानियत जिन्दा है। न हो मुझमें, कहीं तो है। मैं उसे कभी-कभी देखता हूँ और महसूस करता हूँ। 'धर्म' की परिभाषा बताई गयी है कि 'जो धारण करता है, जो हमें धारण किये है, वह धर्म है।" हमारे समाज को कुछ मूल्यों ने, कुछ नीति-नियमों ने, कुछ विधि-निषेधों, कुछ परम्पराओं और कर्मकांडों ने धारण किया है। इनमें मेरुदंड की तरह जो 'सत्य' है वही हमारे समाज का आधार है। समाज में सत्य के मूल्य इतने गहरे प्रतिष्ठित हैं कि कोई झूठा और फरेबी व्यक्ति भी झूठ और फरेब का सार्वजनिक रूप से समर्थन नहीं कर सकता। जो स्वयं भ्रष्टाचारी है और दिन भर बेईमानी करता रहता है, वह भी अपने लिए कोई ईमानदार सहायक या नौकर तलाशता है। प्रेमचन्द की प्रसिद्ध कहानी— 'नमक का दारोगा' में यही होता है।

गोरखपुर : नवम्बर, 1974

मैं अपने अनुभव के आधार पर कह सकता हूँ कि स्त्रियाँ पुरुषों से अधिक व्यावहारिक और यथार्थवादी होती हैं। उनका मस्तिष्क पुरुषों की अपेक्षा अधिक सन्तुलित, सहनशील और संवेदनशील होता है। वे अपने सहज ज्ञान से शीघ्र ही चीजों की तह तक पहुँच जाती हैं। जिन परिस्थितियों में पुरुष बौखला जाता है, घबरा जाता है, उत्तेजित हो जाता है उनमें भी वे अपना संयम, अनुशासन और धीरज नहीं खोतीं। क्षुधा और काम जैसे प्रबल आग्रह पर काबू रख पाना सामान्य बात नहीं है। मुझे लगता है, नारी पुरुष के गुणों के बिना भी पूर्ण है पर पुरुष नारी के गुणों के बिना एक सफल सामाजिक नहीं बन सकता। स्त्रियों से मुझे शिकायत यह है कि वे अपनी काया के सौन्दर्य

को ही सबसे बड़ी थाती और शक्ति मानती हैं। सुन्दर दिखने और आकर्षित करने की इच्छा उन्हें अपनी आन्तरिक शक्तियों के विकास में विघ्न पैदा करती है। स्त्री केवल शरीर और यौन वास्तविकता नहीं है। यदि वह अपनी अन्य शक्तियों का विकास नहीं करती तो पुरुष द्वारा शासित और शोषित होती रहेगी।

गोरखपुर : 1 जनवरी, 1975

एक और वर्ष बीत गया। कुछ भर कर, कुछ खाली कर। कुछ खत्म हुआ, कुछ शुरू हुआ। कितनी दूर। और तेज और तेज। अपना बीतना कितना उदास करता है। पीछे देखता हूँ, समय का अधिकांश यह सोचने में बीत गया कि लोग मेरे बारे में क्या सोचते हैं, वह करने में जिसे लोग अच्छा समझते हैं। इसके लिए उसके लिए ऐसा होता और वैसा होता और वैसा होता और वैसा होता। अपने सपने रह गये अधूरे। जूझता रहा निरन्तर आकाश में। जैसा समाज ने चाहा, वैसा बना। अपने को दबाता रहा, दबाता रहा। जब भी भागा, अपनी ही देहरी से टकराया। आहत हुआ और अकेले में रोया। उजाले की तलाश में अँधेरा ही पास आया। भागता रहा, भागता रहा। कभी महत्वाकांक्षा के, कभी भविष्य के पीछे। जो मिला खाया, जितना जरूरी था पहना। नींद में भी कोई आ गया तो उठ कर मिला। अब तक जो किया, बहुत नगण्य है। असन्तोष कभी नहीं जाता। बराबर बना रहता है तनाव। चेहरे पर कभी रौनक नहीं आने देता। जानता हूँ, सब कुछ जान नहीं सकूँगा। सबकी आँखों में अच्छा नहीं बन सकूँगा। दुनिया बहुत बड़ी है, मैं उसमें उतना ही पा सकूँगा जितना बड़ा मेरा आँचल होगा। अन्त में क्या महसूस होगा? राजा के अस्तबल से अँधेरे में जिसे घोड़ा समझ कर चुरा भागा था, वह दरअसल घोड़ा नहीं गधा था। हर आदमी को अपना ईश्वर खुद ढूँढ़ना पड़ता है। अपना सलीब खुद ढोना पड़ता है। मुक्ति अपने कर्मों में मिलती है। किसी की सीख में नहीं। लोग उपदेशकों और सिद्ध पुरुषों के पीछे भागते रहते हैं। क्या एक की साधना से दूसरे का उद्धार सम्भव है? अपना ऋण तो मुझे खुद ही चुकाना होगा। अपनी खड़ी की हुई दीवारों से स्वयं ही टकराना होगा। जो रास्ता मैंने बनाया है, क्या उसी पर स्वयं नहीं

चलना होगा? एक लेखक की कुल जमा पूँजी उसकी स्मृति होती है। वही उसका अनुभव भण्डार है। वह अतीत नहीं जीवित वर्तमान होती है। जो वर्तमान नहीं वह अतीत कैसे हो सकता है?

गोरखपुर : 2 जनवरी, 1975

आज कमलेश्वर की चिट्ठी मिली है। लिखा है, "आपकी कहानी 'डायरी' के साथ बड़ी ज्यादती हुई। वह कहानी कागज़ों में दबी छिपी रही और मेरे सामने तक नहीं पहुँच पायी। आज मैंने इसे पढ़ा है। कहानी सचमुच बहुत गहरी और रचनात्मक है, आपकी यह पहली कहानी है, मैं अपनी सारी शुभकामनाएँ इसके लिए भेजता हूँ और उम्मीद करता हूँ कि आप आगे लगातार कहानियाँ लिखते रहेंगे। आप जो भी कहानियाँ लिखें, पढ़ने के लिए जरूर भेजते रहें, यह सम्पादक के रूप में नहीं बल्कि कमलेश्वर के रूप में आपसे कह रहा हूँ। इस कहानी को हम छापेंगे। आपके पत्र की प्रतीक्षा करूँगा और कहानी की भी। अगर आप लगातार कहानियाँ लिखेंगे तब ही मुझे सन्तोष होगा।"

जिस कहानी का जिक्र कमलेश्वर ने किया है उसे मैंने आज से कोई पन्द्रह महीने पूर्व 15 अक्तूबर, 1973 को एक विशेष मनःस्थिति में लिखी थी। कहानी लिखना नहीं चाहता था पर विवश होकर लिख गया था और उस दिन यह अनुभव किया था कि अनुभव अपने साथ अपनी रचनात्मक विधा भी लेकर आता है। वह कहानी मेरी पहली कहानी थी फिर भी एक रचनात्मक अनुशासन में लिखी गई थी। वह अभिव्यक्ति स्वातन्त्र्य पर तन्त्र के बढ़ते हुए दबाव और उसके सम्भावित खतरे को महसूस करके लिखी गयी थी। उसे मैंने अकस्मात लिख दी थी और आगे कोई कहानी लिखने की योजना नहीं थी अतः अधिक प्रचार-प्रसार की नीयत से उसे 'सारिका' में भेज दिया था। जब कई महीनों तक कोई उत्तर नहीं आया तो मुझे एक सन्तोष भी हुआ, कि चलो ठीक हुआ, अब कहानियाँ तो नहीं लिखनी पड़ेंगी। हर विधा में कौन टाँग फँसावे। इस बीच लगभग आधी दर्जन कहानियों की थीमें मन में उभरीं पर मैंने बेरहमी से दबा दिया। मगर आज

पन्द्रह महीनों बाद कमलेश्वर का यह पत्र। सारी स्थिति ही उलट गयी है। उनका आग्रह और आकर्षण। मैंने उन्हें जवाब दे दिया है कि कहानियाँ लिखूँगा और इसका श्रेय उन्हीं को जायेगा।

गोरखपुर : 5 फरवरी, 1975

तीन फिजीवासियों के साथ कई घंटे गुजारते हुए मुझे पता ही नहीं चला कि अपने देश से तीन हजार मील दूर के एक द्वीप में बसे पराये लोगों के साथ हूँ। बल्कि उलटे जब वे भोजपुरी अवधी मिश्रित खड़ी बोली हिन्दी में बातें करते तो लगता जैसे मेरे गाँव के ही रहने वाले हों। चाउर (चावल), भात (पका हुआ चावल), उरदी (उरद), चकोतरा (बड़ा नीबू), थरिया (थाली) आदि अनेक शब्द मेरी ही मिट्टी के हैं। फिजी में भी विवाह के पूर्व लड़कों का 'जनेब' (यज्ञोपवीत) होता है। वर 'खिचड़ी' खाता है, 'ठनगन' करता है (एक रिवाज)। विवाह के एक दिन पूर्व लड़की के पूरे शरीर में 'हरदी' (हल्दी) लगती है। किसी के मरने के दस दिन बाद परिवार के लोग बाल मुड़ाते हैं। श्रीमद्‌भागवत की कथा होती है। रामलीलाएँ होती हैं। रामचरितमानस, गीता, सुखसागर के पाठ होते हैं। राम, हनुमान, शिव और काली की पूजा होती है। एक-दूसरे से मिलने पर लोग 'राम राम' या 'जय भगवान' कहते हैं। होली खेलते हैं, दीवाली मनाते हैं। मतलब यह कि रहन-सहन, खानपान, रीतिरिवाज, कर्मकांड आदि हमारे गाँवों जैसे ही हैं। विवाह और होली के अवसरों पर वहाँ गाये जाने वाले गीतों की पंक्तियाँ सुन कर मुझे कितनी आत्मीयता का अनुभव हुआ, इसे व्यक्त कर पाना कठिन है। 'धनि धनि रे सिया तोरे भाग, राम वर पाये' या 'होरी खेलें रघुवीरा अवध में' जैसे अनेक गीत ठीक उसी रूप में वहाँ गाये जाते हैं। जातीय यादें, भाषा की स्मृतियाँ और परम्पराएँ कितनी प्रगाढ़ता से हमें जोड़ती और बाँधे रखती हैं। उन तीन फिजीवासियों में एक (लाल सिंह) का परिवार अलीगढ़ से गया था। दूसरे (शिवराम शर्मा) का गोंडा (उत्तर प्रदेश) से और तीसरे (कंदा स्वामी) का मद्रास से। वे अपने पुरखों की भूमि देखने गये हैं। शिवराम शर्मा कह रहे हैं, "बचपन

में मैं हरद्वार, काशी, प्रयाग, मथुरा, पंचवटी, वंशीवट, नन्दग्राम, अयोध्या, कल्पतरु और गंगा के बारे में सुनकर तरह-तरह की कल्पनाएँ करता था। इन्हें देखने की बड़ी साध थी।'' वे तीनों उस धरती को एक बार देख लेना चाहते थे जहाँ उनके पुरखे पैदा हुए थे। वे जानते हैं वहाँ उनका कोई नहीं है। सम्भव है वे अपने गाँव का पता भी न लगा सकें। कंदा स्वामी कहता है, ''मैं मडरास जाऊँगा, वहाँ का एक लोटा पानी पी लूँगा, मुझे सन्तोष हो जायेगा।'' उनका यह भावनात्मक लगाव मुझे रोमांचित कर रहा है। जातीय स्मृतियों में गजब का आकर्षण होता है। फिजी में एक शब्द चलता है– ''जहाजी भाई'' यह सबसे आत्मीय रिश्ता माना जाता है। ''जहाजी भाई''। उन्हें कहते हैं जिनके पुरखे भारत से एक साथ एक ही जहाज में बैठ कर गये थे। जब उन्होंने भारत भूमि को छोड़ दिया तो उस अनन्त सागर में जहाज ही उनकी मातृभूमि बन गया। फिजी के बच्चों को आज भी उन जहाजों के नाम याद हैं जिनमें बैठकर सैकड़ों वर्ष पूर्व उनके पुरखे आये थे। यह जहाज का प्रेम नहीं, अपनी मातृभूमि का प्रेम है। वे तीनों यहाँ से 'काशी जी' जायेंगे, 'गंगा जी' में नहायेंगे, 'गया जी' जाकर पितरों का तर्पण करेंगे। फिर कंदा स्वामी 'मद्रास' जायेगा। वहाँ की धरती देखेगा, वहाँ का एक लोटा पानी पियेगा। फिर बम्बई। फिर वही असीम सागर। फिजी और भारत की मिट्‌टी को मिलाने और अलग करने वाला, गहरा नील सागर।

गोरखपुर : अप्रैल, 1975

गोरखपुर की चित्रगुप्त सभा ने रघुपति सहाय 'फ़िराक़' का अभिनन्दन किया था। कुछ महिलाएँ इस सभा में फ़िराक़ की परित्यक्ता पत्नी को साथ लेती आयी थीं, जो श्रोताओं के बीच सिमट कर गुमनाम बैठी थीं। फ़िराक़ आये, कुछ लोगों ने उन्हें सहारा देकर मंच पर चढ़ाया। कई लोगों ने फूल मालाएँ पहनाईं। उनके स्वागत में बहुत कुछ कहा गया और अन्त में फ़िराक़ ने भी अपने विशिष्ट अन्दाज में एक घंटे से अधिक साहित्य और अपनी रचना के बारे में गम्भीर व्याख्यान दिया। फ़िराक़ की पत्नी यह सब देखती

सुनती रहीं और अधिकांश समय रोती रहीं। सम्भव है उस ग्रामीण पत्नी ने अपने पति को बहुत दिनों बाद देखा हो और उसकी आँखों में आँसू आ गये हों, सम्भव है अपने पति की ख्याति को देखकर आनन्दातिरेक में उसकी आँखें छलछला आयी हों, सम्भव है उसे अपनी बदनसीबी पर रुलाई आ गयी हो कि इतने महान पति के लायक वह अपने को साबित न कर पायी और उसकी सेवा का अवसर न पा सकी। यह भी सम्भव है कि मिलन की कुछ पुरानी स्मृतियाँ ही उसके आँसू के रूप में फूट पड़ी हों। सम्भव कुछ भी हो सकता है जिसके अनुमान में मैं नहीं जाना चाहता। मैं तो एक महान शायर की शख्सियत के बारे में सोच रहा हूँ जिसने अपनी विवाहिता पत्नी को घर से निकाल दिया, उसके गुजारे की पता नहीं कोई व्यवस्था की या नहीं और अन्त में यह बयान दिया कि वह फूहड़ थी और उसके लायक नहीं थी। छोड़ा भी तो एक ऐसा तोहमत लगा कर जिसे कोई स्त्री कभी बर्दाश्त नहीं करती। कलाकारों में बहुत सी ऐसी आदतें होती हैं जो दुनिया की नज़रों में अनैतिक होती हैं। मुझे इसकी शिकायत नहीं है। मगर एक रचनाकार में यदि मनुष्य या सृष्टि के प्रति क्रूरता, हिंसा या पीड़न का भाव है तो अवश्य उसका आचरण विचारणीय हो जाता है।

गोरखपुर : अप्रैल, 1975

महीने-दो महीने में कभी ऐसा समय आ जाता है जब मन का सूत्र कामकाजी जिन्दगी से टूट जाता है और एक शुद्ध रचनाकार हो उठता हूँ। कमरे की खिड़की खोल लेता हूँ, बाहर के पेड़ों पर आँखें टिक जाती हैं। आँखों की पलकें एक अजीब सी मस्ती में भारी होने लगती हैं, एक खामोशी घेर लेती है। अपनी ही डायरी के पन्ने उलटने-पलटने लगता हूँ। ऐसे वक्त आवाज़ में एक चमक आ जाती है। ऐसी स्थिति में इच्छा होती है कोई मेरा एकान्त न भंग करे। क्या यही सर्जन की स्थिति है? क्या इस स्थिति में ही मुझे सबसे अधिक सन्तोष और आनन्द नहीं प्राप्त होता? मुझे लगता है आलोचना मेरे बस का नहीं है। अन्त में उसे छोड़

ही देना पड़ेगा। कविता या रचना को अपने भीतर जिन्दा रखने का मतलब है अपनी महसूस करने की शक्ति को जिन्दा रखना। बाहर के अनन्त काव्य भंडार को इंद्रियों से भीतर खींचना। अकेले जो एक सन्नाटा हमें दे सकता है वह शब्दकोश नहीं दे सकते। कुछ आँखों की खामोशी इतने गहरे घाव कर देती है जो बहुत समय तक हरे रह जाते हैं। अभी दस-पन्द्रह रोज पहले फ़िराक़ ने अपने एक व्याख्यान में कहा, "हम दुनिया भर की चीजें देखते हैं मगर यह नहीं देख पाते कि एक पत्ती अपना सिर कैसे उठाती है। किताबें हमें घामड़ बनाती हैं। यह 'स्कालर' शब्द इतना भारी है कि इसके नीचे बहुत सारा अज्ञान छिप जाता है।"

गोरखपुर : 26 जून, 1975 से अगस्त, 1975

25 जून को आधी रात राष्ट्रपति फखरुद्दीन अहमद से दस्तखत करा कर इन्दिरा गाँधी ने भारत में आपात्काल की घोषणा कर दी। राष्ट्र के नाम सन्देश में उन्होंने कहा कि विपक्षी दलों के रवैये से देश की आन्तरिक सुरक्षा के लिए खतरा उत्पन्न हो गया था। जयप्रकाश नारायण, मोरार जी देसाई, अशोक मेहता, अटल बिहारी वाजपेयी, चरण सिंह, चन्द्रशेखर, राजनारायण आदि अनेक नेता गिरफ्तार कर लिये गये। अध्यादेश पर अध्यादेश जारी होने लगे। मौलिक अधिकारों के लिए न्यायालय जाने पर रोक लगा दी गयी। किसी भी व्यक्ति को बिना कारण बताये बन्दी बनाया जा सकता है। देश भर में गिरफ्तारियों का दौर जारी है। समाचारों पर पूरी तरह सेंसर लागू है। अफवाहों का बाजार गर्म है।

अपने दूसरे कविता संकलन साथ चलते हुए की पांडुलिपि देखते हुए लगता है जैसे ये कविताएँ इसी स्थिति के विरुद्ध लिखी गयी हैं जबकि सचाई यह है कि ये आपात्काल के पूर्व की लिखी हैं और इनमें लगभग दर्जन भर तो पत्र-पत्रिकाओं में छप भी चुकी हैं। अब क्या करूँ? इनमें आजादी, लोकतन्त्र, अभिव्यक्ति स्वातन्त्र्य का समर्थन है। तानाशाही, दमन, निरंकुश सत्ता, शोषण का विरोध है। यदि इन पर कोई कार्रवाई होती है तो क्या जवाब दूँगा। लेखक तो बुनियादी रूप से स्वतन्त्रता का पक्षधर होता

है बल्कि कहें कि स्वाधीनता में ही उसका लेखन शुरू होता है। इन्दिरा जी ने बीस सूत्री आर्थिक कार्यक्रम की घोषणा की है जिसमें भूमिहीन मजदूरों, छोटे किसानों, कारीगरों को राहत मिलेगी तथा देश की अर्थव्यवस्था समृद्ध होगी। अनेक लेखकों-बुद्धिजीवियों ने इसका स्वागत किया है। पर ऐसे कार्यक्रम के लिए क्या आपातस्थिति लागू करना जरूरी था? रात दस बजे एक गाड़ी मेरे दरवाजे पर रुकी। शीशे की खिड़की से उसकी बत्ती का बन्द होना दिखा। मुझे आशंका होने लगी। कहीं मेरी गिरफ्तारी के लिए पुलिस की गाड़ी तो नहीं आयी है? मेरी शंका निर्मूल थी मगर असली बात यह कि ऐसी आशंका और भय की मनःस्थिति में न जाने कितने लोग जी रहे हैं। देश के 26 संघटनों पर प्रतिबन्ध लगा दिया गया है। यद्यपि मैं किसी का सदस्य नहीं हूँ मगर मैंने भी तो शासन के विरुद्ध काफी कुछ लिखा है। यदि कोई मुझसे बदला ही लेना चाहे तो वह आसानी से ले सकता है। अखबारी सूचनाओं के अनुसार देश के चालीस साहित्यकारों ने इन्दिरा जी का समर्थन किया है। रघुवीर सहाय ने आकाशवाणी में उनके आर्थिक कार्यक्रम की समीक्षा की है। मक़बूल फ़िदा हुसैन ने उन पर बनाये अपने तीन चित्र (12 जून, 24 जून और 26 जून) उन्हें भेंट किये हैं। देश भर के अखबारों और पत्रिकाओं के स्वर बदल गये हैं। अनेक लेखक बुद्धिजीवी समर्थन में बोल रहे हैं, जो कुछ पूर्व तक उनके आलोचक रहे। वे न करते विरोध, पर चुप तो रह सकते थे। बकौल सार्त्र, चुप रहना गूँगा होना नहीं है, यह बोलने से इनकार करना है।

21 जुलाई को संसद की बैठक बुलाई गयी जिसने आपातस्थिति की घोषणा पर मुहर लगा दी। इस दौरान सभी अध्यादेशों की पुष्टि हो गयी। राष्ट्रपति, उपराष्ट्रपति, प्रधानमन्त्री तथा लोकसभा अध्यक्ष के चुनाव से सम्बन्धित विवाद न्यायालय के अधिकार क्षेत्र से बाहर कर दिये गये। यह सारी व्यवस्था यदि पूर्व की अवस्था को सुधारने के लिए हुई तो इसे पहले ही होना था न कि तब जब प्रधानमन्त्री की कुर्सी खतरे में हो। बहरहाल, एक वर्ग ऐसा है जिस पर आपात्काल का अच्छा असर पड़ा है। दफ्तरों में लोग समय से जाने और काम करने लगे हैं, गाड़ियाँ समय से चलने लगी हैं, छोटे-छोटे नेताओं की उछल-कूद

कम हो गयी है, छात्र अनुशासित हो गये हैं, विश्वविद्यालयों में परीक्षाएँ शान्तिपूर्वक सम्पन्न होने लगी हैं, पेशेवर अपराधी भागने छिपने लगे हैं। जमाखोर व्यापारी घबराये हुए हैं, चीजों के भाव भी कुछ गिरने लगे हैं आदि। समाज में कुछ लोग जो भय से अनुशासित होते हैं, उन पर अनुकूल असर हुआ है। मगर जो लोग स्वविवेक से अनुशासित होते हैं उनके लिए तो स्वाधीनता ज़रूरी है। लोकतन्त्र की असली बुनियाद वहीं है।

गोरखपुर : जनवरी, 1976

आजकल 'रामायण' और 'महाभारत' को लेकर घमासान मचा है। हँसमुख घी साँकलिया इनकी कथा को कपोल कल्पना मानते हैं। मेरी इस विषय में कोई गति नहीं है फिर भी मुझे लगता है साँकलिया साहब एक बड़ी भूल कर रहे हैं। उनका तर्क यदि सही भी हो तो लाखों-करोड़ों के मन में जो सच प्रतिष्ठित है, उसका क्या होगा? राम, कृष्ण, शिव या हनुमान हुए हों या न हुए हों पर उनका नाम लेकर यदि कोई आदमी अपने भयनाक समय और अँधेरे जंगलों को पार कर जाता है तो वे झूठ कैसे हैं? हजारों वर्षों से भारत के लाखों-करोड़ों लोग जिन मिथकों से जीवनी शक्ति प्राप्त करते रहे हैं, जिनके सहारे आज भी खड़े हैं, वे उपेक्षणीय कैसे हैं? इस तर्क से तो कल्पना पर आधारित सारा रचनात्मक साहित्य ही निरर्थक मान लिया जायेगा। पुरातात्विक प्रमाण महत्त्वपूर्ण हो सकता है पर लोक मन में प्रतिष्ठित भाव सत्य नगण्य कैसे हैं? जिस स्वाधीनता, समता और भ्रातृत्व के लिए इतिहास में लाखों कुर्बानियाँ हुई हैं और हो रही हैं वह भी क्या मनुष्य का एक मिथक ही नहीं है?

गोरखपुर : मार्च, 1976

पिछले दो महीने के भीतर मेरी दो पुस्तकें छप कर आयी हैं। मैकमिलन से आलोचना पुस्तक 'नये साहित्य का तर्कशास्त्र' और राजकमल से कविता-संकलन 'साथ-चलते हुए'। इन दोनों पुस्तकों को लिखने में पूरी तरह एग्जास्ट हो चुका हूँ। पिछले पाँच वर्षों के श्रम से लिखा है इन्हें।

रचनाकार एक मोमबत्ती की तरह होता है। वह लिखने की प्रक्रिया में ही शेष हो जाता है। अब फिर भरना पड़ेगा अपने को। निरन्तर भरते रहना और खाली करते जाना, यही लेखक की नियति है।

गोरखपुर : 15 अक्तूबर, 1976

कल राजस्थान की लम्बी यात्रा से लौटा हूँ। मन बहुत भरा हुआ है। राजस्थान की धरती अपनी वीरता और बलिदान के लिए विख्यात है। यह भारत के मध्यकालीन इतिहास की मुख्य धारा में रही है। मैं चौदह दिन इस धरती पर रहा। चौदह दिन बहुत कम होते हैं मगर कभी-कभी इतिहास की तकदीर को बदलने के लिए कुछ घंटे काफी हो जाते हैं। हल्दीघाटी का युद्ध केवल कुछ घंटे ही लड़ा गया था मगर उसे इतिहास और लोक स्मृति से मिटाया नहीं जा सकता। चौदह दिनों में मैंने राजस्थान की धरती पर बहुत कुछ देखा—गुलाबी नगरी जयपुर, मानसिंह का आमेर गढ़, कवि बिहारी का घर, वैष्णव सम्प्रदाय का तीर्थ नाथद्वारा, मेवाड़ महाराणाओं के आराध्य एक लिंग, अरावली पर्वत श्रेणियों के बीच झीलों की नगरी उदयपुर और राणा प्रताप की कीर्तिभूमि हल्दीघाटी। मगर वह एक स्थान, जिसे देखकर लगा कि आदमी जितना महान है उसकी तुलना में उसे जीने के लिए बहुत कम वक्त मिलता है, चित्तौड़ गढ़ था। इसी गढ़ ने मेरे इस विश्वास को भी दृढ़ किया कि आदमी को जीने के लिए वक्त चाहे जितना कम मिले, असली महानता वह अपने उत्सर्ग में ही हासिल करता है। मैं तो कहूँगा किसी को राजस्थान में एक दिन रहने और कोई एक चीज देखने का मौका मिले तो उसे चित्तौड़ गढ़ देखना चाहिए। यह केवल पत्थरों का एक किला नहीं है, शौर्य, देशभक्ति और बलिदान का एक गूँजता अट्टहास है। काल की छाती को रौंदता हुआ कि लो सर्वजयी! तुम्हें पीछे छोड़ता हूँ।

"इस वीरभूमि को प्रणाम करें बाबू जी", गाइड कहता है— "यहीं माता पद्मिनी ने अगिन अस्नान किया था।" 'अगिन अस्नान' मैं चौंकता हूँ। विष्णुकान्त शास्त्री दुहराते हैं—"अग्नि स्नान"। मैंने पहली बार सुना है इस शब्द को। 'सती' और 'जौहर' के बारे में बहुत सुना पढ़ा था। मगर कुछ

शब्द जिन्हें समय घिस नहीं पाता, लोकमानस में सैकड़ों वर्ष बाद भी टटके रह जाते हैं। वन्य पुष्प की तरह। अछूते द्वीपों की खुशबू आती है उनसे। कहा जाता है कि रानी पद्मिनी ने यहाँ 1600 क्षत्राणियों के साथ 1302 में अग्नि स्नान किया था। चित्तौड़ पर अलाउद्दीन का कब्जा हो गया, मगर पद्मिनी नहीं मिली। ''छार उठाइ लीन एक मूठी दीन, उड़ाइ पिरथमी झूठी।'' (जायसी)। यहीं गोरा और 12 वर्षीय बादल पद्मिनी की पद्म गन्ध की रक्षा में वीरगति को प्राप्त हुए थे। यहीं मेवाड़ के भीष्म युवराज चूंडा ने राजगद्दी का अपना अधिकार छोड़ने की प्रतिज्ञा की थी। यहीं कलाप्रेमी राणा कुंभा ने कला और संगीत की साधना की थी। यहीं राणा सांगा ने अपने अपूर्व पराक्रम की पताका फहराई थी। यहीं मीरांबाई कृष्ण भक्ति में विलीन हुई थीं। यहीं राजमाता हाड़ी ने हजारों वीरांगनाओं के साथ 1534 ई. में दूसरा अग्नि स्नान किया था। यहीं पन्नाधाय ने मेवाड़ के राणावंश की रक्षा के लिए अपनी आँखों के सामने अपने पुत्र को तलवार से दो टुकड़े करा दिया था। यहीं जयमल और पत्ता ने अपने अपूर्व शौर्य से अपने शत्रु अकबर को भी मुग्ध कर दिया था। यहीं अकबर के समय (1568 ई.) में वीरांगनाओं का तीसरा जौहर हुआ था। चित्तौड़ गढ़ एक किला नहीं, स्वाभिमान था। दूसरों का आकाश अपनी मुट्ठियों में कैद करने वाला हर आक्रामक इससे एक बार टकराया। हर बार चित्तौड़ हारा। हर बार चित्तौड़ जीता। यह एक विचित्र विरोधाभास है कि मनुष्य हारता है और उसका स्वाभिमान जीतता है। आदमी के भीतर कुछ है जो उससे बड़ा है, जिसके लिए वह मर जाता है। इसी चित्तौड़ के लिए राणा प्रताप ने प्रतिज्ञा की—''जब तक चित्तौड़ वापस न ले लूँगा, महलों में नहीं रहूँगा। बिछौने पर नहीं सोऊँगा, सोने-चाँदी के बर्तनों में नहीं खाऊँगा।'' राणा की प्रतिज्ञा पूरी नहीं हुई। उन्होंने 26 वर्षों की लम्बी जिन्दगी जंगलों और अरावली की पहाड़ियों में गुजार दी। लेकिन अकबर की भी इच्छा कहाँ पूरी हुई? वह उन्हें जिन्दा या मुर्दा पकड़ नहीं सका। राणा प्रताप के एक समकालीन राजस्थानी कवि ने लिखा है— "अकबर जासी आप, दिल्ली पासी दूसरा। पुनरासी परताप, सुजस न जासी सूरमा।।"

अर्थात "अकबर खुद चला जायेगा, दिल्ली दूसरे को मिल जायेगी, परन्तु हे पुण्य की राशि शूरवीर, तुम्हारा सुयश नहीं जायेगा।" कितनी सच थी उस अनाम कवि की भविष्यवाणी। आज का भोगवादी सुखवादी आदमी, जिसके लिए वर्तमान ही सब कुछ है, आसानी से नहीं समझ सकेगा कि स्वयं द्वारा चुने गये उत्सर्ग और निर्वासन के पीछे व्यक्ति में अपने मूल्यों के प्रति कितनी गहरी प्रतिबद्धता और कितना दृढ़ आत्मबल हुआ करता है।

मैं चित्तौड़ गढ़ का एक पत्थर उठा लेता हूँ। कल हल्दीघाटी से एक दूसरा पत्थर उठा लूँगा। इन्हें अपने कमरे में रख दूँगा। ये बोलेंगे नहीं। मगर ये उस धधकते काल प्रवाह के मूक साक्षी हैं।

गोरखपुर : अक्तूबर, 1976

एक रेलवे स्टेशन पर पति-पत्नी खड़े हैं। एक अपरिचित व्यक्ति आता है। स्त्री से शिष्टाचार दिखाते हुए कहता है, "मैं आपके पति से दो मिनट बात करना चाहता हूँ।" वह उसे प्लेटफार्म पर अलग ले जाता है। दो मिनट एक घंटा दो घंटा एक दिन दस दिन। पत्नी प्रतीक्षा करती रहती है। उसका पति कभी नहीं लौटता। सड़क पर एक काली गाड़ी रुकती है। राह चलते एक व्यक्ति को उसमें बैठा लेती है। फिर वह आदमी हमेशा के लिए इतिहास से गायब हो जाता है। रात में दरवाजे पर दस्तक होती है। दरवाजा खोलने वाले व्यक्ति को दस्तक देने वाला व्यक्ति अपने साथ एक रहस्यमय गाड़ी में बिठा कर ले जाता है। सपनों में खोई हुई स्त्री और नींद में सोये हुए बच्चे को कभी नहीं पता चल पाता कि वह दस्तक देने वाला कौन था। 'गुलाग द्वीप समूह' में सोल्झेनित्सीन ने सैकड़ों ऐसी सच्ची घटनाओं का उल्लेख किया है जो स्तालिनकालीन रूस के आतंक के नमूने हैं। इस प्रकार के नमूने अब अपने देश में भी देखने को मिलने लगे हैं। इतने बड़े देश में घटनाएँ तो अनेक घट रही होंगी, मेरे पास जानने के साधन भी क्या हैं, पर उनमें एक अभी मेरे विश्वविद्यालय में भी घटी है। संस्कृत के एक अध्यापक एक दिन विश्वविद्यालय जा रहे थे, रास्ते में उन्हें एक काली गाड़ी में बिठा लिया गया। सुना है, आजकल वे मीसा के अन्तर्गत दिल्ली में बन्द हैं। वे

हमारे विश्वविद्यालय के सबसे अधिक सीधे और सबसे कम राजनीतिक अध्यापक थे। उनका अपराध यही है कि वे एक राजनीतिक व्यक्ति के भाई हैं। यह दोष उनका है या उन्हें जन्म देने वाले का?

धीर गम्भीर स्वर में आकाशवाणी होती है, "देश में आतंक की स्थिति नहीं है। जनता के मूलाधिकार सुरक्षित हैं।" अखबार कहते हैं, "भारतीय लोकतन्त्र के ढाँचे में कोई परिवर्तन नहीं हुआ है।" मगर मैं यह परिवर्तन महसूस कर रहा हूँ। हम कुछ भी बोलने के पहले चारों ओर ताक-झाँक कर बोलते हैं। अपने आस-पास के आदमी पर तनिक भी सन्देह हो तो चुप लगा जाते हैं। हरदम लगता है जैसे कोई पीछा कर रहा है। करीब में कोई भी गाड़ी रुकती है तो आशंका होती है कि मुझे ले जाने के लिए रुकी है। इस फोबिया का कारण क्या है? कहाँ है मूलाधिकार? हमने ही ये सरकारें बनाई थीं, अपनी सुरक्षा-व्यवस्था और चैनो सुकून के लिए। लेकिन ये अब भस्मासुर की तरह हमें दबोच लेने पर उतारू हैं। निर्दयी दैत्य की तरह हमसे माँग रही हैं चबाने के लिए हमारी अन्तरात्मा।

गुलाग द्वीप समूह में सोल्झेनित्सीन ने एक घटना का जिक्र किया है, जो इस प्रकार है–"मास्को प्रान्त में जिला पार्टी सम्मेलन चल रहा था। इसकी अध्यक्षता जिला पार्टी समिति का नया सचिव कर रहा था जिसकी नियुक्ति हाल में गिरफ्तार सचिव के स्थान पर हुई थी। सम्मेलन की समाप्ति पर कामरेड स्तालिन के प्रति आभार प्रकट करना और उनकी प्रशंसा में एक प्रस्ताव पारित करना अनिवार्य था। छोटा-सा कक्ष जबरदस्त करतल ध्वनि से गूँज रहा था जो निरन्तर तेज होती गयी। तीन मिनट, चार मिनट, पाँच मिनट तक जबरदस्त करतल ध्वनि जारी रही। लोगों की हथेलियाँ दुखने लगी थीं और बाँहों में तो पहले ही दर्द शुरू हो गया था। और अधिक उम्र के लोगों का तो थक जाने के कारण साँस फूल गया था। जो लोग सचमुच स्तालिन की पूजा करते थे उनके लिए भी यह असह्य रूप से मूर्खतापूर्ण कार्य होता जा रहा था। लेकिन सबसे पहले रुकने की कौन हिम्मत कर सकता था? जिला पार्टी का सचिव यह कर सकता था। वह मंच पर खड़ा था और उसी ने स्तालिन की प्रशंसा में करतल ध्वनि करने

का प्रस्ताव किया था। लेकिन वह नया आदमी था। उसने उस व्यक्ति का स्थान लिया था, जिसे गिरफ्तार कर लिया गया था। वह भयभीत था। आखिरकार एन.के.वी.डी. के आदमी सभाकक्ष में खड़े हुए करतल ध्वनि कर रहे थे और यह नजर लगाये हुए थे कि सबसे पहले कौन रुकता है। स्थानीय कागज कारखाने का निदेशक, जो एक स्वतन्त्र वृत्ति का कठोर मनोबल वाला आदमी था, मंच पर खड़ा था। इस स्थिति के मिथ्यापन को जानते हुए भी वह तालियाँ बजाता जा रहा था। उसने बड़ी पीड़ा से जिला पार्टी के सचिव की ओर देखा लेकिन सचिव महोदय रुकने का साहस ही नहीं कर पा रहे थे। शुद्ध पागलपन! हर व्यक्ति पागलपन से ग्रस्त! अपने चेहरों पर प्रकट रूप से उत्साह का प्रदर्शन करते हुए, एक-दूसरे की ओर इस धूमिल आशा से देखते हुए ज़िले के नेता निरन्तर उस समय तक तालियाँ बजाते रहे, जब तक वे नीचे नहीं गिर पड़े। और इसके बाद भी वे लोग जो अपने पाँवों पर खड़े थे, तालियाँ बजाना बन्द करने को तैयार नहीं थे। तब ग्यारह मिनट बाद कागज कारखाने के निदेशक ने अपने चेहरे पर गम्भीरता का भाव धारण किया और अपनी कुर्सी पर बैठ गया। इस प्रकार वे लोग यह पता लगाते थे कि स्वतन्त्र वृत्ति के लोग कौन थे। और वे इस प्रकार इन लोगों को समाप्त करने का काम करते थे। उसी रात कागज कारखाने के निदेशक को गिरफ्तार कर लिया गया। उन्होंने किसी दूसरे बहाने से उसे दस वर्ष की कैद की सजा सुना दी। लेकिन जब उसने फार्म सं. 206 पर हस्ताक्षर कर दिये, जो पूछताछ के दौरान अन्तिम फार्म होता था, तो पूछताछ अधिकारी ने उसे स्मरण दिलाते हुए कहा : ''भविष्य में कभी भी सबसे पहले तालियाँ बजाना बन्द न करना।'' यह है उस शासन व्यवस्था की सच्ची तस्वीर जिसकी ओर हमारी चुनी गयी सरकारें भी बढ़ रही हैं। मेरे स्वतन्त्रता प्रेमी नागरिको, खबरदार!

गोरखपुर : 8 जनवरी, 1977

मेरी ही नहीं, इस नगर के सबसे बूढ़े व्यक्ति की स्मृति में भी, यह नगर इस तरह कभी नहीं सजाया गया था। सड़कों की धुलाई, मकानों की रँगाई

और दुकानों पर बिजली की झालरें। झोंपड़ियाँ उजाड़ दी गयी हैं। गरीबी हटाओ के तहत गरीब भी हटा दिये गये हैं। जिन रास्तों से संजय गाँधी गुजरेंगे, उन पर न अँधेरा है न गन्दगी। इन्हीं दोनों से इस शहर की पहचान होती थी। हजारों लोग ढो-ढो कर बिछा दिये गये हैं स्वागत में। जार्ज पंचम के दिल्ली दरबार के समय इसी तरह सजी होगी दिल्ली। इसी तरह स्वागत में बिछी होगी। सब लोग पीछे छूट चुके हैं, केवल एक आगे जा रहा है। कुछ मूल्य और प्रतिमान थे जिनके आधार पर हम किसी के समक्ष श्रद्धावनत होते थे। ढह चुके हैं वे। जिन लोगों ने अनेक यातनाओं और कुर्बानियों से इस देश को आजाद किया, वे आज भी जिन्दा हैं। मगर कहाँ हैं? एक आदमी सबको रौंदता हुआ, विजेता की तरह बढ़ता जा रहा है। मन्त्री, मुख्यमन्त्री, पार्टी अध्यक्ष, अफसर, पूँजीपति, जनता सबकी लगाम उसके हाथ में है। उसकी एक सभा पर सरकारी साधन पानी की तरह बहाया जाता है। चारों ओर कड़ी किलेबन्दी है। संविधान मुट्ठी में। प्रेस मुट्ठी में। स्वतन्त्रता, समानता, समाजवाद और लोकतन्त्र मुट्ठी में। ये वे शब्द हैं जो मनुष्य जाति की भाषा में सबसे कीमती हैं। इन्हें छिनते देखकर वह मौन क्यों है? क्या माना जाय कि भारतीय जनता के मनोबल को तीस वर्षों की आजादी ने बढ़ाया नहीं, बल्कि तोड़ा ही?

गोरखपुर : 22 मार्च, 1977

वर्तमान लोकसभा चुनाव में इन्दिरा गाँधी के खिलाफ आश्चर्यजनक जन रोष प्रकट हुआ। यह गुस्सा घृणा के हद तक था। विश्वास नहीं होता, इसी जनता ने 1971 में इन्दिरा जी को प्रबल बहुमत दिया था और बंगलादेश युद्ध के साथ उन्हें 'दुर्गा' और 'रणचंडी' कह कर सम्बोधित किया था। इसी जनता ने 55 हजार मतों से उन्हें चुनाव हरा दिया। उत्तर भारत के आधे दर्जन महत्त्वपूर्ण प्रान्तों में उन्हीं के कारण कांग्रेस को एक भी सीट नहीं मिली। देवकांत बरुआ कहते थे– "इन्दिरा इज इंडिया"। ऐसी ही चाटुकारिता ने इन्दिरा जी को डुबा दिया। बी.बी.सी. ने सही टिप्पणी की है कि यदि समाचारों पर सेंसर न होता तो जनता के आक्रोश से वे परिचित होती रहतीं और तब शायद उनकी नीतियाँ कुछ दूसरी

होतीं। मीडिया और बुद्धिजीवी, समाज की आँखें और उसकी आवाज होते हैं।

इन्दिरा जी ने प्रधानमन्त्री पद से इस्तीफा दे दिया, आपातकाल उठा लिया गया, अखबारों से सेंसर हटा लिया गया। प्रतिबन्धित संगठनों को प्रतिबन्ध से मुक्त कर दिया गया। मीसाबन्दी छोड़े जा रहे हैं। इस चुनाव में पहली बार जनता ने जाति, धर्म और व्यक्ति को भूल कर पार्टी नीति को मतदान किया है। पहली बार उसने नेहरू परिवार के प्रभामंडल के विरुद्ध विद्रोह किया है। आपातकाल के अपने गूँगे गुस्से को उसने इतने सधे ढंग से व्यक्त किया है कि उसका लोकतन्त्री चरित्र उजागर हो गया है। इस चुनाव का मुद्दा आर्थिक से अधिक वैचारिक था। तानाशाही बनाम लोकतन्त्र। जनता पार्टी के नेताओं को यह भ्रम नहीं होना चाहिए कि उनके कर्मों से यह जीत हासिल हुई है, बल्कि कांग्रेस के कुकर्मों के कारण ऐसा हुआ है। जनता ने संविधान को एक व्यक्ति के हक में संशोधित होते देखा था। उसने न्यायपालिका और अभिव्यक्ति की स्वतन्त्रता को छिनते देखा था। उसने पारिवारिक आधिपत्य कायम करने का कुचक्र देखा था। जनता पार्टी के रूप में एक मंच पाकर वह अपना विरोध व्यक्त करने में सफल हो सकी।

गोरखपुर : 12 अप्रैल, 1977

रात 12 बजे स्थानीय 'दैनिक जागरण' अखबार ने जगाकर रेणु के निधन की दुखद सूचना दी। वे पिछले दो सप्ताह से बेहोश थे। रेणु हिन्दी के ऐसे लेखक थे जिन्होंने अपने "धूसर, वीरान, अन्तहीन, प्रान्तर" के प्रति सुदूर पाठकों के बीच आकर्षण पैदा किया था। उस भूमि के रूप, रंग, गन्ध, ध्वनि के साथ स्वयं उनका गहरा लगाव न होता तो वे ऐसा न कर पाते। उनका गद्य शिल्प अद्भुत है। आपातकाल में सरकारी माध्यमों पर उनका नाम प्रतिबन्धित था। उन्होंने अपना पद्मश्री अलंकरण और सरकारी सहायता राशि उस वक्त लौटाई जब अनेक बुद्धिजीवी अलंकरण लूटने की होड़ में थे।

लुधिआना (ट्रेन में) 10 जून : (प्रातः), 1977

कुछ लोग और कुछ दृश्य खामोश कर देते हैं। कभी कुछ चेहरे, कभी घिरती हुई साँझ, कभी फैलता अँधेरा, कभी घिरते मेघ, कभी किसी रचना की पंक्तियाँ। मन भीतर की गहराइयों में डूब जाता है। जो समय हमारे चारों ओर हरहराते दहाड़ते निकल जाता है, वह हमारा नहीं होता। हमारा उतना ही होता है जितना हमारे भीतर अपना अवशेष छोड़ जाता है। यात्राओं में मैंने ऐसी सुन्दरियों को देखा है जिनका रूप रानी होने लायक है लेकिन जो फटे गन्दे वस्त्रों में कोयला बीन रही हैं। ऐसे प्रतिभावान पढ़ाकुओं को देखा है जिनसे विश्वविद्यालय गौरवान्वित हो सकते थे लेकिन जो प्रूफ रीडरी या किसी वणिक की सेवा कर रहे हैं। ऐसे आचारवान लोगों को भी देखा है जिनके सम्मान में माथा झुकाना चाहिए लेकिन जिनकी सन्तानें तक जिन्हें एक लोटा पानी नहीं देतीं। मुझे लगता है ऐसे चरित्रों में भी कहीं न कहीं कुछ कमी होनी चाहिए। या तो परिस्थितियों ने इनके साथ दगा की या ये स्वयं अपनी किन्हीं अक्षमताओं के कारण उनके सहयात्री न बन सके।

अमृतसर : 19 जून, 1977

आजकल अमृतसर में हूँ। डॉ. रमेश कुंतल मेघ ने एक आलोचना शिविर आयोजित कर रखा है। इस बार दरबार साहब (स्वर्ण मन्दिर) जाने का तीसरा सुयोग था। इस मन्दिर में पवित्र ग्रन्थ के चारों ओर बैठे श्रद्धालु सिखों के करुणापूर्ण खामोश चेहरे अभिभूत कर देते हैं। मन्दिर में अहिर्निशि चलने वाला गुरूवाणी का संगीतमय पाठ तो और भी मुग्ध करने वाला है। इस बार दरबार साहब के मुख्य द्वार के ऊपरी कक्ष में लगी पेंटिंग्स देखने का अवसर मिला। सिखों के बलिदान को सजीव करते ये चित्र जितने कलात्मक हैं उतने ही भयानक। उन शहीदों के मनोबल के समक्ष श्रद्धा से माथा झुक जाता है। महान कौम है यह। आज अटारी बार्डर गये थे। विश्वम्भरनाथ उपाध्याय, सूर्यप्रसाद दीक्षित, प्रणवकुमार बंद्योपाध्याय, नरेन्द्र कोहली, नरेन्द्र मोहन, बलदेव वंशी आदि साथ थे।

हम लोगों ने सीमा चौकी की सलामी देखी। बूटों की सधी हुई आवाज, मार्च, हाल्ट, चुस्ती, सजगता। झण्डे उतारे जाते हैं, सलामी दी जाती है, दोनों ओर के सैकड़ों लोग इधर-उधर खड़े होते हैं। बीच में एक पट्टी है—नो मैन्स लैंड। उस पर किसी देश का अधिकार नहीं। लेकिन बाकी धरती पर अलग-अलग देशों का अधिकार क्यों है? हमारे झुण्ड में कुछ महिलाएँ हैं जो हाथ हिलाकर उस पार के लोगों का स्वागत करती हैं। पुलिस के कई सिपाही बदहवास दौड़े आते हैं जैसे लड़ाई छिड़ने जा रही हो। वे कहते हैं, "हाथ मत हिलाओ, कुछ बोलो मत, इशारे मत करो, हँसो मत।" हम चुप हो जाते हैं। उस पार वही धरती, वैसे ही लोग, दोनों आमने-सामने खड़े, मगर मौन। टुकड़ों में बँटी वंदिनी धरती माँ। मुझे पहले की लिखी अपनी एक कविता– 'सीमाएँ'—जो 'साथ चलते हुए' संग्रह में प्रकाशित है, याद आती है।

श्रीनगर (कश्मीर) : 27 जून, 1977

अमृतसर से मैं और सूर्यप्रसाद दीक्षित कश्मीर यात्रा के लिए निकल पड़े जहाँ जाने की इच्छा न जाने कब से मन में थी। सबसे पहले हम वैष्णव देवी गये। कटरा से वैष्णव देवी तक की 14 किलोमीटर की चढ़ाई हमने पैदल ही पूरी की। बहुत से लोग थे– बूढ़े, बच्चे और विकलांग तक, जिन्हें साथ पाकर बल मिलता रहा। रास्ता मनोरम था। कटरा वापसी तक चौबीस घंटे लग गये। फिर श्रीनगर। जवाहर सुरंग को पार करने के बाद काजीकुंड से आगे सारा परिवेश ही बदल जाता है और हम एक नये सौन्दर्यलोक में पहुँच जाते हैं। 'श्री' का अर्थ है शोभा, ऐश्वर्य, कीर्ति आदि। सचमुच कश्मीर शोभा की भूमि है। श्रीनगर के बाहर हम गुलमर्ग, खिलनमर्ग, सोनमर्ग ओर पहलगाम भी गये। यहाँ की वनश्री, हरियाली, बर्फ ढकी चोटियाँ, गाँवों के बीच और सड़क के साथ-साथ दुग्ध धवल सरिताएँ मन को बाँध लेने वाली हैं। पहलगाम में धड़कती हुई लीदरा नदी और सोनमर्ग की पहाड़ियों का सौन्दर्य अद्भुत लगा। और क्या कश्मीर का मानवीय सौन्दर्य भूलने लायक है? लम्बा कद, हल्के गुलाबी चेहरे, ईंगुरी कपोल,

बड़ी-बड़ी भोली आँखें एक खास नस्ल का यह सौन्दर्य देखने लायक है। मेरे सहयात्री दीक्षित जी मजाक में कहते हैं, "तुम्हारे लड़की नहीं है। यहाँ से कोई छोटी बच्ची माँग कर ले चलो। उसे पालना पोसना और बड़ी होने पर अपने बेटे से ब्याह देना।"

गोरखपुर : 30 जुलाई, 1977

आज मेरे निवास पर अज्ञेय ने अपनी प्रसिद्ध कविता 'असाध्य वीणा' का पाठ किया। बीच में बिजली चली गयी। उन्होंने मोमबत्ती की रोशनी में पूरी कविता पढ़ी। डॉ. रघुवंश ने आपातस्थिति और लेखन कर्म पर बोलते हुए अपने व्यक्तिगत अनुभव सुनाये। इस अवसर पर नगर के सभी लेखकों बुद्धिजीवियों तथा काशी विद्यापीठ के डॉ. युगेश्वर की उपस्थिति रही।

गोरखपुर : 27 मार्च, 1978

ग्यारह बजे दिन में कालबेल बजी और जब मैंने दरवाजा खोला तो देखा, अज्ञेय जी एक ब्रीफकेस लिये खड़े हैं। मैं तो हैरान। अचानक उन्हें देखकर जो अचरज हुआ, उसका अंदाज लगाया जा सकता है। अज्ञेय जी अपने पूर्वनिर्धारित कार्यक्रम के एक दिन पहले पहुँच गये थे। उन्होंने तार तो दिया था पर वह मिला नहीं। हवाई अड्डे से मेरा निवास आठ किलोमीटर दूर है। अज्ञेय जी को टेलीफोन एक्सचेंज ने एक गलत नम्बर दे दिया जिस पर वह फोन करते रहे और अन्त में रिक्शे पर बैठकर चले आये। इसके पहले दो-तीन बार आ चुके थे अतः पहुँचने में विशेष कठिनाई नहीं हुई। उस दिन वह खाली थे क्योंकि जिस संगोष्ठी के लिए आये थे वह अगले दिन होनी थी। भोजनोपरान्त उन्होंने पूछा, "यहाँ कोई ताल है? क्या वहाँ पक्षी आते हैं?" फिर टेराकोटा के उन मूर्ति शिल्पियों के बारे में पूछा जो गोरखपुर के पास रहते हैं। मैंने एक जीप मँगाई और उन्हें लेकर विद्यानिवास जी के घर पहुँचा जो उसी संगोष्ठी में भाग लेने के लिए यहाँ पहुँच गये थे। फिर हम लोग उन्हें लेकर उस गाँव (नौरंगाबाद) गये जहाँ अज्ञेय जी ने कुछ मूर्त्तियाँ खरीदीं। इस यात्रा में उन्होंने अपनी पुस्तक 'संवत्सर' की एक प्रति भी मुझे भेंट की।

समर हिल, शिमला : 4 जून, 1978

आज ही दिल्ली से शिमला पहुँचा हूँ। एक दिन श्रीकान्त जी से उनके नार्थ एवेन्यू आवास पर मिला था। श्रीमती गाँधी के साथ अपने सम्बन्धों के कारण काफी विवादास्पद हो गये हैं और इस बात से दुखी थे कि बदली हुई परिस्थितियों में लोग अवसरवादी आचरण कर रहे हैं। जो श्रीमती गाँधी का गुणगान करते थे, अब नयी सरकार के गुणगान में लगे हैं। वे कह रहे थे, "मैं चाहता तो कई लेखक जो हीरो बने हुए हैं, उस समय बन्द हो जाते, पर मैंने ऐसा नहीं किया। लेकिन आज धर्मवीर भारती का व्यवहार देखने योग्य है। वे पिछले दिनों दिल्ली आये थे और मुझसे मिलना चाहते थे पर मैं मिला नहीं।" दिल्ली में मेरी भेंट रघुवीर सहाय और नामवर जी से भी हुई। नामवर जी ने बातचीत में पूछा, "क्या आपने रामविलास जी का मुक्तिबोध पर लेख पढ़ा? पूरा 80 पेज का लेख है, मेरे खिलाफ। अब मुझे भी उसका जवाब लिखना है। लगता है मेरे उनके मुक्तिबोध सम्बन्धी लेखों की एक अलग पुस्तक ही बन जायेगी।" कल शाम केदार जी के निवास पर था। पंकज सिंह भी थे। बहुत उदास। शायद कल ही कोर्ट में उनके और पद्‌माशा के तलाक का मुकदमा पेश हुआ था। वे भावुक थे और जमीन पर ताल दे कर ट्रेजिक ग़ज़लें सुनाते रहे। पत्नी के निधन के बाद केदार जी भी अकेले हो गये हैं।

गोरखपुर : 2 अक्तूबर, 1978

आज 'दस्तावेज' का प्रवेशांक छप कर आ गया। मेरे लेखक मन की एक बड़ी कल्पना पूरी हुई। अनुभव कर रहा हूँ कि पत्रिका निकालना बहुत कठिन कर्म है। अठारह घंटे व्यस्त रहना पड़ता है। शेष छह घंटे नींद में भी चिन्ता चढ़ी रहती है। सैकड़ों चिट्ठियाँ लिखना, ग्राहक बनाना, विज्ञापन जुटाना, प्रेस देखना। सम्पादन कर्म पूरी तरह रचनात्मक कर्म नहीं है। इसमें असर्जनात्मक सक्रियता बहुत होती है। हाँ सरकार या किसी पूँजीपति या संगठन का सहयोग हो तो बात दूसरी है। लेकिन मेरे साथ इनमें से कोई नहीं है। लेखक बेचारे आर्थिक सहयोग क्या करेंगे। उनकी रचनाओं का

सहयोग ही बहुत है। अधिकांश तो ऐसे हैं जो ईर्ष्या और असहयोग ही करते हैं। लेखन कार्य के कारण जिस परिवार की निरन्तर उपेक्षा करता रहता हूँ, अन्त में इसमें भी सबसे अधिक मददगार वही होता है।

गोरखपुर : 30 दिसम्बर, 1978

इस समय देश की राजनीतिक हालत शोचनीय है। मुझे वह दिन याद है जब आपातूकाल के बाद के ऐतिहासिक चुनाव में मेरे घर की महिलाओं ने पहली बार मतदान किया था। मेरे भी सामने तानाशाही और लोकतन्त्र में एक के चुनाव का प्रश्न था। लेकिन आज उसी लोकतन्त्र का नंगा रूप देख रहा हूँ। जयप्रकाश नारायण भीष्म की तरह वाण शैया पर हैं। जो राजनीतिक घटक टूट चुके थे, वे जीवित हो चुके हैं और सबकी आँख कुर्सी पर लगी है। यदि इन्दिरा गाँधी का भय न होता तो यह सरकार कभी की टूट चुकी होती। बिहारी का एक दोहा है—कहलाने एकत बसत, अहि मयूर मृग बाघ। जगत तपोवन सो कियो, दीरघ दाघ निदाघ।। यही भूमिका आज की सरकार को स्थिर रखने में इन्दिरा जी की है। इस सरकार के सामने एक सूत्री कार्यक्रम है। इंदिरा विरोध। देश हित के अन्य कार्यक्रम स्थगित हैं। विश्वविद्यालयों में पढ़ाई ठप हो गयी है, प्रशासन कमजोर हो गया है, अपराध बढ़ गये हैं, व्यापारियों की मुनाफाखोरी बढ़ गई है। और सबसे घातक काम जो इस सरकार ने किया है वह है जातिवाद का जहर जनता के मन में घोलने का। अंग्रेजों ने इस देश में दो जातियाँ पैदा कीं— हिन्दू और मुसलमान। कांग्रेसियों ने एक जाति और बढ़ाई हरिजन। जनता सरकार ने इस कड़ी में ऐसा कर दिया कि इस देश का हर नागरिक अपनी-अपनी जाति की भाषा में सोचने लगा है।

गोरखपुर : 19 मई, 1979

अभी-अभी समाचार मिला है कि आचार्य हजारी प्रसाद द्विवेदी नहीं रहे। मुझे ऐसा लगा जैसे मेरे गाँव से समाचार मिला है कि उसके पास बहने वाली गंडक नदी सदा के लिए सूख गयी है। द्विवेदी जी 72 वर्ष के

थे लेकिन वे ऐसे व्यक्ति थे जो 72 हजार वर्ष के होकर भी पुनर्नवा बने रह सकते थे। अभी तो उनकी सर्जनात्मकता निर्झरिणी की तरह पूरे आवेग के साथ धड़क रही थी। वे 'अनामदास का पोथा' का अगला खंड लिखना चाहते थे। अपने समय के लेखकों में 'अद्वितीय' शब्द का प्रयोग द्विवेदी जी के लिए शायद सबसे उपयुक्त हो। उनकी कृतियों की तुलना स्वयं उन्हीं की कृतियों से की जा सकती है। किसी अन्य लेखक की कृतियों से नहीं। उनके चार उपन्यास, अशोक के फूल, कबीर, हिन्दी साहित्य का आदिकाल, कालिदास की लालित्य योजना जैसी कृतियाँ आधुनिक क्लासिक हैं। द्विवेदी जी के व्यक्तित्व में सर्जनात्मक प्रतिभा और आलोचनात्मक चिन्तन का अद्भुत सामंजस्य था। उन्होंने हिन्दी पाठकों को संस्कृत की समृद्ध परम्परा का साक्षात्कार कराया, इसके लिए उसे उनका ऋणी होना चाहिए। स्वयं अपने पर मैं सर्वाधिक प्रभाव द्विवेदी जी का ही अनुभव करता हूँ।

पूना : 30 जून, 1979

आज पहली बार समुद्र देखा है। विपुल जलराशि का विराट वैभव। उत्तर भारत का आदमी इस अर्थ में दरिद्र है कि वह समुद्र नहीं देख पाता। मैंने हिमवंत का साक्षात्कार तो कई बार किया पर समुद्र देखने की इच्छा पूरी नहीं हुई थी। इसीलिए पूना से बम्बई चलते समय जब डॉ. रामजी तिवारी ने पूछा, "आप बम्बई में क्या-क्या देखना चाहते हैं" तो मैंने कहा, "केवल समुद्र।" और सचमुच समुद्र देखकर मैं पूना लौट आया हूँ। मकानों, दुकानों, सड़कों और भागती भीड़ में मेरी दिलचस्पी नहीं है। बम्बई के भावहीन चेहरों और भागते पैरों की अपेक्षा पूना का जीवन अच्छा लगा। पूना-बम्बई के बीच का रास्ता भी आकर्षक लगा।

गोरखपुर : 31 अगस्त, 1979

कौन जाने इतिहास के किसी दौर में शब्दों का इतना अवमूल्यन हुआ है या नहीं, जितना इस दौर में हो रहा है। 'समाजवाद', 'जनवाद', 'लोकतंत्र', 'जनहित', 'न्याय', 'व्यवस्था', 'स्वतन्त्रता', 'समानता' जैसे पवित्र शब्दों का

कोई अर्थ नहीं रहा गया है। कलम हाथ में लिये सोचता हूँ, सच क्या है जिसे लिखूँ और गुनगुनाऊँ। ऊपर मार्क्सवाद और नीचे अवसरवाद। ऊपर जनवाद और नीचे व्यक्तिवाद। जो अपने को सेक्यूलर और प्रगतिशील कहता है वह विंध्याचल में दाढ़ी मुड़ाता है, कीर्तन करता है, तांत्रिकों-ज्योतिषियों से घिरा रहता है, मस्जिद में पाँच बार नमाज अदा करता है, जो नेता जातिवाद का विरोध करता है वही उस चुनाव क्षेत्र की तलाश करता है जहाँ उसकी जाति वालों की संख्या अधिक हो। लोकतन्त्र का समर्थन करने वाला तानाशाही आचरण करता है। जो मनुष्य की सारी कमजोरियों से भरे हैं उनके लिए 'महामानव' जैसे विशेषण का प्रयोग होता है। हत्या व्यवसायियों के लिए कोश के पवित्रतम शब्दों से मंडित अखबारों के विशेषांक भी देखे हैं। यह समय सबसे अधिक क्रूर उनके लिए है जो किन्हीं मूल्यों में विश्वास करते हैं और शब्दों की पवित्रता को अपने आचरण में सिद्ध करते हैं।

गोरखपुर : 1 जुलाई, 1980

मैं जीवन भर अपने जीने का अर्थ तलाशता रहा। महीने-दो महीने, साल-दो-साल बाद ऐसे अवसर आते हैं जब बेचैन सोचने लगता हूँ, मेरे जीने का अर्थ क्या है? यदि नितान्त अन्तर्मुखी प्रवृत्ति का होता तो अब तक आत्महत्या कर चुका होता। मगर मेरा अहंकार सम्भवतः ज्यादा प्रबल है। जीने के अर्थ की खोज में ही सम्भवतः बिना जाने हुए भी एक दिन लिखना शुरू किया था। किसी दिन राजनीति और सामाजिक कार्यों की ओर कदम बढ़ाया और फिर वापस लौट आया था। शायद इस खोज में ही पत्रिका निकाली और आज तक किताबों और कागजों के बीच झूल रहा हूँ। लेकिन तलाश की बेचैनी आज भी बनी हुई है। कह नहीं सकता कौन सा अभाव है और कितना गहरा है, हालाँकि रोटी, कपड़ा, मकान तो मेरे पास है। जब कुछ मित्र कहते हैं कि वे दूसरों के लिए लिखते हैं तो असमंजस में पड़ जाता हूँ। क्या दूसरों के लिए कोई काम करना इतना सहज है? और क्या अपने लिए करना बिल्कुल नगण्य? और क्या जो कुछ हम दूसरों के लिए करते हैं वह भी अपनी ही सन्तुष्टि के लिए नहीं होता?

गोरखपुर : 7 नवम्बर, 1980

आज पूरे एक महीने बाद अपने पैरों पर घर से बाहर निकला हूँ। अपने पैरों पर खड़ा होना और चलना कितना अद्‌भुत अनुभव है, इसे पहली बार महसूस कर रहा हूँ। पहली बार जब कोई बच्चा अपने पैरों पर खड़ा होता होगा और सँभल कर चलने लगता होगा, तो कुछ इसी प्रकार की अनुभूति होती होगी उसे। पिछले सात अक्तूबर की रात पेट में वायु के ऊर्ध्वमुखी होने के कारण परेशानी हुई और स्वभाव से संशयालु होने के कारण मुझे लगा कि यह हार्ट अटैक है। अगले दिन सुबह मेरे विभागाध्यक्ष डॉ. भगवती प्रसाद सिंह अपने एक परिचित डाक्टर के यहाँ ले गये जिसने सारे टेस्ट आदि करने के बाद मुझे कम से कम पन्द्रह दिनों के पूर्ण विश्राम की सलाह दे दी। डाक्टर ने परहेज और जो सावधानियाँ आदि बताईं उनसे भयभीत होकर मैंने आत्मविश्वास खो दिया। 25 अक्तूबर तक मैं पूरी तरह बिस्तर पर ही पड़ा रहा। उसी पर सारा कर्म। इस बीच शहर के कई बड़े डाक्टरों ने देखा और सबका निदान यही था कि मुझे दिल का कोई रोग नहीं है। इस बीमारी के दौरान भी मेरा सोचते और लिखते रहना बन्द नहीं हुआ। खास तौर पर डायरी और टिप्पणियाँ। दवा भी चलती रही और पूजा-पाठ भी।

मेरे श्वसुर (पत्नी के पिता) बहुत अस्थावान, धार्मिक और कर्मकांडी हैं। उनका यह स्वभाव मेरी पत्नी को भी मिला है। ज्योतिषी ने मेरी कुंडली (जन्मपत्री) देख कर बताया कि राहु की महादशा में राहु की अन्तर्दशा चल रही है। अतः महामृत्युंजय का जप शुरू हुआ। गोमेध की अँगूठी धारण कराई गयी। अपने यहाँ रोग के तीन इलाज बताये गये हैं—रत्न, मंत्र और औषधि। ये तीनों हो रहे थे। 29 अक्तूबर को मेडिकल कालेज के डॉ. ए.के. गुप्ता ने मेरा स्वास्थ्य परीक्षण किया। बोले, "पंडित जी, आपको बीमारी दो ही आने हैं, चौदह आने आप आत्मविश्वास खो रहे हैं। आपके भीतर कोई गहरी मानसिक चिन्ता है जिसे हम मेडिकल शब्दावली में arophogy अर्थात् Anxiety Neurosis कहते हैं।" बताइये, आपको कौन-सी चिन्ता है जिसके बारे में बराबर सोचा करते हैं। उस समय तो मैंने डॉ. गुप्ता को झूठा उत्तर दे दिया था पर यह डायरी लिखते

हुए स्वीकार करता हूँ कि वह चिन्ता है– 'मृत्यु का भय' या दूसरे शब्दों में–'अमरत्व की आकांक्षा'। डॉ. गुप्ता ने मेरे रोग का जो कारण बताया है, वह सही है और अब मैं अपनी मनोवैज्ञानिक कमजोरी से धीरे-धीरे अपने को मुक्त कर रहा हूँ।

गोरखपुर : 25 जनवरी, 1981

मनुष्य की मनुष्यता सर्वोत्तम रूप में कलाओं में प्रकट होती है। मनुष्य को देखना हो तो तब देखिए जब वह आँखें बन्द किये कोई सुर साध रहा हो या कुछ गा रहा हो या किसी तार को उँगलियों से झनझना रहा हो। जब वह हाथ में कूंची लिये कैनवस को निहार रहा हो या छेनी-हथौड़ी लिये कोई पत्थर तराश रहा हो। कला उसे उसकी देह की, जड़ की सीमाओं से बाहर ले जाती है। वह उन पर विजय प्राप्त करना चाहता है, स्थूल से सूक्ष्म की ओर उड़ जाना चाहता है। उस समय उसका चेहरा और उसके भाव देखने योग्य होते हैं।

गोरखपुर : 5 अगस्त, 1981

कल सात-आठ दिन बाद वाराणसी-लखनऊ की यात्रा से लौटा। 31 जुलाई को प्रेमचन्द के गाँव लमही गया था। शिवमंगल सिंह सुमन, नामवर सिंह, रमेश कुंतल मेघ, भीष्म साहनी, बच्चन सिंह, काशीनाथ सिंह आदि थे। साहित्य अकादेमी दिल्ली से श्री उमाशंकर जोशी भी आये थे। बहुत तेज बारिश हो रही थी। भीगते हुए ही हम लमही पहुँचे और भीगते हुए ही वाराणसी लौटे। 1 अगस्त को मैं वाराणसी से लखनऊ गया। रवीन्द्रालय में प्रेमचन्द संगोष्ठी थी। 2 अगस्त को विष्णुकान्त शास्त्री और शिवप्रसाद सिंह के साथ कुँवरनारायण के घर गया। दूसरे दिन अस्पताल में मंगलेश डबराल को देखने गया। नामवर जी सुमन जी को हिन्दी संस्थान का उपाध्यक्ष बनवाना चाहते हैं। उन्होंने बताया कि सायंकाल मुख्यमन्त्री विश्वनाथ प्रताप सिंह से उनका मिलने का कार्यक्रम है। सायंकाल एक गोष्ठी में विष्णुकान्त जी ने फादर कामिल बुल्के से परिचय कराया।

गोरखपुर : 24 अक्तूबर, 1981

लगभग 15 दिनों के बाद दिल्ली, आगरा और लखनऊ की यात्रा से लौटा हूँ। 10 अक्तूबर को अरुणेश नीरन के साथ गोरखपुर से चला था। दिल्ली में लगभग सभी महत्त्वपूर्ण लेखकों से मुलाकात हुई। एक दिन एक बहुत अप्रिय प्रसंग भी घटित हो गया। मैं साहित्य अकादेमी में अनिल जनविजय के साथ शानी के कमरे में था। बातचीत में अनिल ने कुछ ऐसा कह दिया जिससे शानी बेहद उत्तेजित हो गये और उन्होंने अनिल को कमरे से बाहर निकाल दिया। उन्होंने कुछ अपशब्द भी कहा जिसे बाहर निकल जाने के कारण अनिल सुन न सका। वह मेरे कहने पर ही वहाँ गया था अतः इस प्रसंग से मैं बहुत विचलित हुआ। लेकिन क्या करूँ? शानी के टैम्परामेंट से मैं परिचित नहीं था। मैंने अनिल से क्षमा माँगी। दिल्ली से हम लोग वागीश शुक्ल के साथ आगरा गये। ताजमहल देखा और फतहपुर सीकरी भी गये। आगरे में हम राजेन्द्र प्रसाद पाण्डेय के यहाँ रुके और विद्यानिवास मिश्र तथा डॉ. रघुवंश से मिले। आगरे से लौटते हुए 22 अक्तूबर को लखनऊ में अमृतलाल नागर ने दोपहर भोजन पर आमन्त्रित किया। हम लोगों ने नागर जी के घर भोजन किया। नागर जी को मीठा बहुत प्रिय है लेकिन वही खाने की उन्हें मनाही भी है।

गोरखपुर : 23 जनवरी, 1983

कल पूरे 75 दिनों बाद सदर अस्पताल से घर लौटा। पिछले 25 वर्षों में इतने दिनों लगातार कभी घर के बाहर नहीं रहा। अपना ही घर नया लगता है। इस 43 वर्ष की उम्र में फिर से बच्चों की तरह लड़खड़ा कर चलना सीख रहा हूँ। पिछले 7 नवम्बर को अपने ही घर में अचानक फिसल कर गिर गया और कूल्हे के नीचे की फीमर की हड्डी टूट गयी। फिर शुरू हुई दर्द और यातना की प्रक्रिया। दो घंटे बेहोश करके हड्डी सेट कर दी गयी, हड्डी को छेद कर स्टील का पिन डाला गया, पैर में नीचे चार ईंटें लटका दी गयीं और इस प्रकार ट्रैक्शन पर दो महीने रखा गया। इक्कीस दिनों तक गोरखपुर सदर अस्पताल के स्पेशल वार्ड का बेड नं.12 और उसके

बाद 54 दिनों तक प्राइवेट वार्ड नं. 7। चारपाई पर चित लेटा हुआ केवल छत देख सकता था और अगल-बगल की दीवारें। हिलना-डुलना तक मना। सोये-सोये ही पाखाना-पेशाब सब कुछ करना। "अगर सही सलामत चलना चाहते हो तो मुर्दे की तरह पड़े रहना होगा"—कहता है डाक्टर और मैं सोचता हूँ, भविष्य में जीने के लिए वर्तमान में मरना होगा। आदमी बहुत बेहया होता है। जिन्दगी के लिए वह असम्भव-सी स्थितियों से भी समझौते कर लेता है। पहले दिन जब मैं इस हालत में दाखिल हुआ, चौबीस घंटों तक पेशाब नहीं हुआ और तीन दिनों तक पाखाना। पीठ के बल मैं कभी आधे घंटे भी नहीं सोया था लेकिन आखिर 70 दिनों तक सोया ही। कुछ दिन नींद नहीं आयी लेकिन धीरे-धीरे वह भी आने लगी। जो भाग्यवादी हैं, इस दुर्घटना को 'लिखंत' (भाग्य लेखा) मानते हैं। जो भाग्यवादी नहीं हैं, इसे संयोग कहते हैं। मैं इस संयोग का तार्किक विश्लेषण करता हूँ। यदि मैं धीरे-धीरे चला होता, यदि मैंने फर्श पर गिरा पानी देख लिया होता, यदि मैं चलते हुए अन्य कोई बात न सोचता होता, तो यह दुर्घटना न घटी होती। जब मस्तिष्क असावधान और अनुपस्थित होता है, दुर्घटना के लिए गुंजाइश बन जाती है। लेकिन आखिर सैकड़ों बार तो ऐसी स्थितियों से गुजरा हूँ। फिर यह उसी दिन क्यों घटित हुई? ऐसे 'क्यों' का जवाब मैं कभी ढूँढ़ नहीं पाया। "धीरज धरम मित्र अरु नारी। आपतकाल परखिए चारी।" तुलसीदास ने सही लिखा है। आपत्तिकाल में सबसे पहले परीक्षा होती है धैर्य की। इसीलिए धर्म के जो दस लक्षण बताये गये हैं उनमें सबसे पहले 'धृति' अर्थात धीरज को रखा गया है। धर्म हमेशा संकट में होता है इसीलिए उसकी रक्षा के लिए धीरज जरूरी है।

यह सही है कि जो भोक्ता है, अकेला होता है। किसी के दर्द में कोई साझा नहीं कर सकता। लेकिन यह भी उतना ही सही है कि व्यक्ति को सहने की शक्ति दूसरे या दूसरों से मिलती है। मैं भाग्यशाली हूँ कि मुझे देखने वालों का ताँता लगा रहा। किसी दिन तो मुझे अखबार पढ़ने तक की फुरसत नहीं मिलती। बाहर से भी जो परिचित आता, पता लगने पर अस्पताल पहुँचता। जगदीश गुप्त, रघुवंश, रामदरश मिश्र, केदारनाथ सिंह आदि लेखक आये।

इलाहाबाद, बनारस और दिल्ली के कई प्रकाशक आये। देखने वालों का बल न मिलता तो एक प्रकार का डीप्रेशन घेर लेता। मैं इस मामले में भी भाग्यशाली हूँ कि मुझे सहृदय और आज्ञाकारी परिवार मिला है। मेरा छोटा भाई राजेन्द्र पूरे 75 दिन अस्पताल में ही रहा और रोज मेरा पाखाना तक साफ करता रहा। उसके साथ चितरंजन मिश्र भी रात में जाग कर मेरे पास बैठते। मेरी पत्नी तो वहाँ दिन भर रहती ही। दूसरों से अपना छोटा-सा काम कराने में भी मुझे संकोच होता है मगर इस बीमारी में मजबूर था, सारा काम दूसरों से कराना पड़ रहा था। संयुक्त परिवार में समस्याएँ कम नहीं होतीं मगर यदि उसमें सहयोग भाव हो तो उससे बड़ा बल भी कोई दूसरा नहीं होता।

मनुष्य इस सृष्टि का सबसे ताकतवर और सबसे कमजोर प्राणी है। वह चाहे तो पर्वतों को पीस कर धूल बना सकता है लेकिन साथ ही इतना अशक्त भी कि अपने शरीर पर बैठे मच्छर तक को न उड़ा सके। मेरे पैरों पर जब कोई मच्छर बैठता, मैं दूसरों को बुलाकर उड़वाता। खुजली होती तो दूसरों को खुजलाने के लिए आवाज देता। ''पुरुष बली नहिं होत है, समय होत बलवान।''

जब कुछ मुलाकाती महीने-डेढ़ महीने बाद अस्पताल आते और कहते कि उन्हें तो मेरी दुर्घटना की खबर ही नहीं मिली तो मुझे आश्चर्य नहीं, शर्म आती। क्या मैं इतना नगण्य हूँ कि मेरी इस गम्भीर दुर्घटना की खबर गोरखपुर के किसी दैनिक पत्र में नहीं छपी? ये ही अखबार नेताओं और फिल्म स्टारों के छींकने तक के समाचार छापते रहते हैं। फिर विशिष्ट अवसरों पर अपने विशेष अंकों के लिए ये मुझसे रचनाएँ माँगने क्यों आते हैं?

धीरे-धीरे अस्पताल का मेरा कमरा एक कार्यालय में बदल गया था। किताबें, पत्रिकाएँ, फाइलें, चिट्ठियाँ, टाइपराइटर, टेपरिकार्डर आदि। सारा काम सोये-सोये करवा रहा था। 'दस्तावेज' का आलोचना विशेषांक (अंक 15-16) अस्पताल से ही डिस्पैच हुआ। सारी डाक वहीं आती। टाइपिस्ट को वहीं बुला कर जवाब लिखाता। वहीं पढ़ता और संक्षेप में नोट्स भी लेता। कर्म से मुक्ति नहीं है। कर्म ही मुक्ति है।

गोरखपुर : 5 फरवरी, 1983

अज्ञेय जी 'जय जानकी जीवन यात्रा' में जनकपुर होते हुए गोरखपुर के रास्ते लौट रहे थे। उनके साथ इला डालमिया, शंकरदयाल सिंह, भगवतीशरण सिंह, लक्ष्मीकान्त वर्मा आदि थे। मैं कुछ ही दिन पहले अस्पताल से लौटा हूँ और पैर की हड्डी जुड़ जाने के बाद बैशाखी पर चलने का अभ्यास कर रहा हूँ। अज्ञेय जी को इसकी सूचना थी। उनके सहयात्री गोरखनाथ मन्दिर देखना चाहते थे। अज्ञेय जी ने उनसे कहा, "आप लोग गोरखनाथ और मैं विश्वनाथ।" अर्थात् आप लोग गोरखनाथ जाइए, मैं विश्वनाथ जी को देखने जा रहा हूँ। वे मेरे निवास पर आये और पूरे तीन घंटे रहे। मैंने वैशाखी पर चलते हुए ही उन्हें विदा किया। उनकी लेखकीय संवेदनशीलता और अपने ऊपर कृपा के लिए कृतज्ञ हूँ।

गोरखपुर : 15 मई, 1984

अतीत को और परम्परा को स्वीकार करते हुए हम छोटे नहीं होते बल्कि अपने को अधिक निर्मम दृष्टि से पहचानते हैं। परम्परा का सीधा सम्बन्ध 'लोक' से होता है। जो परम्परा को नहीं मानता, वह लोक को भी कैसे स्वीकार करेगा? और भाषा, जिसमें हम सोचते हैं, क्या हमारी सबसे प्राचीन परम्परा नहीं होती? इतिहास जिसे अपने पृष्ठों से बहिष्कृत कर देता है वह लोक-स्मृति में जीवित रहता है। लोक सबसे बड़ा संरक्षक है और उसका भण्डार भी इतिहास से बड़ा होता है– मिथक, कथा, कहावत, मुहावरा आदि की स्मृति-भाषा के रूप में।

गोरखपुर : 19 नवम्बर, 1984

इन्दिरा गाँधी की हत्या (31 अक्तूबर, 1984) देश के लिए भयानक खबर है। उस घटना के बाद की तीन-चार रातें मुझे स्वयं बहुत डरावनी लग रही थीं। ऐसा महसूस होता था जैसे कोई नियंत्रित करने वाली शक्ति अचानक गायब हो गयी है। पिछले कुछ खूनी दिनों में सिखजाति को जानमाल का भारी नुकसान उठाना पड़ा। अभी भी उथल-पुथल शान्त

नहीं हुआ। हमारे देश की सेना अत्यन्त अनुशासित है, अन्यथा वह अनियंत्रित तांडव कर सकती थी। इन्दिरा जी के साथ जो कुछ हुआ वह राजनेताओं के लिए चिन्ता और चिन्तन का विषय है। क्या एक व्यक्ति में शक्ति का केन्द्रीकरण और उसके एक निर्णय की चूक ऐसे भयानक परिणाम की ओर ले जाती है?

गोरखपुर : 25 जनवरी, 1985

'भाव' का उलटा शब्द है 'अभाव'। लेकिन यह विचित्र है कि जिनमें गहरा अभाव होता है, उन्हीं की आँखों में 'भाव' चमकता है। हमारा समय विज्ञान का है। बुद्धि और तर्क हमारे युग-मन की विशेषता है। ऐसे मन में भाव के लिए जगह कम होती है। यही कारण है कि हमारे समय में भाव अपने छद्म रूप में और कभी-कभी कृत्रिम विनय या आक्रामक रूप में प्रकट होता है।

वाल्मीकि नगर : 25 अक्तूबर, 1986

अज्ञेय जी ने वत्सल निधि के सातवें लेखक शिविर के लिए इस स्थान का चुनाव किया है। यहाँ नदी भी है, पहाड़ भी और जंगल भी। तीनों का शान्त रूप। नदी जिसे 'बड़ी गंडक', 'नारायणी', 'शालिग्रामी, 'तुलसी' आदि कई नामों से पुकारा जाता है और जिसका प्राचीन नाम सम्भवतः 'सदानीरा', है, यहाँ मस्ती के साथ बहती है—मन्द, मन्थर। यहाँ से हिमालय का धौलागिरि शृंग किरणों में चमकता है। सायंकाल यहाँ का परिदृश्य, क्षितिज और नदी जल में डूबता हुआ सूरज और धीरे-धीरे घिरती साँझ आकर्षित करती है। इस लेखक शिविर में चर्चा का केन्द्रीय विषय है—'पुराण, विज्ञान और रचनात्मक साहित्य।' बाहर से आये हैं—रमेशचन्द्र शाह, नंदकिशोर आचार्य, शीन काफ निजाम, श्रीराम वर्मा और युगेश्वर। बिहार से शंकर दयाल सिंह, महेन्द्र मधुकर, रामचन्द्र खान, दिनेश भ्रमर, पाण्डेय आशुतोष आदि। अज्ञेय के साथ इला जी और मेरे साथ हैं प्रभाकर मिश्र।

वाल्मीकि नगर में पहली बार 19 मई, 1964 को आया था। यहाँ से

लगभग चालीस किलोमीटर की दूरी पर मेरा ननिहाल है—मेरी माँ की जन्मभूमि, जहाँ मेरे भी बचपन का कुछ समय बीता है और जिसकी स्मृति आज भी बहुत धुँधली नहीं हुई है। पाण्डेय आशुतोष मुझे यहाँ घुमाने के लिए ले आये थे। मामा के गाँव (पटखौली) से यहाँ तक मैंने जीवन में पहली औंर आखिरी बार बस की छत पर बैठ कर यात्रा की थी। उसके कुछ ही पहले 4 मई, 1964 को भारत के प्रधानमन्त्री जवाहरलाल नेहरू और नेपाल नरेश महेन्द्र ने यहाँ गंडक पर बने बाँध का उद्घाटन किया था। नेहरू जी की वह सम्भवतः आखिरी बिहार यात्रा थी। उसके 23 दिन बाद ही उनका निधंन हो गया। उन्हीं दिनों इस स्थान का नाम 'भैंसा लोटन' से बदल कर 'वाल्मीकि नगर' किया गया था। यदि यह सच है कि यहीं आदि कवि का प्रथम श्लोक फूटा था तो यह हमारे मानचित्र का अति पवित्र स्थान है।

ग्रैंड होटल, उज्जैन : 12 नवम्बर, 1986

उज्जैन जिसे कभी अवंतिका और उज्जयिनी कहा जाता था मालवा की प्रसिद्ध नदी 'क्षिप्रा' किनारे बसा एक ऐतिहासिक सांस्कृतिक नगर है। यह कालिदास की कृतियों में वर्णित महाकाल की नगरी है जो द्वादश ज्योतिर्लिंगों में एक है। यह लोक विश्रुत विक्रमादित्य की भी नगरी है जिन्होंने विक्रम संवत् चलाया था। कहा जाता है कि धन्वन्तरि, वराहमिहिर, बररुचि और कालिदास जैसे रत्न उनके दरबार की शोभा बढ़ाते थे। यहाँ राजा भरथरी और उनकी रानी पिंगला से सम्बन्धित स्थान भी हैं। ठीक-ठीक नहीं कहा जा सकता कि श्रृंगार, नीति और वैराग्यशतक तथा वाक्पदीय नामक प्रसिद्ध ग्रन्थों के रचयिता ये ही भरथरी थे या कोई और। मैं परसों प्रातः गोरखपुर से चलकर रात 12.00 बजे भोपाल पहुँचा। कल वल्लभ भवन के संस्कृति विभाग में शिखर सम्मान के चयन समिति की बैठक थी। अन्य सदस्य थे शानी, गिरिराज किशोर, दूधनाथ सिंह और राममूर्त्ति त्रिपाठी। इस वर्ष का शिखर सम्मान चन्द्रकान्त देवताले को देने का निर्णय हुआ। सायंकाल भारत भवन में अयप्पा पणिक्कर का काव्य पाठ था। रात में विजयमोहन सिंह के घर पर बहुत से लेखक इकट्ठे थे। बी.बी. कारंत, स्वामिनाथन, कृष्ण

बलदेव वैद, अशोक वाजपेयी, शानी, गिरिराज किशोर, दूधनाथ सिंह आदि।

आज प्रातः अशोक वाजपेयी, रश्मि जी और अयप्पा पणिक्कर के साथ कार द्वारा भोपाल से उज्जैन आया। कालिदास समारोह का उद्घाटन था। उद्घाटन के पहले हम पणिक्कर और निशिकान्त ठकार के साथ महाकाल मन्दिर गये जो क्षिप्रा तट पर है। 'क्षिप्रा' का अर्थ है 'तेज गति से बहने वाली' लेकिन यह नदी गतिहीन और गन्दी हो गयी है। देश की सभी नदियों की यही हालत है। मैंने 1964 में पहली बार इसे देखा था। तब शोध कार्य कर रहा था और अपने एक सम्बन्धी के साथ मैंने ग्वालियर, विदिशा, साँची, भोपाल, उज्जैन, इन्दौर और जबलपुर की यात्रा की थी। आज बोलोस थियेटर ग्रुप, एथेन्स, द्वारा प्रस्तुत 'शकुन्तला' नाटक देखा। यह ग्रीक नाटक मंडली है जिसने प्रस्तुति तो अच्छी की थी पर भाषा की दीवार के कारण नाटक सम्प्रेषित नहीं हो रहा था। नाटक के शुरू में जो पांडाल भरा हुआ था, आधे घंटे बाद ही खाली होने लगा और अन्त तक पहुँचते-पहुँचते केवल– 'दरी वाले' रह गये। हम लोगों के साथ अशोक वाजपेयी भी उन्हीं में थे।

मुजफ्फरपुर : 27 दिसम्बर, 1986

कल यहाँ मैथिलीशरण गुप्त जन्मशती पर एक आयोजन था। रेवतीरमण और रवीन्द्र उपाध्याय के आग्रह पर मैं भी चला आया। आज अशोक गुप्त ने वैशाली घूमने का प्रस्ताव किया, जहाँ जाने की मेरी इच्छा भी थी। वैशाली को दुनिया का प्रथम गणराज्य होने का गौरव प्राप्त है। दिनकर ने लिखा है– 'यहीं उगी थी सबसे पहले लोकतन्त्र की लाली।' यह ई.पू. छठी शताब्दी की बात है, जब दुनिया के अधिकांश देश अज्ञान के अँधेरे में अदृश्य थे। जैन तीर्थंकर वर्धमान महावीर का जन्म (561 ई.पू.) यहीं हुआ था। भगवान बुद्ध इस धरती पर कई बार आये थे। एक बार यहीं उन्होंने अम्बपाली का आतिथ्य ग्रहण किया था। बुद्ध के निर्वाण के सौ वर्षों बाद द्वितीय विश्व बौद्ध परिषद का सम्मेलन यहाँ हुआ था और सम्राट अशोक ने यहाँ एक स्तम्भ बनवाया था जो काल को चुनौती देता आज भी खड़ा है। 5वीं और

7वीं शताब्दियों में चीनी यात्री फाह्यान और ह्वेनसांग ने इस स्थल की यात्रा की थी। निश्चय ही लिच्छवियों के समय यह एक वैभवपूर्ण नगरी रही होगी पर आज एक उपेक्षित स्थल है। आस-पास के गाँवों में गरीबी बहुत है।

गोरखपुर : 15 जनवरी, 1987

भोपाल में 11 से 14 जनवरी तक 'समवाय' (आलोचक त्रयवार्षिकी) का पहला आयोजन था। यद्यपि आमंत्रितों में अनेक लोग नहीं पहुँच सके थे और जनवादी लेखक संघ ने भी आयोजन का बहिष्कार कर रखा था फिर भी शामिल होने वाले लेखकों की संख्या कम न थी। अज्ञेय, नगेन्द्र, देवराज, पूरनचन्द्र जोशी, नामवर सिंह, जगदीश गुप्त, केदारनाथ सिंह, निर्मल वर्मा, रमेशचन्द्र शाह, विष्णुकान्त शास्त्री, वागीश शुक्ल, परमानन्द श्रीवास्तव, गोपाल राय, श्रीराम वर्मा, राममूर्त्ति त्रिपाठी, बच्चन सिंह, निर्मला जैन, नवलकिशोर, नन्दकिशोर आचार्य, विजयमोहन सिंह, सुधीरचन्द्र, पुरुषोत्तम अग्रवाल, सुरेन्द्र चौधरी, सत्यप्रकाश मिश्र, अजित कुमार और लोठार लुत्से आयोजन में शामिल थे।

अज्ञेय पहली बार भारत भवन के किसी आयोजन में शामिल हुए थे। उन्होंने उद्घाटन भाषण में कहा कि आलोचना के सम्बन्ध में हमें स्वीकार करना चाहिए कि परम्परा, भाषा और मिथक के बिना कोई समाज नहीं होता। नामवर सिंह ने आचार्य शुक्ल को उद्धृत करते हुए कहा कि जिस प्रकार कविता हृदय की मुक्तावस्था है, उसी प्रकार आलोचना बुद्धि की मुक्तावस्था। जैसा कि हिन्दी की गोष्ठियों में होता है, दो समानान्तर विचारधाराओं की टक्कर होती रही पर पूरे आयोजन पर अज्ञेय ही छाये रहे। स्वयं नामवर जी बार-बार अज्ञेय को उद्धृत करते हुए अपने वक्तव्य देते रहे।

अशोक वाजपेयी के आयोजन भव्य और सुरुचिपूर्ण होते हैं तथा उनकी गोष्ठियों में वैचारिक गम्भीरता बनी रहती है। लेकिन उन्होंने अपने दबंग व्यक्तित्व के कारण अपने शत्रु बहुत तैयार कर लिये हैं। इस अवसर पर 'पूर्वग्रह' का अंक 76-77 का विमोचन भी हुआ। यह अंक मुझे बहुत

स्तरीय नहीं लगा। खास तौर से कुछ लेखों की भाषा अस्पष्ट और अर्थहीन लगी। स्वयं वाजपेयी की भाषा तो धारदार और स्पष्ट होती है पर उनके चेले चाटी स्वादहीन जलेबी बनाते हैं। इस अंक में नामवर सिंह का नाम लिये बिना, कई लेखों में उनके बारे में कुछ ऐसी बातें कही गयी हैं जो सुरुचिपूर्ण नहीं कही जा सकतीं।

इस गोष्ठी में अज्ञेय ने बड़ी पीड़ा के साथ कहा– "आपको अज्ञेय के नाम से परहेज है तो उसका नाम काट दें पर उसका लिखा हुआ एक बार पढ़ तो लें। मैं उन प्रश्नों पर वर्षों से विचार करता और लिखता आ रहा हूँ जिन पर आप यहाँ चर्चा कर रहे हैं। आपसे यह अनुरोध करने के लिए मेरे पास तो अब अधिक वक्त नहीं रह गया है पर आपको इन प्रश्नों से टकराना ही होगा।" अज्ञेय की आयु (76 वर्ष) का ध्यान करके उनके इस कथन से कुछ लेखक हिल गये थे। उनकी पीड़ा निश्छल थी। आज हिन्दी में युवा लेखक एक अजीब सी नारेबाजी में फँस कर किसी भी लेखक को बिना पढ़े 'प्रतिक्रियावादी' आदि कहने और मानने लगते हैं। साहित्य की दुनिया में दुष्प्रचार या आत्मप्रचार और बँधा हुआ अपढ़ मस्तिष्क किसी लेखक को बहुत दूर तक नहीं ले जाता। यहाँ संवेदनशील रचनात्मक ऊर्जा और वागर्थ की क्षमता ही सहारा देती है।

गोरखपुर : 16 जनवरी, 1987

यह देख कर कितना विडम्बनापूर्ण लगता है कि यह जो लेखक नाम का प्राणी अभी थोड़ी देर पहले 'करुणा और लोकमंगल' की वकालत कर रहा था किस तन्मयता के साथ मुर्गे और बकरे का मांस चूस रहा है। ऐसे लोग मांसाहार के पक्ष में अनेक तर्क देते हैं। जैसे यह कि यदि मांसाहार बन्द हो जाय तो आधी दुनिया भूखों मर जायेगी। कि शाकाहार भी तो जीव हत्या है। कि साँस लेने में भी तो हम लाखों जीवों की हत्या करते हैं। तर्क का कोई अन्त नहीं होता। मन अपने पक्ष में तर्क जुटा ही लेता है। जो लोग किन्हीं अपरिहार्य मजबूरियों के कारण मांसाहार करते हैं उनके बारे में तो कुछ नहीं कहा जा सकता पर जो आदत वश या स्वाद

के लिए ऐसा करते हैं उनसे कहा जा सकता है कि मांसाहार आदिम मनुष्य की प्रवृत्ति है। उसे सुसंस्कृत मानव के सहज धर्म के रूप में स्वीकार नहीं किया जा सकता। मनुष्य ने अपनी लाखों वर्ष की विकास यात्रा में करुणा, प्रेम और अहिंसा के जो उच्चतर मूल्य अर्जित किये हैं, मांसाहार उनके उपयुक्त नहीं है। गाँधी जी कहते थे, "जब कोई मांसाहारी अहिंसा की बात करता है तो लगता है जैसे कोई नंगी स्त्री घूँघट निकाल रही हो।" उपनिषदों ने वनस्पतियों की दो कोटियाँ बताई हैं। एक वध्य, दूसरी अवध्य। संस्कृत में अन्न के लिए शब्द है–'शस्यम्'। इसका अर्थ होता है अन्न, किसी वृक्ष या पौधे का फल, नयी घास आदि। एक दूसरा शब्द है, 'शस', जिसका अर्थ होता है 'मार डालना', 'काट डालना'। 'शस्य' वह है जो वध्य हो अर्थात् जिसकी हत्या की जा सके। मनुष्य जिन वनस्पतियों को खाता है वे वध्य मानी गयी हैं। लेकिन पशु-पक्षियों की हत्या किस तर्क से न्यायोचित है? गाँधी जी सही कहते थे कि स्वाद का सम्बन्ध मन से होता है। जिस मन में करुणा है वह मांसाहारी नहीं हो सकता।

गोरखपुर : 26 जनवरी, 1987

गाँव छोड़े लगभग 30 वर्ष हो गये। यहीं शिक्षा दीक्षा हुई। यहीं मेरे बच्चों का जन्म हुआ। जमीन खरीदी। मकान बनवाया। सुख-दुख झेले। पर हाय रे, गाँव मेरे अन्तर्मन से आज तक नहीं निकले। प्रमाण यह कि आज भी रात में सपने देखता हूँ तो सारा परिवेश गाँव का ही होता है। वही घर, खेत, खलिहान, रास्ते, बगीचे, गाँव के ही लोग। गाँव से यह आत्मिक जुड़ाव आश्चर्य में डालता है।

गोरखपुर : 9 अप्रैल, 1987

4 अप्रैल को अपराह्न अज्ञेय जी के निधन की दुखद सूचना मिली। रेडियो स्टेशन फोन करके पता किया और उसी रात दिल्ली के लिए चल पड़ा। 5 को 2 बजे नयी दिल्ली पहुँचा और अपने छोटे भाई के यहाँ सामान

रख कर, उसके साथ तुरन्त निगम बोध घाट। 4 बजने में 15 मिनट कम थे। वात्स्यायन जी का पार्थिव शरीर चिता पर रखा जा चुका था। तेज हवा में चिता धधक रही थी और अपने समय की न केवल एक बड़ी रचनात्मक प्रतिभा बल्कि एक अत्यन्त सुन्दर काया भी जल रही थी। वात्स्यायन जी के साथ पिछले बीस वर्षों का मेरा लम्बा साहचर्य रहा। वे कई बार मेरे घर आये थे। घण्टों बैठे थे। भाषण किया था। अपनी प्रसिद्ध कविता 'असाध्य वीणा' का पाठ किया था। मेरे घर के अन्य सदस्य भी उनके निधन से दुखी हैं।

गोरखपुर : 4 जुलाई, 1987

30 जून को मैंने हजारी प्रसाद द्विवेदी पर मोनोग्राफ पूरा कर दिया। अभी चंद रोज पहले 'कविता क्या है' शीर्षक एक छोटी-सी पुस्तक शिवकुमार मिश्र के आग्रह पर पूरी की है। अब सोचता हूँ, कुछ आराम के साथ काम करूँ। कम से कम रात को तो काम करना बन्द ही कर दूँ। आँखों को बुढ़ापे के लिए बचाना चाहिए। लेकिन एक मध्यवर्गीय गृहस्थ के लिए यह समय बड़ा संघर्षपूर्ण होता है। अपने वर्तमान और भविष्य के साथ बच्चों की चिन्ता भी चढ़ी रहती है। मैं गैस्ट्रिक का पुराना मरीज हूँ। यदि दोपहर भोजन के बाद एक घंटे नींद लेने का समय न मिले तो शाम होते-होते सिर दर्द हो जाता है। कभी-कभी तो इतना भयानक कि गर्दन की नसों को जोर-जोर से मलवा कर और नींद की गोली खा कर सोना पड़ता है।

डाक्टर इसे टेंशन हेडेक कहते हैं। दूसरी बीमारी जो मुझे अक्सर होती है वह सर्दी-जुकाम है। वह पन्द्रह-पन्द्रह दिनों तक पिंड नहीं छोड़ती। मुझे आश्चर्य होता है, कैसे लोग, चाहे जब, जिस भी काम के लिए तैयार रहते हैं। मुझे तो असमय और अनिच्छा से जब भी कुछ करना होता है, टेंशन हो जाता है। शायद प्रकृति ने मुझे ऐसी ही काया और ऐसा ही मन दिया है।

भोपाल : 16 जनवरी, 1989

एक हफ्ते से भोपाल में हूँ। भारत भवन ने 'वागर्थ' विश्वकविता का आयोजन किया है जो अपने आप में भारत के लिए अभूतपूर्व है। स्टीफेन

स्पेण्डर (ब्रिटेन) निकानोर पारा (चिली), अर्नेस्तो कार्देनाल (निकारागुआ) जैसे वरिष्ठ कवि आये हैं। अन्य देशों और भाषाओं के विशिष्ट कवि भी पधारे हैं। निकानोर पारा और ग्राबियल ओकारा की कविताओं के अनुवाद मैंने दस-पन्द्रह वर्ष पूर्व किये थे जो उस समय 'आलोचना' पत्रिका में प्रकाशित हुए थे। इतने महत्त्वपूर्ण कवियों को एक साथ देखना और उनकी विविध भाषा ध्वनियों को सुनना एक अद्‌भुत अनुभव है। इसका श्रेय अशोक वाजपेयी को है जिन्होंने अपने प्रशासनिक पद का रचनात्मक उपयोग करके इसे सम्भव बनाया है।

गोरखपुर : 18 फरवरी, 1989

आज 'दस्तावेज' के दस वर्ष पूरे होने पर नगर की संस्था 'गतिविधि' की ओर से एक आयोजन था, जिसकी अध्यक्षता पंडित विद्यानिवास मिश्र ने की। 'रजत जयन्ती', 'स्वर्ण जयन्ती' और 'हीरक जयन्ती' आदि के जोड़ पर विद्यानिवास मिश्र ने दस वर्ष वाले इस आयोजन के लिए बहुत सुन्दर नाम दिया– 'चन्दन जयन्ती'। हो सकता है, यह शब्द आगे भी चल जाय। इस अवसर पर 'दस्तावेज' के अंक 40 और 41 का लोकार्पण हुआ। आयोजन बहुत भव्य था। खराब मौसम के बावजूद पाँच-छह सौ श्रोता उपस्थित थे। नगर, विश्वविद्यालय और आसपास के जिलों से भी 'दस्तावेज' के शुभेच्छु आये थे। गोरखपुर विश्वविद्यालय के कुलपति विश्वम्भरदयाल गुप्त ने स्वागत भाषण दिया। डॉ. रामचन्द्र तिवारी ने विषय प्रवर्तन किया तथा अनन्त मिश्र, चितरंजन मिश्र, अरुणेश नीरन और अरविन्द त्रिपाठी आदि ने वक्तव्य दिये।

गोरखपुर : 20 फरवरी, 1989

आजकल सलमान रश्दी की पुस्तक 'सेटेनिक वर्सेज' (satanic verses) तीव्र विवादों में है। इतनी विवादास्पद शायद ही कोई पुस्तक हुई हो जिसके कारण सरकारों के आपसी सम्बन्ध बिगड़ गये हों। ब्रिटेन ने ईरान से अपने सम्बन्ध तोड़ लेने तक की धमकी दी है। ईरान के धार्मिक नेता अयातुल्ला खोमैनी ने रश्दी को जान से मारने वाले के लिए 26 लाख डालर के इनाम

की घोषणा कर दी है। अनेक इस्लामी देशों ने न केवल खोमैनी की घोषणा का स्वागत किया है बल्कि अपने-अपने अलग इनामों की घोषणाएँ कर डाली हैं। ऐसी स्थिति में ब्रिटेन की तारीफ करनी पड़ेगी कि वह स्वयं को संकट में डाल कर भी लेखक की स्वतन्त्रता का समर्थन कर रहा है। मैंने रश्दी की पुस्तक पढ़ी नहीं है। सम्भव है उन्होंने इस्लाम धर्म के बारे में कुछ आलोचनात्मक लिखा हो पर इसके लिए उनकी हत्या का ऐलान तो बर्बर कार्रवाई कही जायेगी। इस प्रकार का आचरण तो रश्दी की बात को ही प्रमाणित करेगा। सोचता हूँ, यदि रश्दी ने हिन्दू धर्म के विरुद्ध ऐसा कुछ लिखा होता तो अखबारों में कुछ विवाद हो जाता, एक-दो जगह प्रदर्शन हो जाते, बस। हिन्दू धर्म इस अर्थ में विलक्षण है कि आप ईश्वर को मानें या न मानें, वेद में विश्वास करें या न करें, हिन्दू बने रहेंगे। इसमें नास्तिकों की अलग परम्परा है।

'तैत्तिरीय' उपनिषद के 'एकादश अनुवाक' में समावर्तन संस्कार के समय आचार्य शिष्य को गृहस्थ धर्म की जो शिक्षा देता है, उसका एक अंश इस प्रकार है– "मातृदेवो भव। पितृदेवो भव। आचार्य देवो भव। अतिथि देवो भव। यान्यनवद्यानि कर्माणि। तानि सेवितव्यानि। नो इतराणि। यान्यस्मांक सुचरितानि। तानि त्वयोपास्यानि। नो इतराणि।" (माता, पिता, आचार्य और अतिथि देव तुल्य हैं। जो हमारे निर्दोष कर्म हैं उन्हीं का सेवन करना चाहिए। उनसे भिन्न (अर्थात दोषपूर्ण) कर्मों का नहीं।)

यह मंत्र मेरे विद्यार्थी काल में विश्वविद्यालय के दीक्षान्त समारोहों पर कुलपति द्वारा पढ़ा जाता था। इसमें 'नो इतराणि' पर गौर कीजिए। उपदेशक आचार्य में कितनी महान उदारता है कि वह शिष्य को अपने ही विरोध की छूट देता है।

गोरखपुर : 15 जून, 1989

पिछले तीन-चार जून को चीनी सेना द्वारा अपने ही छात्रों का बर्बर दमन किया गया। थ्येनआन मन चौक पर हजारों छात्रों को टैंकों से रौंद दिया गया या गोलियों से भून दिया गया। छात्रों के समर्थन में घरों से स्त्रियाँ भी निकल आयी थीं। बच्चों को छातियों से चिपकाये। सैनिकों ने उन्हें भी नहीं बख्शा।

सेना के पास करुणा नहीं होती, केवल अधिकारी का आदेश होता है और हिंसा की ताकत। चीनी छात्र निहत्थे थे। वे भ्रष्टाचार को खत्म करने और अभिव्यक्ति की आजादी की माँग कर रहे थे। उनकी आवाज दबा दी गयी। लेकिन इसे दबाया नहीं जा सकता। रूस में 'पेरेस्त्रोइका' और 'ग्लासनोस्त' के बाद सभी बन्द व्यवस्थाओं में भाव लोक का यह विद्रोह मूर्त रूप लेगा। सभी बन्द व्यवस्थाएँ एक दिन टूटेंगी। मनुष्य ने ही अपनी सुरक्षा और व्यवस्था के लिए सरकारों को जन्म दिया है। लेकिन ये इतनी ताकतवर हो गयी हैं कि भस्मासुर की तरह अपने निर्माताओं को ही निगल जाना चाहती हैं। मनुष्य एक बन्धन द्रोही प्राणी है। वह जंजीरों के विरुद्ध संघर्ष करता ही रहेगा।

गोरखपुर : 15 फरवरी, 1990

पिछले आठ-नौ महीनों में लोकतन्त्र की ऐसी लहर चली है कि पूरे यूरप में एकदलीय कम्यूनिस्ट व्यवस्था साफ हो गयी है। रूमानिया, बल्गारिया, पूर्वी जर्मनी आदि देशों में राजनीतिक व्यवस्था में परिवर्तन हो गया है। आज लिथुवानिया में मतदान हो रहा है और वहाँ के लोग भी सोवियत कम्यूनिस्ट व्यवस्था से अलग होना चाहते हैं। हफ्ते-दस दिन से नेपाल में राजतन्त्र के विरुद्ध लोकतन्त्री बहुदलीय शासन व्यवस्था के लिए आन्दोलन हो रहे हैं। भाव लोक का विद्रोह मूर्त रूप ले रहा है।

गोरखपुर : 20 जून, 1990

आज मेरे जीवन के 50 वर्ष पूरे हो गये। आधी से अधिक जिन्दगी बीत गयी। भोगवादी आदमी मैं नहीं हूँ, अतः अपने को गढ़ने-गूढ़ने, छील-छाल कर तैयार करने में ही बीत गये ये दिन। लुत्ती सा गुजरा है पचास वर्ष। बाहर तपा सूरज। भीतर गली बर्फ। सपने देखा। दाने चुगे। बीच-बीच में उचटती रही नींद। टेंशन। सिरदर्द। तेजी और भागमभाग। सोचना और निरन्तर सोचते रहना। इत्मीनान से कुछ नहीं किया। याद नहीं, कब फुरसत से खाया। कब निश्चिन्त सोया। एक काम पूरा हुआ, बीस काम दिमाग में घुमड़ते रहे। मिट्टी की काया ! तेरी ऐसी की तैसी कर दी।

मुझे सन्तोष है, किसी के साथ विश्वासघात नहीं किया, किसी को गलत सलाह नहीं दी, कुछ गलत किया तो उससे ज्यादा किया पश्चात्ताप। पुरखों ने कामना की थी, मेरी भी कामना है कि जिन्दा रहूँ सौ वर्ष। सुख नहीं भी आयेंगे मेरे पास, तो मैं ही तलाश लूँगा उन्हें चीजों में।

गोरखपुर : 25 अक्तूबर, 1990

इस वर्ष का नोबुल शान्ति पुरस्कार गोर्वाचोव को देने की घोषणा हुई है। क्या विडम्बना है कि यही नोबुल पुरस्कार आज के पन्द्रह-बीस वर्ष पूर्व सोल्झेनित्सीन को मिला था जिसके लिए उसे देश से निकाल दिया गया। सोल्झेनित्सीन जो कहता था, वही अब रूस का हर नागरिक कहता है और वहाँ की सत्ता भी। तब जो गलत था, वही अब सच है।

गोरखपुर : 31 अक्तूबर, 1990

आज की रात तनावपूर्ण है। शाम से परमानन्द श्रीवास्तव का तीन बार फोन आ चुका। वे घबराई हुई आवाज में कह रहे थे कि उनके मुहल्ले पर मुसलमानों के हमले की आशंका है। मैंने दो बार पुलिस अधीक्षक को फोन करके वहाँ पुलिस बल भेजने का अनुरोध किया है। मेरा मुहल्ला तो हिन्दुओं का है, फिर भी लोग अपनी-अपनी छतों से तरह-तरह की आवाजें कर रहे हैं। शहर में कर्फ्यू लगा है। अफवाहों का बाजार गर्म है। मैं इस शहर में पिछले 35 वर्षों से रह रहा हूँ पर ऐसा माहौल पहली बार देखने को मिला है। शहर वही है, लोग वही हैं, मगर हवा बिल्कुल बदली हुई है।

कल अयोध्या में रामजन्मभूमि की ओर बढ़ रही कार सेवकों की भारी भीड़ को रोकने के लिए प्रशासन ने गोलियाँ चलाईं। इस घटना ने लोगों को आन्दोलित कर दिया। उत्तर प्रदेश पिछले डेढ़-दो महीनों से रणभूमि बना हुआ है। भारतीय जनता पार्टी अयोध्या में बाबरी मस्जिद के स्थान पर राम मन्दिर बनाना चाहती है। जैसे-जैसे मन्दिर निर्माण की प्रस्तावित तिथि 30 अक्तूबर नजदीक आती गयी, उ.प्र. के मुख्यमन्त्री ने प्रदेश में जगह-जगह साम्प्रदायिक सद्भाव रैलियाँ शुरू कर दीं। उन्होंने साम्प्रदायिकता का हौवा खड़ा कर

अल्पसंख्यकों की रक्षा के लिए चुनौतियाँ देनी शुरू कीं। इससे बहुसंख्यकों में विरोधी प्रतिक्रिया हुई। परिणामतः प्रदेश में अघोषित आपातकाल जैसी स्थिति लागू करनी पड़ी। अयोध्या की दिशा में सामान्य आदमी का भी जाना प्रतिबंधित कर दिया गया। यहाँ तक कि अस्पताल ले जाये जा रहे मरीज और खाद्य पदार्थ ढोने वाले ट्रक तक रोक दिये गये।

मैंने 20 अक्तूबर को प्रधानमन्त्री विश्वनाथ प्रताप सिंह को पत्र लिखा। 25 अक्तूबर को मुख्यमन्त्री मुलायम सिंह यादव के विरुद्ध अखबारों को बयान दिया, जो छपा भी। अपनी बेचैनी को व्यक्त करने के लिए और क्या कर सकता था। यह जानते हुए भी कि सत्ता के लिए इनका कोई महत्त्व नहीं है।

वास्तविकता यह है कि भारत की जनता शान्ति से रहना चाहती है पर वोट की राजनीति करने वाले अपने निजी स्वार्थों के लिए लोगों की धार्मिक भावनाओं को उभार कर उन्हें तबाही की ओर ले जा रहे हैं।

गोरखपुर : जून, 2001

कभी-कभी अचानक कबीर के निर्गुनों या मीरा के पदों या सूर के भ्रमरगीत की कुछ पंक्तियाँ भीतर से ऐसे फूट पड़ती हैं जैसे बीज से कोई अंकुर या धरती से कोई धार। दुर्लभ होते हैं ये क्षण जब मैं अपनी समस्याओं और तनावों, क्षुद्रताओं और बन्धनों से मुक्त होकर एक ही पंक्ति को अकेले में घंटों गुनगुनाता हूँ। मैं संगीतकार नहीं हूँ पर ऐसे वक्त संगीत की जो धुनें भीतर से निकलती हैं वे आत्मा की सहज धुनें होती हैं। पता नहीं मेरे कंठ में कहाँ से आ जाता है अद्‌भुत कम्पन और लोच। यह तन्मय क्षण मेरी आत्म प्राप्ति का क्षण होता है। न कोई श्रोता, न कोई इच्छा। सब कुछ सहज, निष्प्रयोजन। जैसे कोई चिड़िया गाती हो या जैसे कोई फूल महकता हो। मेरे भीतर से गीतों की जो पंक्तियाँ फूटती हैं वे प्रायः विरह की, वैराग्य की, अतृप्ति की या रहस्य की हुआ करती हैं। क्या यही मेरे व्यक्तित्व का प्रकृत रूप है? क्या कलाकार की स्वतःस्फूर्त और प्रयोजनातीत अभिव्यक्ति ही सर्वोत्तम होती है?

एक दिन रात को छत पर टहलते हुए मैं एक पंक्ति बहुत देर तक गुनगुनाता रहा, किसी शास्त्रीय संगीतकार की बंदिश की तरह। मेरी छह वर्ष की पोती मेरे पीछे पीछे चल रही थी। जब मैंने गुनगुनाना बन्द किया वह बोली, "बाबा आप बहुत अच्छा गा रहे थे, एक बार फिर गाइये।" मैंने कहा, "बेटी, गाने वाला चला गया। वह मैं नहीं, मेरे भीतर कोई दूसरा गा रहा था।" पोती अचरज से मेरा मुँह देखने लगी। जानते हैं वह कौन सी पंक्ति थी? कबीर की थी—"कौन ठगवा नगरिया लूटल हो।"

गोरखपुर : जून, 2001

सुन्दर रूप प्रभु का मूल्यवान प्रसाद है। जिसे प्राप्त होता है, कदम-कदम पर उसकी राह में फूल बिछ जाते हैं। सौन्दर्य पर आकर्षित होना स्वाभाविक है बल्कि न आकर्षित होना ही संवेदनहीनता है। लेकिन यह आकर्षण भी एक प्रेम के कारण होता है, दूसरा वासना के कारण। प्रेम का आकर्षण प्रतिदान न पाकर भी प्रेम ही बना रहता है जबकि दूसरा प्रतिकूल प्रतिक्रिया पर हिंसक हो जाता है। 'उसने कहा था' कहानी का लहना सिंह अपने प्राण उत्सर्ग कर देता है जबकि तिष्यरक्षिता कुणाल की आँखें निकलवा लेती है। क्या कोई ऐसा उपाय है कि किसी स्त्री के प्रति काम या किसी वस्तु के प्रति लोभ उत्पन्न होने पर तत्काल मन पर काबू पाया जा सके? मैंने कहीं पढ़ा है, जब किसी स्त्री के प्रति काम जगे तो तुरन्त उसके पैरों की ओर देखो और एक माँ की कल्पना करो। तुम्हारे भाव बदल जायेंगे। इसी प्रकार किसी वस्तु के प्रति लोभ जगे तो तुरन्त सोचो कि क्या वह वस्तु तुम्हारे लिए इतनी जरूरी है कि उसके बिना तुम साँस नहीं ले सकते? मुझे यह प्रयोग करणीय लगता है। साहित्य गोष्ठियों में सौन्दर्य के मानदंड बदलने की चर्चाएँ बराबर होती हैं। मगर यह इतना आसान नहीं है। यदि किसी प्रगतिशील से दो स्त्रियाँ प्रेम-विवाह का प्रस्ताव करें जिनमें से एक परम्परागत मानदंडों के अनुसार रूपवती हो और दूसरी कुरूपा, तो वह किसका चुनाव करेगा? स्वयं अपनी कन्या या बेटे के विवाह के लिए वह किस प्रतिमान का प्रयोग करेगा? प्रकृति और मनुष्य के रूप में अन्तर यह है कि प्रकृति का सौन्दर्य प्रायः भ्रम नहीं पैदा करता जबकि मनुष्य

का सौन्दर्य अक्सर भ्रमात्मक होता है। मनुष्य का जो सुन्दर रूप दूर से आकर्षित करता है, निकट से दुर्गन्धमय हो सकता है। इसीलिए देह सौन्दर्य की अपेक्षा भाव सौन्दर्य को महत्त्व दिया गया है। देह प्रकृति प्रदत्त है, भाव तप द्वारा भी अर्जित किया जाता है।

भोपाल : 12 अगस्त, 2001

मध्यप्रदेश राष्ट्रभाषा प्रचार समिति, भोपाल द्वारा आयोजत पावस व्याख्यान माला में आज मैंने दो व्याख्यान दिये। रमेशचन्द्र शाह, गोविन्द मिश्र, नन्दकिशोर आचार्य, ज्योत्स्ना मिलन, कैलाशचन्द्र पंत, प्रभाकर श्रोत्रिय, श्रीराम परिहार, दामोदर दीक्षित, वल्लभ सिद्धार्थ आदि सभी ने प्रशंसा की।

लेकिन मुझे तो कल चन्द्रशेखर धर्माधिकारी का व्याख्यान जिसे यहीं पर पहली बार सुना था बहुत अच्छा लगा। यद्यपि वह आठ-नौ व्याख्यानों के बाद दिया गया था और श्रोता काफी थक चुके थे पर व्याख्यान इतना सम्मोहक था कि समय का पता ही नहीं चला और पूरे एक घंटे पाँच मिनट बाद भी मुझे लगा कि अभी कुछ देर और चलता तो भी मन की एकाग्रता बनी रहती। धर्माधिकारी जी से जब मैंने प्रशंसा की तो उन्होंने कहा, "आपने दादा का व्याख्यान नहीं सुना है।" 'दादा' अर्थात् उनके पिता दादा धर्माधिकारी का। दादा के व्याख्यान में जादुई प्रभाव था। आज के कोई 25-30 वर्ष पहले मैंने दादा धर्माधिकारी की पुस्तक—'सर्वोदय दर्शन' पढ़ी थी। उसका गहरा असर आज तक मेरे भीतर है।

गोरखपुर : 1 सितम्बर, 2001

आज भाद्रपद मास की चतुर्दशी है। इसे अनन्त चतुर्दशी भी कहते हैं। अब की बरसात का यह पहला दिन है जो इतना सुहावना और मनोरम है। रात से ही रुक-रुक कर, घंटे-घंटे के अन्तराल पर बारिश हो रही है। रात मैंने अपने कमरे की खिड़कियाँ खोल रखी थीं। फुहारें मेरी चारपाई पर मच्छरदानी से छन कर आ रही थीं। बगल में टिन की छत पर बूँदों की आवाज कानों को सुख दे रही थी। बारिश की ध्वनि में एक

अजीब आकर्षण होता है। यदि आप मनाली जायें तो वहाँ विपाशा की आवाज आपके अन्तर को प्रफुल्लित कर देगी। ऐसा कभी-कभी होता है कि रात भर बारिश की आवाज गूँजती रहे और उसे सुनने के लिए आप सारी रात सो भी न सकें। जब आकाश में बादल घिरे होते हैं तो चारों ओर क्षितिज के भीतर का लोक एक पहाड़ी घाटी में तब्दील हो जाता है और आप चतुर्दिक घिरकर भी सुखी महसूस करते हैं। जैसे प्रेमी प्रेम के बन्धन में बँधकर भी। वनस्पतियाँ लहरा रही हैं—पुरवा के झोंकों में। कवि केदारनाथ अग्रवाल के शब्द उधार लेकर कहूँ तो वे मायके में आयी बेटी की तरह मगन हैं। जीवनदायी जल में नहाती हुई पत्तियाँ खिल गयी हैं। फूल खिलखिला पड़े हैं। छोटे हैं मगर फूल तो हैं। मिट्टी के अनन्त, अज्ञात रहस्यमय रंगों में। लो, फिर बारिश शुरू हुई रिमझिम। फिर घिरे मेघ। किंचित श्वेताभ। धूसरवर्णी। प्रकृति ही बाँधती है नश्वर मनुष्य को। इसे देवता का काव्य कहा गया है जो न जीर्ण होता है, न नष्ट होता है। इस स्वाद में बँधा हुआ मनुष्य मरना नहीं चाहता। गुरुदेव रवीन्द्रनाथ घनीभूत पीड़ा और गहनतम प्यार के साथ गाते हैं— मरीते चाइना एइ सुन्दर भुवने।

कुरुक्षेत्र : 27 सितम्बर, 2002

कुरुक्षेत्र पहली बार आया हूँ। पहले यह एक छोटा-सा ऐतिहासिक धार्मिक नगर था, विकास की दृष्टि से पिछड़ा हुआ। पिछले कई वर्षों में इस नगर का बहुत विकास हुआ है। यहाँ का विश्वविद्यालय देखकर मन प्रसन्न हो गया। इसका शानदार गेट और विस्तृत परिसर। भवनों का रखरखाव अच्छा। अन्दर घुसते ही सबसे पहले मयूरों के दर्शन हुए। चार-पाँच की संख्या में मोर-मोरनियाँ और उनके बच्चे। मैं शिमला से बस द्वारा पहुँचा था। थका हुआ और पिछले दो दिनों से अनिद्राग्रस्त। यह मेरा पुराना रोग है जिसका मूल कारण है दिमाग की सतत चिन्तन मुद्रा और आशंका। कल रात स्ट्रेसनिल की गोली ली, अच्छी नींद आयी। मस्तिष्क तनावमुक्त हो गया। प्रातः टहलने निकला। कुछ सोचते हुए परिवेश को देखने और विचारहीन होकर उसे देखने से फर्क होता है। आज प्रातः प्रो. लालचन्द गुप्त ने ज्योतिसर का दर्शन कराया। माना जाता है कि यहीं

श्रीकृष्ण ने गीता का उपदेश दिया था। यह स्थान बहुत प्राचीन नहीं लगता। फिर हम नरकातारी नामक स्थान पर गये जो इसके पास ही है। वहाँ एक छोटा-सा तालाब है जिसे बाणगंगा कहा जाता है और माना जाता है कि वहीं भीष्म पितामह को अर्जुन ने पाताल गंगा का जल पिलाया था। यहाँ एक शर शैया पर पितामह की मूर्ति है जिसके पास कृष्ण और पांडव आदि खड़े हैं। तीसरे पहर हमने पैनोरमा विज्ञान केन्द्र और श्रीकृष्ण संग्रहालय देखा। ये कुरुक्षेत्र के नये दर्शनीय स्थल हैं। पैनोरमा में महाभारत युद्ध के प्रमुख दृश्यों को जीवन्त बना कर प्रस्तुत किया गया है। लगता है जैसे महाभारत युद्ध हो रहा है। पीछे बैक ग्राउंड में युद्ध का वाद्य यंत्र, घोड़ों की हिनहिनाहट, हाथियों की चिंग्घाड़ और सैनिकों का शोर सुनाई पड़ता है। मूर्त्तिकारों की कला प्रशंसनीय है। श्रीकृष्ण संग्रहालय में देश भर से इकट्ठी की गयी कृष्ण सम्बन्धी मूर्त्तियाँ, चित्र, स्मृति चिह्न आदि हैं जो उनके पूर्णावतार की झाँकी प्रस्तुत करते हैं। लालचन्द जी ने मुझे ब्रह्म सरोवर, सन्निहित सरोवर, सर्वेश्वर महादेव, भद्रकाली और चतुर्भुज ब्रह्म मन्दिर तथा सरस्वती नदी का भी दर्शन कराया। ब्रह्म सरोवर बड़ा सरोवर है जिसके चारों ओर कारीडोर और आगे चबूतरा बना हुआ है। वेदकालीन सरस्वती यहाँ नाले के रूप में दिखाई पड़ती है। अब तो इनसेट से सरस्वती का पूरा चित्र तैयार किया जा चुका है, जो कहीं अब भी भूमि के नीचे प्रवाहित है। कुरुक्षेत्र महाभारतकालीन अवशेषों से भरा पड़ा है। उनकी रक्षा की जानी चाहिए और उन पर शोध भी होना चाहिए। लालचन्द जी ने मुझे हर्ष का टीला और शेख चिल्ली का मकबरा देखने को कहा मगर अँधेरा घिर जाने और थके होने के कारण मैं नहीं गया। यह भी सोचा कि कुछ दर्शनीय छूट जाने पर उस स्थान में दिलचस्पी बची रहती है।

शान्तिनिकेतन : 3 अक्तूबर, 2002

शान्तिनिकेतन की यह दूसरी यात्रा है। पहली बार 1987 में अपने विभागीय सहयोगी श्री अनन्त मिश्र के साथ आया था। अबकी पत्नी और छोटे बेटे अनन्तकीर्ति के साथ। महर्षि देवेन्द्रनाथ ठाकुर को कलकते के कोलाहल से दूर इस वन्य प्रदेश में जहाँ शान्ति की अनुभूति हुई थी वह

स्थान संरक्षित है। जिस छितवन वृक्ष के नीचे उन्हें यह अनुभूति हुई थी उसका पत्ता आज भी यहाँ दीक्षान्त समारोह में उपाधि प्राप्त करने वाले छात्र-छात्राओं को दिया जाता है। कागज की डिग्री उन्हें कार्यालय से प्राप्त होती है। उपाधि प्राप्त करने वाले स्नातक पीला कुरता और धोती धारण करके उपाधि लेते हैं। अब भी यहाँ कुछ कक्षाएँ वृक्षों के नीचे चलती हैं और कुछ छात्र-छात्रा जमीन पर बैठ कर पढ़ते हैं। मैंने हिन्दी भवन परिसर में हजारी प्रसाद द्विवेदी का निवास पुनः देखा। क्षितिमोहन सेन का निवास जिसमें अब उनकी बेटी रह रही हैं, के दूर से दर्शन हुए। नोबुल प्राप्त अर्थशास्त्री अमर्त्यसेन शायद उनके बेटे हैं। वे भी कुछ दिन माँ के साथ बिताते हैं और इस परिसर में साइकिल से चलते हैं। शान्तिनिकेतन, उनके लिए जो अधिक उम्र के हैं और कोलाहल से दूर रहना चाहते हैं, अच्छी जगह है। यहाँ सड़कों पर टहलने का अलग आनन्द है, जिसके आकर्षण में कुछ लोगों ने पट्टे पर जमीन लेकर अपने आवास बनवा लिये हैं। मैंने रामकिंकर बैज की बनाई मूर्त्तियाँ पुनः देखीं मगर उनका रखरखाव उपयुक्त नहीं है। विश्वभारती के भवनों की सुरक्षा में भी लापरवाही बरती जा रही है। जब एक रिक्शा चालक से मैंने कहा कि गुरुदेव ने विश्वविद्यालय बहुत दूर बना दिया तो वह बोला, ''बहुत अच्छा किया। नहीं तो हम लोगों की रोजी-रोटी कैसे चलती।'' क्या आज बड़े नगरों में बड़ी-बड़ी संस्थाएँ खोलने वाले इस तर्क पर विचार करेंगे?

पुरी : 7 अक्तूबर, 2002

दोपहर पुरी पहुँचा। जगन्नाथ जी और समुद्र दर्शन के बाद बिड़ला गेस्ट हाउस में रुका हूँ। रात एक बजे नींद खुल गयी है, शायद मच्छरों के कारण। मेरे साथ पत्नी और छोटा बेटा अनन्तकीर्ति भी है। यह भुवनेश्वर की चौथी और पुरी की तीसरी यात्रा है। पत्नी के साथ यहाँ आने का दूसरा संयोग है। इस उत्कल यात्रा में मैंने एक महत्त्वपूर्ण स्थान देखा। जिसे 'धवली' या 'धौली' कहते हैं। भुवनेश्वर से कोई दस किलोमीटर दूर। बताया जाता है कि यहीं अशोक का कलिंग युद्ध हुआ था जिसमें लगभग एक लाख लोग मारे गये थे।

खून की नदी बह गयी थी। यहाँ एक नदी है भी जिसका नाम 'दया नदी' है। इसका नामकरण क्या कलिंग युद्ध से ही संबन्धित है? इतिहास प्रसिद्ध है कि इसी युद्ध की हिंसा से विचलित होकर अशोक 'धम्म' की शरण में गया था। वह मगध सम्राट बिन्दुसार का पुत्र था जो 272 ई.पू. सिंहासन पर बैठा और जिसने 236 ई.पू. तक राज्य किया। कलिंग युद्ध उसके राज्यकाल के 9 वें वर्ष में हुआ था। धौली में पालि भाषा और ब्राह्मी लिपि में अशोक के शिलालेख आज भी मौजूद हैं। इन शिलालेखों के छठे अभिलेख में अशोक ने कहा है कि दूत अथवा संवाददाता को उसके सामने हर समय पहुँचने की इजाजत होनी चाहिए। चाहे वह भोजन कर रहा हो या अन्तःपुर में हो। नवें अभिलेख में वह कहता है कि विवाह या पुत्र लाभ आदि अवसरों पर खर्च करना निरर्थक है। सबसे समान व्यवहार होना चाहिए। चाहे वह भृत्य हो या अन्य कोई। अभिलेखों में उसने जीव दया और सत् चरित्र पर बल दिया है। पुरी में शंकरलाल पुरोहित सिद्ध हनुमान मन्दिर ले गये जो बहुत साधारण-सा है। बताया जाता है कि यह तुलसीदास की प्रेरणा से बना था। यह भी बताया गया कि कबीरदास जगन्नाथ दर्शन के लिए पुरी आये थे। मुझे इस पर विश्वास नहीं है। तुलसी और कबीर दोनों संत थे, उनका पुरी आना अविश्वसनीय नहीं है पर कबीर का जो मूर्त्तिभंजक रूप प्रसिद्ध है उससे सन्देह होता है कि वे पैदल चल कर इतनी दूर आये होंगे।

गोरखपुर : 24 फरवरी, 2003

'रामचरित मानस' के उत्तरकांड में गरुड़ ने काक भुसुण्डि से सात प्रश्न पूछे हैं। वे प्रश्न मानवीय अस्तित्व के बुनियादी प्रश्न हैं और उनके उत्तर भी उतने ही अर्थवान। जितने संक्षिप्त प्रश्न उतने ही सारगर्भित उत्तर। जैसे तुलसी अपने जीवन भर के अनुभवों का निचोड़ दे रहे हों। गरुड़ का एक प्रश्न है– 'बड़ दुख कौन, कौन सुख भारी।' अर्थात सबसे बड़ा दुख और सबसे बड़ा सुख क्या है? काक भुसुण्डि एक ही चौपाई में इसका जो उत्तर देते हैं, वह तुलसी जैसा बड़ा कवि ही लिख सकता था। वे कहते हैं– "नहिं दरिद्र सम दुख जग माही, संत मिलन सम सुख जग

नाहीं।" अर्थात दारिद्र्य के समान कोई दुख नहीं और संत मिलन के समान कोई सुख नहीं है। विचार करें कि यदि दारिद्रय सबसे बड़ा दुख है तो उसका उलटा अर्थात आर्थिक सम्पन्नता को सबसे बड़ा सुख कहना चाहिए। मगर तुलसी ऐसा नहीं कहते हैं। वे एक अद्‌भुत बात कहते हैं कि सबसे बड़ा दुख तो है दारिद्र्य, लेकिन सबसे बड़ा सुख है साधु पुरुषों से मिलन। जीवन का अनुभव इसी उत्तर को सही प्रमाणित करता है। आर्थिक सम्पन्नता से भोग का क्षणिक सुख तो मिल सकता है, मन की शान्ति नहीं प्राप्त हो सकती।

गोरखपुर : 24 अप्रैल, 2003

रचना में रचनाकार का व्यक्तित्व बहुत महत्त्व रखता है। रचना वही होती है जो कि रचनाकार स्वयं होता है। कोई कवि प्रसिद्ध हो सकता है, पुरस्कार पा सकता है, चर्चा में रह सकता है पर उसकी कविता कालजयी तभी होगी जब वह कवि भी महान हो। महानता से ही महानता फूटती है। रचना का अहं से ऊपर उठ कर सर्व में और क्षण से परे होकर शाश्वत में पहुँच जाना तभी सम्भव होता है जब रचना ही रचनाकार की कामना बन जाय। कर्म में आस्था जितनी ही दृढ़ होती जाती है, उससे प्राप्त होने वाले पुरस्कार और प्रतिष्ठा की कामना उतनी ही कम होती जाती है। यह वैसे ही है जैसे आप उत्तरी ध्रुव की ओर जितना ही बढ़ते हैं, दक्षिणी ध्रुव अपने आप दूर होता जाता है। जो रचनाएँ अवचेतन से अनायास फूटती हैं उनमें एक विलक्षण सहजता, स्वाभाविकता, सम्पूर्णता और सार्वभौमता होती है। ऐसी रचनाएँ सबसे ज्यादा सुख अपने रचयिता को देती हैं। इसीलिए इन्हें स्वांतः सुखाय कहा जाता है।

गोरखपुर : 12 जून, 2003

हर काया में महा प्रकृति ने तत्त्वों की भिन्न-भिन्न मात्रा मिलाई है। किसी में पृथ्वी तत्त्व की प्रधानता है, किसी में जल तत्त्व की, किसी में अग्नि, किसी में वायु और किसी में आकाश तत्त्व की। दक्षिण भारत

में पाँच प्रसिद्ध मन्दिरों में शिव के अलग-अलग तत्त्वों वाले विग्रह स्थापित हैं। कांचीपुरम का शिवलिंग पृथ्वी तत्त्व के रूप में कल्पित है जो मिट्टी का है और जिस पर जल नहीं चढ़ाया जाता। जम्बुकेश्वरम का जल तत्त्व के रूप में कल्पित है और जल में ही स्थापित है। कालहस्ति का शिवलिंग वायु तत्त्व के रूप में, अरुणाचलम् का अग्नि तत्त्व के रूप में तथा चिदम्बरम का नटराज विग्रह आकाश तत्त्व के रूप में कल्पित है। पृथ्वी तत्त्व की प्रधानता वाले व्यक्ति में धीरज, सहनशीलता और स्थूलता होती है। जल तत्त्व प्रधान व्यक्ति में करुणा, तरलता और विनम्रता होती है। अग्नि तत्त्व वाले व्यक्ति में तेज, स्वाभिमान और साहस होता है। वायु तत्त्व वाले व्यक्ति में कल्पनाशीलता, अस्थिरता और उदारता तथा आकाश तत्त्व वाले मनुष्य में निर्बन्धता, उन्मुक्तता और आध्यात्मिकता होती है। स्वयं अपने में मैं क्रम से यदि वायु, जल, अग्नि, आकाश और पृथ्वी तत्त्व पाता हूँ तो अपनी पत्नी में जल, पृथ्वी, आकाश, वायु और अग्नि तत्त्व। यह मेरा निजी काल्पनिक निरीक्षण है, कोई वैज्ञानिक परीक्षण नहीं।

गोरखपुर : 18 अप्रैल, 2004

कवि जब किसी शब्द का प्रयोग करता है तो उसमें उसके अपने अनुभवों का साहचर्य लोक होता है। पाठक जब उस शब्द को ग्रहण करता है तो अपनी निजी संवेदनशीलता और अनुभव के साथ। शब्दों की विविध अर्थछवियाँ होती हैं। उनकी अलग व्याप्ति और गहराई होती है। अतः शब्दों के सन्दर्भ में प्रयोक्ता के अर्थ और ग्रहीता के अर्थ में अन्तर स्वाभाविक है। किसी कृति का हर पाठक पर और हर काल में एक जैसा प्रभाव नहीं होता। पाठक के देश, काल, संस्कार, ग्रहण क्षमता और उसकी मनःस्थिति के अनुसार रचना का उस पर पड़ने वाला प्रभाव भी बदलता रहता है। आज हम निश्चित रूप से नहीं कह सकते कि 'रामचरित मानस' का ठीक-ठीक वही अर्थ समझते हैं जो तुलसीदास के समकालीन समझा करते थे। हर युग को महान कृतियों से अपना अलग अर्थ मिलता रहता है और कविता जिस अर्थ में पाठक को सम्प्रेषित होती है, वही उसका अर्थ है। यह जरूरी नहीं

कि कोई रचना तत्काल प्रभावित करे। समय की धारा में वह पाठक पर कभी-भी असर डाल सकती है। यह रचना की बहुआयामी सार्वकालिकता या सार्वजनीनता पर निर्भर है। दुनिया बहुत बड़ी है मगर उसका उतना ही अंश व्यक्ति को झंकृत करता है जिसके तार उसके भीतर हैं। यह बात कवि के लिए जितनी सत्य है, उतनी ही पाठक के लिए भी।

गोरखपुर : 31 दिसम्बर, 2004

कुछ दिनों पूर्व मुझे सआदत हसन मंटो की उन छह कहानियों (काली सलवार, बू, धुआँ, ठंडा गोश्त, खोल दो तथा ऊपर, नीचे और दरम्यान) को एक साथ पढ़ने का मौका मिला, जिनमें से पाँच पर मुकदमा चला था और 'खोल दो' शीर्षक कहानी के प्रकाशन के कारण 'नुकूश' (लाहौर) पर कानूनी प्रतिबन्ध लगा था, जिसके कारण वह सेफ्टी ऐक्ट के अन्तर्गत छह महीने के लिए बन्द कर दिया गया था। इन कहानियों पर अश्लीलता का आरोप लगाया गया था पर मुझे ये कहानियाँ कहीं से अश्लील नहीं लगीं। इनमें 'बू', 'धुआँ', तथा 'ऊपर नीचे और दरम्यान' शीर्षक कहानियों में स्त्री-पुरुष का एक-दूसरे के प्रति शाश्वत आकर्षण कलात्मक ढंग से चित्रित है तथा 'काली सलवार', 'ठंडा गोश्त' और 'खोल दो' शीर्षक कहानियाँ भयानक अमानवीयता का चित्रण करती हैं। जिसे पढ़कर दिल दहल जाता है। 'ठंडा गोश्त' और 'खोल दो' शीर्षक कहानियाँ तो इस तरह स्तब्ध कर देती हैं जैसे किसी भयानक हादसे का सदमा लगा हो। अमानवीय उत्पीड़न की ऐसी कहानियाँ क्या किसी पाठक के मन में अश्लील उत्तेजना पैदा कर सकती हैं?

गोरखपुर : 25 मार्च, 2005

तमाम उम्र का हिसाब माँग रही है जिन्दगी। क्या हिसाब दूँ? सही या गलत जो भी किये सम्भव है जरूरी न रहे हों उस वक्त, सम्भव है टाला जा सकता हो उन्हें, पर कैसे टाल सकता था? दुर्योधन ने असत्य नहीं कहा था कि कोई बैठा है भीतर, जो जैसा चाहता है कराता है। कोई कह सकता है "तुम अपनी जिम्मेदारियों से पलायन कर रहे हो। कि तुम अपने संकल्प

और इच्छाशक्ति से कुछ भी करने में समर्थ हो।" मगर उन सामर्थ्य प्रदर्शन के क्षणों में मुझे कायर, कमजोर और लुंजपुंज किसने किया? मुझे अपना कर्तृत्वाभिमान बेमानी लगता है। कर्म मनुष्य की नियति है, मगर उसकी प्रेरणा कहाँ से आती है? वह ईश्वर, प्रकृति, परिस्थिति, आत्मा, बुद्धि, भावना– चाहे जहाँ से आती हो स्वयं उसकी प्रकृति कभी सात्विक, कभी राजस, कभी तामस क्यों होती है?

भेड़िहारी : 15 अगस्त, 2005

तीन दिनों से गाँव पर हूँ। आज रात 9 बजे गोरखपुर से बेटे (अनन्तकीर्ति) का फोन आया। दिल्ली से रामसेवक श्रीवास्तव (जो अज्ञेयकालीन 'दिनमान' में उपसम्पादक थे) जिन्हें, मेरी पुस्तक 'नये साहित्य का तर्कशास्त्र' की प्रति कहीं से प्राप्त हो गयी थी ने उसे पढ़ने के बाद फोन किया था। आश्चर्य व्यक्त कर रहे थे कि इतने पहले साहित्य के इतने सारे मुद्दे उस पुस्तक में उठाये गये हैं और उससे ज्यादा आश्चर्य यह कि पुस्तक की कोई विशेष चर्चा नहीं हुई। अवश्य ही रामसेवक जी ने पुस्तक से प्रभावित होकर ही फोन किया होगा क्योंकि उनका फोन मेरे पास पहली बार आया था। इसी प्रकार 2001 में एक हिन्दी अध्यापक जो मिलने आये थे, इस पुस्तक को अत्यन्त विचारोत्तेजक बताते हुए अफसोस जाहिर कर रहे थे कि इसे वे पच्चीस वर्ष बाद पढ़ सके। इन प्रतिकियाओं पर मैं क्या कह सकता हूँ? यह पुस्तक 1975 में मैकमिलन प्रकाशन से छपी थी, जिसके बन्द होने के बाद पुनः 'रचना के सरोकार' नाम से 1987 में वाणी प्रकाशन से प्रकाशित हुई। पुस्तक के अधिकांश निबन्ध 1970 से 75 के बीच लिखे गये थे और कुछ 1980 से 87 के बीच। अगर इतने अन्तराल के बाद पुस्तकें पढ़ी जायेंगी तो उनके लिखने का क्या अर्थ होगा? इसका कारण वह प्रचार तंत्र है जो कुछ पुस्तकों को चर्चा में रखता है और हिन्दी का अध्यापक या सामान्य पाठक उसे ही पढ़ता है, उसी को उद्धृत करता है और उसे ही चुभलाता रहता है। बहरहाल, आज तीस वर्ष पूर्व लिखे गये निबन्ध किसी प्रबुद्ध पाठक को आकर्षित करते हैं तो यह उन निबन्धों का सौभाग्य है।

भेड़िहारी : 16 अगस्त, 2005

उत्तर प्रदेश में ग्राम प्रधानों का चुनाव है। कल मेरे गाँव में भी है। पूरा चुनावी माहौल है। पर्चे, बैनर, पोस्टर और हैंडबिल। लोग चुनावी निशान छातियों पर लटकाये हुए। बच्चे झुंड में नारे लगाते। सबसे शर्मनाक यह कि शराब की शीशियाँ कई दिनों से बँट रही हैं। सम्भवतः भीतर-भीतर रुपये भी चल रहे हैं। मतदाता खामोश हैं। अपना पक्ष नहीं प्रकट करना चाहते। मेरा गाँव भारत के अत्यन्त पिछड़े गाँवों में था लेकिन कुछ वर्षों से गाँव के युवक बाहर औरं अरब देशों में कमाने गये हैं जिससे आर्थिक स्थिति अच्छी हो गयी है। पर यह राजनीति उसे कहाँ ले जायेगी? गाँधी जी ने गाँवों के लिए सपना देखा था। वे पंचायती व्यवस्था द्वारा इन्हें आत्मनिर्भर बनाना और कचहरियों के शोषण से मुक्त करना चाहते थे। वे सत्ता का विकेन्द्रीकरण चाहते थे। उन्हें विश्वास था कि गाँव के लोग सद्भाव से अपना प्रतिनिधि चुनेंगे जो ईमानदार और अच्छी छवि का होगा। गाँव के झगड़े परस्पर बातचीत से तय हो जाएँगे। औद्योगिक और नगरीय जीवन की बुराइयाँ– जैसे नशाखोरी, प्रतिस्पर्द्धा, छल-कपट आदि गाँव से दूर रहेंगी। पर उनके सपनों के ठीक उलटा है यहाँ का परिदृश्य। उनकी शारीरिक हत्या चाहे जिसने की हो, उनके सपनों की हत्या में क्या हम सब शामिल नहीं हैं?

गोरखपुर : 22 जनवरी, 2006

जो लोग यह मानते हैं कि रचना परिवेश की उपज होती है, उनका मानना आधा ही सच है क्योंकि इसमें कवि के मनोजगत की बुनावट, उसके संस्कार, उसकी कल्पनाशक्ति और उसकी दृष्टि का बहुत योग होता है। अगर ऐसा नहीं होता तो एक परिवेश में रहने वाले रचनाकारों की रचनाएँ भी एक जैसी होतीं। लेकिन एक ही समय और एक ही शहर में रहने वाले रचनाकारों की रचनाओं में बहुत अन्तर, बल्कि विरोध भी होता है। प्रेमचन्द और जयशंकर प्रसाद इसके उदाहरण हैं। सागर मंथन और देवासुर संग्राम का मिथक काव्य रचना का भी एक सटीक रूपक है। कवि में भी सब कुछ होता है–शंख, सीपी, गरल, अमृत आदि। परिवेश से कवि के भीतर का

कोई तार झनक उठता है—राग, विराग, करुणा, क्रोध, प्रीति या घृणा का। वह अपनी ही भाषा में उसका संधान और शोध करता है। वह जिस विषय या घटना से प्रभावित होता है, काव्य-रचना के दौरान उसका बहुत-सा अंश छूट जाता है या कुछ नया जुड़ जाता है। इसीलिए कहा गया है कि कविता के पूरी होने के बाद ही कवि जान पाता है कि वह क्या अभिव्यक्त करना चाहता था। यह अभिव्यक्ति की खोज और उसे पा लेना ही कवि कर्म है। महसूस तो सभी करते हैं पर सब उसे व्यक्त नहीं कर पाते। कवि इस समस्या को सुलझा लेता है।

'देखना', 'भोगना', 'अनुभव करना' और 'रचना' अलग-अलग स्थितियाँ हैं। जो देखता, भोगता और अनुभव करता है, जरूरी नहीं कि रचना भी करे। रचना का यथार्थ वह है जो रचनाकार उसे देता है। किसी 'सच्ची घटना', उस घटना की 'रिपोर्टिंग' और उस पर लिखी 'रचना' में अन्तर है। रचनाकार सत्य को व्यक्त करने के लिए असत्य का भी आयोजन करता है। रामायण और महाभारत की कथा में अनेक अविश्वसनीय कल्पनाएँ हैं। सोने के मृग का होना असम्भव है। (रामायण)। इसी प्रकार किसी स्त्री (गांधारी) के सौ पुत्रों की कल्पना भी अविश्वसनीय है। फिर भी रामायण और महाभारत अद्भुत महत्त्व के महान काव्य हैं। कालरिज ने 'अविश्वास के स्थगन' (suspension of disbelief) की चर्चा की है। रचना को पढ़ते या नाटक को देखते हुए पाठक या प्रेक्षक कल्पना को यथार्थ और मिथ्या को भी सच मान लेता है।

गोरखपुर : 8 मार्च, 2006

कल वाराणसी के संकट मोचन मन्दिर और कैंट स्टेशन पर बम विस्फोट हुए जिसमें 25 व्यक्तियों के मारे जाने और लगभग 125 के घायल होने की खबर है। यह आतंकवादी कार्रवाई है जो अब पूरी दुनिया के लिए भयानक समस्या बन चुकी है। अधिकांश देशों में यह आसुरी अट्टहास सुनाई पड़ता है। भारत तो इसके जबड़े में है। पाकिस्तान सीमा और कश्मीर से ऐसी खबरें रोज ही मिलती हैं। पिछले कुछ वर्षों में बम्बई में विस्फोट हुए,

भारतीय संसद पर हमला हुआ, गुजरात के अक्षरधाम, जम्मू के रघुनाथ मन्दिर, अयोध्या रामजन्मभूमि और अब वाराणसी में। कौन हैं ये लोग? सामान्य हिंसात्मक घटनाओं के कुछ तात्कालिक कारण होते हैं पर आतंकवादी घटनाओं के तो कारण भी समझ में नहीं आते।

मेरी समझ में आतंकवाद के मूल कारणों में एक तो साम्राज्यवादी मनोवृत्ति है। इस धरती को टुकड़ों में बाँटने वालों ने अपनी अलग-अलग सरकारें बना रखी हैं। एक सरकार अपनी विस्तारवादी प्रवृत्ति के कारण दूसरे के क्षेत्र में पाँव फैलाना चाहती है। इसके लिए वह तरह-तरह की हिंसात्मक कार्रवाइयों को प्रोत्साहित करती है। वर्तमान समय में युद्धों और रक्षा बजट पर होने वाला खर्च यदि समाप्त हो जाये तो हमारी दुनिया कल्पना के स्वर्ग की तरह सुन्दर और खुशहाल हो सकती है। मैं व्यक्तिगत रूप से विश्व सरकार और विश्व नागरिकता का समर्थक हूँ। देश, जाति, धर्म, रंग, लिंग, वर्ग, सम्प्रदाय आदि पृथ्वी और मनुष्यता के शत्रु हैं। मगर मैं यह भी महसूस करता हूँ कि यह मेरा मनोराज्य (यूटोपिया) है। आतंकवाद का दूसरा कारण है धार्मिक कट्टरता। यह चाहे जिस धर्म में हो, निन्दनीय है। विचारणीय यह है कि दुनिया भर की आतंकी घटनाओं में पकड़े जाने वाले लोग अक्सर मुसलमान ही क्यों होते हैं? एक ही धर्म सही है और एक ही ग्रन्थ अन्तिम, यह विश्वास मनुष्यता के लिए खतरनाक है। आतंकवाद का तीसरा कारण है असन्तुलन और आर्थिक असमानता। गरीबी, बेकारी और अशिक्षा। आतंकी कार्रवाई में लिप्त अधिकांश युवकों का भविष्य अन्धकारमय है। वे गुमराह तथा सही निर्णय लेने में असमर्थ हैं। आतंकवाद का चौथा कारण राजतंत्री तानाशाही तथा इस प्रकार की सर्वसत्तावादी व्यवस्थाएँ हैं। ये व्यक्तिगत स्वाधीनता की विरोधी होती हैं। इनमें कुछ स्वाधीनता प्रेमी भी आतंकी कार्रवाइयों की ओर आकृष्ट हो जाते हैं।

आतंकवाद आतंक पैदा करके समस्याओं को सुलझाना चाहता है। वह हिंसा में विश्वास करता है। गाँधी ने इसके विरुद्ध असहयोग और अहिंसात्मक सत्याग्रह का रास्ता दिखाया था। दुनिया को सुन्दर बनाने और समस्याओं के समाधान के लिए इससे बेहतर रास्ता शायद ही कोई

हो। कट्टरता का एक मात्र विकल्प है यह विश्वास कि हमारा ही विश्वास अन्तिम रूप से सच नहीं है।

गोरखपुर : 14 मई, 2006

काया में पवन का संचरण इकाई को महा प्रकृति से जोड़े रहता है। बल्कि यह कहना उपयुक्त होगा कि जिस क्षण वह सम्बन्ध टूटता है वही मृत्यु का क्षण होता है। प्राण वायु के कारण ही शरीर में चेतना रहती है और अंग-प्रत्यंग का संचालन होता रहता है। एक बार वायु जब इकाई से बाहर निकल कर महा प्रकृति में समा जाती है और फिर वापस नहीं लौटती तो इकाई शव बन जाती है। मृत्यु के बाद काया का सब कुछ उसी प्रकार यथावत पड़ा रहता है सिर्फ एक चीज बाहर निकल गयी होती है और वह है प्राण वायु। बिना शेष सृष्टि से जुड़े, केवल इकाई शव जैसी ही है।

गोरखपुर : 23 मई, 2006

मेरे मन की प्रकृति ऐसी है कि महात्मा बुद्ध ने जिन प्रश्नों को 'अव्याकृत' अर्थात अव्याख्येय कहा है उन्हीं की जिज्ञासाएँ मुझे बेचैन किये रहती हैं। जब भी दिमाग कुछ फुरसत में होता है अस्तित्व के बुनियादी सवाल घुमड़ने लगते हैं। कि मैं इस पृथ्वी पर क्यों आया, यह संयोग है या प्रकृति की कोई योजना। मृत्यु की अनिवार्यता क्यों है? क्या उसका समय और स्थान भी निश्चित है? आधुनिक वैज्ञानिकों के अनुसार यदि जीन मनुष्य की आकृति प्रकृति का निर्धारण करते हैं तो उसकी जीवन अवधि के भी तो वे ही निर्धारक होंगे? फिर यदि कोई दुर्घटना में मरता है या बच जाता है तो क्या जीन्स ही इसका भी निर्धारण करते हैं?

हमारी काया का रहस्य क्या है, जिसे योगियों ने पिण्ड कहा है और जिसमें सम्पूर्ण ब्रह्माण्ड को देखने की सलाह दी है? प्रकृति जड़ है या चेतन? यदि चेतन है तो उसकी व्यवस्था का भी कोई तर्क और प्रयोजन होगा, वह क्या है? यदि जड़ है और उसकी कोई व्यवस्था नहीं है तो पशु-पक्षी, कीट-पतंग, वृक्ष-वनस्पतियाँ कैसे संचालित होती हैं, अपनी प्रजाति का

विस्तार करती हैं और अपना पोषण करती हैं? किस केमिस्ट्री के अनुसार घास और भूसा गाय में दूध बन जाता है, किस सिद्धान्त के अनुसार बच्चे के जन्म के आधे घंटे के भीतर माँ के स्तनों में दूध उतर आता है? मैं जिस कर्तृत्वाभिमान में फूल कर इतराता रहता हूँ वह मेरी काया द्वारा ही तो सम्भव होता है, लेकिन उस काया की रचना क्या मैंने की है? मेरे कर्म जिन परिस्थितियों से संचालित होते हैं उन पर क्या मेरा वश है? मुझे कार्य की प्रेरणा क्यों और कहाँ से प्राप्त होती है? संयोग का तर्कशास्त्र क्या है? पृथ्वी जो अपनी धुरी पर गतिशील है, उसे गति कहाँ से मिल रही है? अनन्त ब्रह्माण्ड जो निरन्तर प्रसरणशील है, किस ऊर्जा से धावमान है? प्रश्नों की कोई सीमा नहीं है और बुद्धि सीमित है, इसलिए अधिकांश उत्तर रहस्य में विलीन हो जाते हैं। अपनी इस दिमागी बनावट के कारण ही मुझे रक्तचाप, अनिद्रा और वायु विकार जैसे रोगों से ग्रस्त होना पड़ा। हालाँकि मैं खान-पान में निहायत सादा हूँ और मेरे परिवार में इन रोगों का कोई पूर्व इतिहास नहीं है।

गोरखपुर : 10 जुलाई, 2006

लगभग छह महीनों से कुबेरनाथ राय के निबन्ध पढ़ रहा था। उन पर साहित्य अकादेमी के लिए एक विनिबन्ध (मोनोग्राफ) लिखना था, जिसे आज पूरा किया है। श्री राय ने भारतीय आर्ष चिन्तन पर गम्भीर विचार किया है। उनके लेखन में रसात्मक और कल्पनाशील प्रतिभा के साथ लोकानुराग और भाषिक विश्लेषण की क्षमता है। वे अपने विचारों की अभिव्यक्ति साहस और दृढ़ता के साथ करते हैं। पश्चिमी चिन्तन का आतंक उन पर नहीं है और उन्हें यह भी परवाह नहीं कि उनके समय की चालू आलोचना उनके साथ क्या सलूक करेगी। मेरे विचार से ऐसा लेखक सत्य का आग्रह कर सकता है। मगर ऐसे लेखक प्रायः अलग-थलग कर दिये जाते हैं। कुछ लेखकों ने हिन्दी के अनेक पुरस्कार लपक लिये और पुरस्कारों के ही कारण चर्चा में आ गये जबकि राय को कोई उल्लेखनीय पुरस्कार नहीं मिला। हमारे समय में प्रगतिशीलता के आतंक और लेखक संघों के राजनीतिक चक्रव्यूह में हिन्दी के अनेक जेनुइन लेखकों को उनके वास्तविक स्थान से वंचित किया गया। हिन्दी में प्रगतिशीलता का भूत

इस कदर चढ़ा है कि जो अपने को प्रगतिशील घोषित नहीं करता उसे लेखक या बुद्धिजीवी ही नहीं माना जाता। जबकि सचाई यह है कि मार्क्सवादी अर्थ में अपने को प्रगतिशील कहने वाले आलोचकों ने हिन्दी के रचनाकारों का निष्पक्ष मूल्यांकन किया ही नहीं। वे अपनी विचारधारा की आँख से रचनाकार को तौलते रहे और उसके विराट रूप को वामन बनाते रहे। कबीर, निराला, रामचन्द्र शुक्ल, हजारी प्रसाद द्विवेदी तक इस षड्यंत्र के शिकार हुए। हिन्दी के हीनताग्रस्त लेखक, अध्यापक और पाठक ऐसे ही आलोचकों की आँख से रचनाकारों का मूल्यांकन करते रहे। साहित्य के विस्तृत मैदान में दीवारें खड़ी करने में लेखक संघों ने अहम भूमिका निभाई। उनके कारण लेखन में न कोई गुणात्मक परिवर्तन आया, न किसी महान साहित्य की रचना हुई, न उन्होंने किसी लेखक में सृजनात्मकता पैदा की। उलटे पार्टी के बन्दीगृह में होने के कारण उन्होंने उसके विरोध की अपनी बुनियादी स्वाधीनता भी खो दी।

भोपाल : 13 अगस्त, 2006, रात 3 बजे

डेढ़ बजे नींद खुल गयी। महीने भर से अच्छी नींद नहीं आ रही। कभी हलकी सी दवा लेकर सोता हूँ तो भी तीन-चार घंटे बाद टूट जाती है। ऐसा मेरे साथ वर्षों से होता रहा है। इस पर बहुत विचार किया और निष्कर्षतः पाया कि विचार ही इसका एक कारण है। मेरे मस्तिष्क की रील सोते में भी घूमती रहती है। इसका एक मात्र इलाज है 'ध्यान', लेकिन मुझसे हो नहीं पाता। उसका अभ्यास करना चाहिए। नींद खुलती है तो पुनः सोने की कोशिश में दिमाग की रील और तेज घूमने लगती है। अतः नींद टूटने पर नियमित कामों में लग जाना अच्छा होता है। मैंने नीम की दातून की जो प्रातः की मेरी प्रिय चीज है। दो गिलास पानी पिया। सुरती खाया, जिसका प्रातः प्रथम सेवन मुझे सर्वाधिक सुख देता है, लेकिन आज सुख का एक दूसरा कारण भी है। बाहर बिजली की चमक के साथ आकाश में जमे बादल अनवरत बरस रहे हैं। हवा भी तेज है। मैंने कमरे का दरवाजा खोल लिया है और खिड़की भी जो कभी तेज आवाज के साथ बन्द हो जाती है। दरवाजे से पानी के छींटे अन्दर आ जाते हैं। कल रात इलाहाबाद से कामायनी

एक्सप्रेस ट्रेन से चलकर आज प्रातः 9 बजे भोपाल पहुँचा। जब ट्रेन में चढ़ा तो विचार आया कि कामायनी एक्सप्रेस के जोड़ का दूसरा नाम जो 'गोदान एक्सप्रेस' रखा गया उसकी जगह यदि 'रंगभूमि' या 'कर्मभूमि' एक्सप्रेस होता तो बेहतर होता। कामायनी एक्सप्रेस की गणना लेट लतीफ ट्रेनों में होती है। मगर आज वह सिर्फ डेढ़ घंटे लेट भोपाल पहुँची। सीधे हिन्दी भवन पहुँचा तो कार्यक्रम अभी शुरू नहीं हुआ था। मुझे एक सत्र की अध्यक्षता करनी थी। विषय था—'समकालीन कथा साहित्य में नारी अस्मिता'। प्रभाकर श्रोत्रिय ने अपने वक्तव्य में कहा, "विश्वनाथ जी के वक्तव्य के बाद उसी पर अपनी भी मुहर लगा कर बैठ जाने की इच्छा होती है।" जब कोई प्रशंसा करता है तो सुख तो मिलता ही है पर इसमें प्रशंसा करने वाला ही प्रशंसनीय होना चाहिए। दूसरे की प्रशंसा करना किसी बुद्धिजीवी के लिए आसान नहीं होता।

बादल अभी भी उसी तरह झूम-झूम कर बरस रहे हैं। सवेरा होने को है और अगल-बगल कमरों के लेखक जगने लगे हैं। उन्हें भीमबेटका और भोजपुर जाना है मगर बारिश को देखते हुए नहीं लगता वे जा सकेंगे। मुझे तो कुशीनगर एक्सप्रेस पकड़ना है। तब तक तो बारिश बन्द हो जानी चाहिए।

15 अगस्त : 2006, सायं 4 बजे, ट्रेन में

गोण्डा स्टेशन से गाड़ी खुली है, लगभग तीन घंटे बाद गोरखपुर पहुँचनी चाहिए। रात दस बजे यह बम्बई से भोपाल पहुँची थी, पूरे आठ घंटे विलम्ब से। भोपाल में कल हर गाड़ी आठ-दस घंटे विलम्ब से चल रही थी। इस गाड़ी को पकड़ने के लिए दिन में डेढ़ बजे पहुँच गया था और साढ़े आठ घंटे प्लेटफॉर्म पर बैठा रहा। शहर में बाढ़ और बारिश की बुरी हालत थी। रेलवे स्टेशन पहुँचने के रास्ते भी बन्द हो गये थे। बीच में कोई पुलिया टूट गयी थी। मुझे हिन्दी भवन के एक पुराने सहयोगी सरदार जी ने अपनी कार से कई गलियों से घुमाते हुए पहुँचा दिया और बरसने को आतुर घने बादलों वाले आकाश को देखते हुए मैंने उन्हें तुरन्त स्टेशन से वापस भेज दिया। अब प्लेटफॉर्म पर अकेला था। फुहारों के साथ हवा इतनी तेज थी कि ठंड

महसूस होने लगी और बचाव का कोई हथियार न होने के कारण मैंने धोती दोहरी करके पीठ और गले पर लपेट ली। स्टेशन की उद्घोषणाएँ भयभीत कर रही थीं। लगभग आधी दर्जन ट्रेनें रद हुईं, आधी दर्जन के रास्ते बदले गये और यात्रियों से पैसे वापस ले लेने को कहा गया। मैं यात्राएँ करता रहता हूँ अतः उनकी वेदना का अनुमान कर सकता था और उस समय तो समदुखभोगी भी था। मुझे आशंका भी हुई कि यह कल 15 अगस्त को दिल्ली न पहुँचने देने का कोई षड्यंत्र तो नहीं? अभी ब्रिटेन द्वारा गिरफ्तार कुछ लोगों से पता चला है कि आतंकवादी संगठन अलकायदा ब्रिटेन और अमेरिका के बीच दर्जनों विमानों को विस्फोट द्वारा हवा में उड़ा देने वाला था। इसके बाद अमेरिका ने पाकिस्तान से सीधे अमेरिका उड़ान पर प्रतिबन्ध लगा दिया है। उसने भारत को भी सूचित किया है कि स्वतन्त्रता दिवस पर कोई आतंकवादी कार्रवाई हो सकती है। भोपाल रेलवे स्टेशन के एक सुरक्षाकर्मी ने दिल्ली फोन किया तो उसके किसी मित्र ने बताया कि 15 अगस्त को लालकिले के कार्यक्रम की समाप्ति के पहले किसी भी ट्रेन को दिल्ली नहीं पहुँचने दिया जायेगा। बहरहाल रात 10 बजे ट्रेन में बैठ जाने के बाद से मैं अब तक आराम ही करता रहा। इतना थक गया था कि सवेरे उठने की हिम्मत नहीं हो रही थी और पूरे शरीर में दर्द था। अभी भी ट्रेन रास्ते में है। शाम साढ़े छह बज रहे हैं और उम्मीद है, बारह घंटे विलम्ब से यह गोरखपुर पहुँचेगी।

गोरखपुर : 25 सितम्बर, 2006

मेरे समय में दो बड़ी अहिंसक क्रांतियाँ हुईं। एक, 1947 में देश आजाद हुआ और दूसरी 1977 में जिसे जयप्रकाश नारायण ने 'सम्पूर्ण क्रांति' का नाम दिया। दोनों का लक्ष्य रही 'स्वाधीनता'। एक ब्रिटिश शासन के विरुद्ध और दूसरी आपातकालीन तानाशाही के। अब तीसरी क्रांति के लिए देश तैयार है जिसका मुद्दा होगा 'भ्रष्टाचार से मुक्ति'। जनता अब ऊब चुकी है। लेकिन इसका नेतृत्व कौन करेगा? आत्मोत्सर्ग के लिए तैयार कोई गाँधी जैसा ईमानदार व्यक्ति दिखाई नहीं देता। मगर भ्रष्टाचार से

मुक्ति के बाद भी मनुष्य के सामने एक मुद्दा बचा रहेगा और वह होगा 'शान्ति' का। जब तक दुनिया में एक भी हथियार रहेगा, शान्ति नहीं होगी। जो मनुष्य अपने बचाव का शस्त्र त्याग देगा वह अपनी दुष्प्रवृत्तियों के विसर्जन के लिए धीरे-धीरे स्वयं को तैयार कर लेगा।

गोरखपुर : 30 सितम्बर, 2006

आज कुमायूँ विश्वविद्यालय से फोन आया, अलमोड़ा परिसर में विजिटिंग प्रोफेसर के लिए। दो-चार रोज पहले नेहू (शिलांग) से आया था। पिछले छह महीनों में महात्मा गाँधी हिन्दी विश्वविद्यालय, वर्धा, गोवा विश्वविद्यालय, केन्द्रीय विश्वविद्यालय हैदराबाद तथा इलाहाबाद विश्वविद्यालय से भी इसी प्रकार के आमन्त्रण मिले। मैंने सभी के प्रति आभार प्रकट करते हुए उन्हें विनम्रतापूर्वक अस्वीकार कर दिया। अब विश्वविद्यालय के पाठ्यक्रम में बँधकर अपने को दुहराते रहने से ऊब हो गयी है। विश्वविद्यालय से अवकाश ग्रहण का दिन मेरे जीवन के कुछ थोड़े से सुखद दिनों में था। खुशी के मारे उस रात मुझे नींद नहीं आयी थी। हालाँकि विश्वविद्यालय की नौकरी कोई बन्धन की नहीं है फिर भी उस दिन मैं अपने को मुक्त महसूस कर रहा था। योजनाएँ इतनी अधिक हैं और मन में इतने विचार उठते हैं कि उन्हें सँभाल कर लिपिबद्ध करना कठिन है। इतना सारा श्रेष्ठ साहित्य अनपढ़ा रह गया है जिसे पढ़ने के लिए कई जिन्दगियाँ भी छोटी हैं।

भेड़िहारी : 22 अक्तूबर, 2006

पिछले दस दिनों से गाँव में हूँ। ऐसा संयोगवश ही हो गया है अन्यथा दो-तीन दिनों से अधिक यहाँ रुकने का अवसर नहीं निकाल पाता। कारण यह कि यहाँ जीवन स्थिर और निष्क्रिय हो उठता है। बिजली के अभाव में सूर्यास्त के बाद सारे काम स्थगित। रात में 8 बजे भोजन और शयन। एक बजे नींद टूट जाती। फिर अँधेरे में चारपाई पर पड़े रहना। दिन में भी मेरे लायक कोई काम नहीं। खेतीबारी की जिम्मेदारी छोटे भाई पर है। बिना काम कैसे कटता है समय, कितना

पीड़ादायक है। ईश्वर से प्रार्थना करता हूँ, लम्बी उम्र दें मगर अच्छे स्वास्थ्य और अच्छी योजनाओं के साथ। अपने बचपन के समय से आज के गाँव की तुलना करता हूँ, कितना परिवर्तन हुआ है। तब यहाँ केवल झोंपड़ियाँ थीं, कच्चे रास्ते। लोग बहुत गरीब थे, बिना कर्ज के भोजन नहीं चलता था। शरीर पर कपड़े नहीं, बच्चे नंगे और स्त्रियों के शरीर पर फटी साड़ियाँ। स्कूल नहीं थे, अशिक्षा थी, दिमागी रूढ़ियाँ थीं, रोग-व्याधि से झाड़-फूँक से काम चलता था। लोगों के पास कोई योजना नहीं थी लिहाजा आपसी कहा-सुनी, झगड़े-टंटे ज्यादा थे। उनका अधिकांश समय बातचीत या कउड़े की आग तापते बीतता था।

अब मेरे गाँव में तीन चौथाई मकान पक्के हो गये हैं। मुख्य रास्तों पर ईंट बिछ गयी है। गरीबी, अर्धनग्नता है, कर्ज है पर पहले से हालत बेहतर है। स्कूल खुल गया है, बच्चे पढ़ने जाते हैं, दवा के लिए लोग अस्पताल भी जाते हैं, दिमागी रूढ़ियाँ कम हुई हैं, लोग अपने काम में व्यस्त भी लगते हैं, पर आधी सदी में होने वाला यह परिवर्तन उल्लेखनीय नहीं है। गाँव की जनसंख्या स्वाभाविक गति से बढ़ी है, अतः नयी पीढ़ी में बेकारी बढ़ी है। नौजवानों का बड़े पैमाने पर पलायन शुरू हुआ है। बम्बई, लुधियाना, दिल्ली, नैनीताल आदि शहरों में रोजी की तलाश के लिए सैकड़ों लड़के चले गये हैं जिनमें से कुछ मस्कट, दुबई, कतर, दोहा आदि अरब देशों में हैं। वहाँ पैसा बहुत कम मिलता है पर भारतीय रुपये में उसका मूल्य बढ़ जाता है। लालच में लड़के खेत और जेवर तक रेहन रख कर जा रहे हैं। यदि अपनी सरकार की कोई रोजगार योजना होती तो वे दूसरे देशों के विकास के लिए अपना खून-पसीना न बहाते। यहाँ मैं अपने गाँव की बात कर रहा हूँ जिसे भारतीय गाँवों के प्रतीक रूप में ग्रहण किया जा सकता है।

मेरे बचपन के गाँव में सवर्ण, पिछड़े, अनुसूचित तथा मुसलमान सभी थे मगर इनके बीच जाति या सम्प्रदाय का कोई संघर्ष कभी नहीं हुआ। झगड़े-टंटे होते भी थे तो पारिवारिक हिस्से बखरे या स्त्री-पुरुष सम्बन्धों को लेकर। लेकिन राजनीति ने अब जाति और सम्प्रदाय का विष घोल दिया है। पिछले दस वर्षों में एक मस्जिद बन गयी है और

एक मदरसा खुल गया है। एक हिन्दू युवावाहिनी, एक लोहियावाहिनी गठित हो गयी है। बसपा का भी एक संगठन है। इन्हें गाँव के लोगों ने नहीं, बाहर से आकर पार्टी नेताओं ने बनाये हैं। गाँव के लोग अब भी इनके प्रति अबोध हैं। मैंने लोहियावाहिनी के एक सदस्य से पूछा वह लोहिया जी का पूरा नाम भी नहीं जानता था। हिन्दूवाहिनी के सदस्य को पता ही नहीं था कि वह किस वाहिनी का सदस्य है। लेकिन ये संगठन आगे रंग लायेंगे। पता चला कि सप्ताह भर पहले हिन्दू-मुसलमानों के बीच टकराव की स्थिति आ गयी थी, दारोगा को आकर धमकी देनी पड़ी। जिस गाँव के सारे लोग अपने को एक ही गाँव का नागरिक मानते रहे, वे जातियों-सम्प्रदायों के आधार पर आमने-सामने खड़े हों, यह स्थिति दुखद है। राजनीति ने गरीबी नहीं मिटाई, बेरोजगारी दूर नहीं की, शिक्षा की उचित व्यवस्था नहीं की, चिकित्सा का प्रबन्ध नहीं किया—तो भी स्वीकार्य था, लेकिन यह क्या कर डाला?

गोरखपुर : 17 फरवरी, 2007

घटना और तथ्य साहित्य के विषय नहीं। साहित्य उनके राग केन्द्रों तक, मूल स्रोतों तक पहुँचता है। उन संकल्पों-विकल्पों तक, जिनसे गुजर कर घटना और तथ्य आकार ग्रहण करते हैं। अम्बपाली का बुद्ध द्वारा दीक्षा-ग्रहण एक तथ्य है पर साहित्यकार अम्बपाली की उस मनःस्थिति में जायेगा जिसमें उसे इतना बड़ा निर्णय लेने का संकल्प करना पड़ा। अपने समय की अप्रतिम सुन्दरी जिसके आगे राजा तक झुक सकते थे, स्वयं बुद्ध के चरणों में झुकने के पहले क्या सोच रही होगी? यह सौन्दर्य के तेज और उसकी नश्वरता का द्वन्द्व है। लेखक इसे महसूस करता है। किसी समाज या देश का सच्चा इतिहास व्यक्ति की वेदना के बिना लिखा नहीं जा सकता। लेखक के पास ही इतना अवकाश होता है कि वह व्यक्ति की चिन्ताओं, आशाओं, आकांक्षाओं, संकल्पों-विकल्पों की गहराई में जा सके। यह कार्य वह अनाम और असंख्य चरित्रों के माध्यम से करता है।

हैदराबाद : 31 मई, 2007

आज मानवाधिकार संगोष्ठी में मेरे व्याख्यान का विषय था–'भक्ति साहित्य में मानवाधिकार की संकल्पना'। मैंने एक वाक्य यह कहा, "राज्य, समाज, धर्म और विचारधारा–ये चारों जब कट्टर होते हैं तो लेखकों और मानवाधिकारों के शत्रु हो जाते हैं।" गोष्ठी के बाद नामवर जी कहने लगे, "आपने सही कहा कि विचारधारा भी शत्रु हो जाती है। बल्कि वह भी शत्रु ही है। मार्क्स खुद भी विचारधारा के विरोधी थे। वे मार्क्सवादी शब्द से चिढ़ते थे।" दोपहर बाद अरुणेश के एक परिचित श्री राजेन्द्र दुबे ने हमें हैदराबाद का भ्रमण कराया। हमने नया और पुराना दोनों हैदराबाद देखा। सालारजंग संग्रहालय, चारमीनार, गोलकुंडा, हाईटेक सिटी, सिकन्दराबाद और हुसेन सागर। सालारजंग भारत के प्रसिद्ध संग्रहालयों में है। इसके बारे में पहले भी सुन और पढ़ चुका था। देखने का अवसर आज मिला। रेबेका की मूर्त्ति की तारीफ सुनी थी जो सचमुच तारीफ के काबिल है। संगमर पत्थर के घूँघट में इस नारी का पूरा चेहरा, आँखें, कुचाग्र और यहाँ तक कि बाँहों के रोम भी साफ-साफ दिखते हैं। संग्रहालय में एक घड़ी है, जिसमें प्रत्येक घंटा पूरा होने पर एक आदमी हथौड़े से घंटा बजाता है। वह घड़ी के भीतर से ही निकलता और उसी में वापस चला जाता है। अपराह्न चार बजे, जब हम वहाँ पहुँचे थे, पूरा हाल खचाखच भरा था। संग्रहालय में एक और मूर्त्ति है जो सामने से देखने पर पुरुष और पीछे से देखने पर नारी लगती है। संग्रहालय में मानव देह की कुछ पेंटिंग्स मुग्ध करने वाली हैं। खास तौर से एक किशोर की नग्न काया और एक स्त्री की नग्न देह जिसे कुछ लोग पकड़े हुए हैं और उसके स्तनों के पास एक शल्य चिकित्सक कोई उपचार करने जा रहा है।

गोलकुंडा के ऐतिहासिक किले के बारे में बचपन से सुनता और पढ़ता रहा हूँ। इसकी ऊँचाई तक चढ़ कर देखना तो सम्भव नहीं हुआ पर प्रवेश द्वार पर ही एक अद्भुत संचार व्यवस्था देखी। यहाँ कुछ बोलने या ताली बजाने पर ध्वनि बिना किसी उपकरण के ऊपर महल तक सुनाई

पड़ सकती है। हैदराबाद के हाईटेक सिटी में बड़ी-बड़ी कम्पनियों के कार्यालय और भव्य भवन दिखे। यह शहर इस समय भारत के अतिमहत्त्वपूर्ण पाँच-छह में एक है। टेक्नालॉजी के लिए विशेष रूप से बंगलौर और हैदराबाद का नाम लिया जाता है। मगर टेक्नालॉजी का लाभ यहाँ की सामान्य जनता को नहीं मिल रहा है। गरीबी की सूची में बिहार और उड़ीसा के साथ आन्ध्र का नाम लिया जाता है। यहाँ नक्सलवाद का भी जोर है। क्या टेक्नालॉजी अमीरों को ही अधिक अमीर बनाने वाली है?

गोरखपुर : 20 जून, 2007

आज मेरा जन्मदिन है। इस तिथि के प्रति मैं उत्सुक और सजग नहीं रहता। इसे भी अन्य दिनों की तरह सामान्य रूप से जीता हूँ। घर तक में किसी को खबर नहीं लगती। यदि कोई मित्र स्मरण न करावें तो यह स्वयं मेरी स्मृति को भी जगाये बिना गुजर जायेगा। आज प्रातः इलाहाबाद से गोरखपुर आते वक्त ट्रेन में वाचस्पति के बधाई फोन से नींद टूटी। फिर अरुणेश का फोन आया। घर पहुँचने पर वशिष्ठ ओझा का। इनकी कृपा है कि मेरी जन्म तिथि याद रखे हुए हैं।

दोपहर ग्यारह बजे लखनऊ से नरेश सक्सेना का फोन आया। उन्हें 'दस्तावेज़' अंक 114 मिला है। उन्होंने कहा, "हिन्दी की सभी पत्रिकाओं में दस्तावेज़ मुझे सबसे अलग और विशिष्ट लगती है। इसकी साज सज्जा ही नहीं, इसमें छपी सामग्री भी। इससे मेरा ज्ञान वर्धन होता है। लेकिन आप वामपन्थ विरोध क्यों जारी रखे हुए हैं?" मैंने कहा, "आपके हाथ में जो अंक है उसी का सम्पादकीय देख जाइये तो पायेंगे कि मैंने सभी दलों के नेताओं का नाम ले लेकर विरोध किया है। इस अंक में 'किसानों की आत्महत्या' शीर्षक सम्पादकीय है। क्या यह वामपन्थ विरोध है?" सक्सेना ने मेरी बात को स्वीकार किया। असल बात यह है कि यह वामपन्थी दुष्प्रचार है और वे अपने दल की आलोचना बर्दाश्त नहीं कर पाते। यह संयोग है कि नरेश जी के बाद गिरिराज किशोर का फोन आया और उन्होंने भी इस अंक के सम्पादकीय की प्रशंसा की।

गोरखपुर : जुलाई, 2007

किसी भी भाषा में कुंठित लेखकों की कमी नहीं है। हर शहर में कुछ ऐसे हैं जिनकी शिकायत है कि उनकी उपेक्षा हो रही है। एक दो की शिकायत कुछ सही भी हो सकती है क्योंकि हिन्दी में पिछले कुछ दशकों से लेखक संगठनों के कारण साहित्यिक माहौल धूमिल हुआ है तथा कुछ लेखक अन्य कारणों से चर्चित हो गये हैं। मगर शिकायत करने वाले अधिकांश लेखकों का भुनभुनाना और बिसूरना निराधार है। उनमें न प्रतिभा है, न अध्ययन, न दृष्टि की चमक न सर्जनात्मक भाषा। अपना लिखा सब को अच्छा लगता है लेकिन जब वह दूसरों को प्रभावित करे तब न। किसी को पद और पुरस्कार तो साहित्येतर प्रयत्नों से प्राप्त हो सकता है पर यश तो उसे आत्मप्रचार या सिफारिश से नहीं ही मिला करता। जिन लेखकों की अपने कर्म में गहरी आस्था नहीं होती वे कुंठित हो जाते हैं। जो अपने लेखन को ही सिद्धि मानते हैं वे लिखते भी रहते हैं और देर-सवेर प्रतिष्ठित भी होते हैं। लेखक की दुनिया में देर है पर बहुत अँधेर नहीं।

एक बार प्रो. रघुवंश जो दोनों हाथों से विकलांग हैं और गिलास का पानी भी दाँत से उठा कर पीते हैं ने कहा था, 'यदि कर्म में मेरी गहरी आस्था न होती तो मैं कटोरा लेकर किसी रेलवे स्टेशन पर भीख माँग रहा होता। लोकतन्त्र में एक अच्छी बात है कि कोई भी व्यक्ति अपनी क्षमता के अनुसार किसी भी ऊँचाई तक पहुँच सकता है।'' वस्तुतः यह मनोवैज्ञानिक तथ्य है कि हर आदमी अपनी क्षमता भर प्रयत्न जरूर करता है। जो वह नहीं कर पाता, समझना चाहिए कि उसकी क्षमता उसमें नहीं है। लोकतन्त्र में असमानता है, गलाकाट प्रतिस्पर्धा है मगर जो संघर्ष करते हैं उनके लिए सम्भावना भी है।

मैं कभी-कभी सोचता हूँ, आखिर लेखक नाम का प्राणी इतना आत्मलिप्त क्यों हो जाता है कि खुद को ही सारे सम्मानों के लिए सुयोग्य मान बैठता है और परिणामतः कुंठित हो जाता है? क्यों नहीं तटस्थ होकर अपने लेखन की कमजोरियों पर विचार कर पाता? किसी भी लेखक की सिद्धि इसमें है कि वह पाठक में अपने लेखन का कितना स्वाद पैदा करता है। कुछ ऐसे लेखक हैं

जिनका लिखा पाठक ढूँढ़ कर पढ़ता है। उनका लेखन ही पाठक से उनके जुड़ने का सूत्र होता है और ऐसे ही लेखक अन्त में मान्यता प्राप्त करते हैं—चाहे इसमें समय जितना भी लग जाय।

गोरखपुर : जुलाई, 2007

अन्न के बिना कोई व्यक्ति महीना-दो महीना जीवित रह सकता है। जल के बिना हफ्ते-दो हफ्ते। धूप के बिना चार-छह महीने या कुछ और। हवा के बिना पाँच-दस-बीस मिनट। मगर जिन्दगी से विश्वास उठ जाये तो कोई मनुष्य क्षण भर भी जिन्दा नहीं रह सकता।

गोरखपुर : अगस्त, 2007

दूसरों का दुख देखने से अपना दुख कम होता है। दूसरों का सुख देखने से अपना सुख कम होता है। दूसरों के दुख में सहभागी बनने से आत्मसन्तोष होता है। दूसरों के सुख में सहभागी बनने से असन्तोष होता है। दूसरों का दुख संवेदनशील बनाता है। दूसरों का सुख ईर्ष्यालु और कुंठित।

गोरखपुर : 9 सितम्बर, 2007

जब कोई गम्भीर पाठक या साहित्यिक मित्र किसी पुस्तक या लेख को पढ़ने के लिए आग्रह करता है तो उसे मँगा कर देखने की कोशिश करता हूँ। आज जुलाई, 2007 की 'कथादेश' पत्रिका मँगा कर देखा जिसमें असीमा भट्ट का एक आत्मकथात्मक लेख छपा है। असीमा ने आरोप लगाया है कि आलोकधन्वा सुहागरात से ही उसे उत्पीड़ित करते रहे। मैं दोनों को व्यक्तिगत रूप से नहीं जानता अतः कुछ निष्कर्ष नहीं निकाल सकता। आलोक धन्वा एक क्रांतिकारी मार्क्सवादी कवि माने जाते हैं और उन्होंने स्त्रियों-बेटियों के बारे में भी संवेदनशील कविताएँ लिखी हैं। मैं पिछले चालीस वर्षों से इस विडम्बना के बारे में सोचता रहा हूँ कि एक असंवेदनशील कवि एक श्रेष्ठ रचना कैसे कर देता है? दुनिया भर के साहित्य में इसके उदाहरण हैं। 1970 के आसपास इसी मनःस्थिति

में एक लेख लिखा था—'रचना और रचनाकार की ईमानदारी'—जो मेरी पुस्तक 'नये साहित्य का तर्कशास्त्र' (1975) में प्रकाशित है। विचार प्रक्रिया में मैंने अन्तर्विरोध का एक कारण भी ढूँढ़ लिया था कि रचना के क्षण में रचनाकार की मनःस्थिति कुछ दूसरी होती है और शेष क्षणों में वह सामान्य प्राणी हो जाता है। मगर काव्यशास्त्र का यह जटिल प्रश्न मेरे मन में आज तक घुमड़ता रहता है। रचनाकार रचना के क्षण में जब एक बार बदलता है तो उस बदले हुए क्षण का प्रभाव उसके शेष समय पर क्यों नहीं रहता है? क्या जो रचना स्वयं रचनाकार के भीतर से निकलने के बावजूद उसे नहीं बदल सकी, वह पाठक को बदल सकेगी? भारतीय संत, भक्त कवि स्वयं को बदलने पर जोर देते हैं जबकि मार्क्सवादी विचारक दुनिया को। जिसके 'स्व' में बदलाव लक्षित न हो समझना चाहिए कि उसमें दुनिया को बदलने की भीतरी तड़प नहीं है।

पलाश रीजेंसी, भोपाल : 15 सितम्बर, 2007

पिछले तीन दिन (12,13,14 सितम्बर) मध्यप्रदेश सरकार संस्कृति विभाग के आदिवासी लोक कला और तुलसी अकादमी तथा मानस प्रतिष्ठान के तत्वावधान में तुलसी पर व्याख्यान देता रहा। रोज एक-डेढ़ घंटे। तीनों दिन व्याख्यान के अलग-अलग विषय थे—'तुलसी का समय और उनका यथार्थ', 'तुलसी का लोक मंगल' और 'तुलसी का कवित्व'। इसे सुनने के लिए मेरे पूर्व परिचित मित्रों में थे श्री रमेशचन्द्र शाह, अच्युतानन्द मिश्र, गोविन्द मिश्र, कैलाशचन्द्र पन्त, रमेश दवे, कपिल तिवारी, ध्रुव शुक्ल, विजय बहादुर सिंह, देवेन्द्र दीपक, उर्मिला शिरीष और ज्योत्स्ना मिलन आदि। तुलसी अकादमी के निदेशक अवधेश प्रसाद पांडे, मानस प्रतिष्ठान के निदेशक रमाकान्त दुबे के साथ तुलसी प्रेमी कई अवकाश प्राप्त आई.ए.एस., आई.पी.एस., हाईकोर्ट के न्यायाधीश आदि भी तीनों दिन उपस्थित रहे। यह पूरा व्याख्यान टेप है और इसे अकादमी को प्रकाशित करने की अनुमति दे दी है। यह एक पुस्तिका बन जायेगी जिसमें नया कुछ भी नहीं होगा पर उसकी प्रस्तुति मेरी अपनी होगी। इससे अधिक की योग्यता मुझ में है भी नहीं। इस वर्ष तुलसी जयन्ती पर

मैंने पाँच व्याख्यान दिये– एक हिन्दी संस्थान, लखनऊ में, दूसरा लखनऊ विश्वविद्यालय के हिन्दी विभाग में और तीन यहाँ। यही इस वर्ष अपनी परम्परा के सबसे बड़े कवि के प्रति मेरी श्रद्धांजलि है।

श्री गेस्ट हाउस, कोलकाता : 28 सितम्बर, 2007

प्रातः साढ़े सात बजे टेलीविजन खोला। लता मंगेशकर का चित्र देख कर मन प्रसन्न हो गया। आज उनका 79 वाँ जन्मदिन है। प्रकृति ने उन्हें अद्‌भुत स्वर दिया है। उन्होंने अब तक विभिन्न भाषाओं में लगभग चालीस हजार गीत गाये हैं। उनके स्वर ने लाखों लोगों को आनन्द और शान्ति दी है। व्यक्ति के भीतर ऐसा ऐश्वर्य प्रकृति की कृपा से प्रकट होता है। इसे केवल अभ्यास द्वारा नहीं प्राप्त किया जा सकता। ऐसा जहाँ कहीं दिखाई पड़ता है, देखने वाले के चित्त को प्रसन्न कर देता है। जब-जब ऐसा ऐश्वर्य जहाँ-जहाँ देखता हूँ, विधाता की कृपा के प्रति कृतज्ञ हो जाता हूँ।

भारतीय भाषा परिषद में हजारी प्रसाद द्विवेदी शतवार्षिकी संगोष्ठी का आज पहला दिन था। सायंकाल महाश्वेता देवी ने उद्‌घाटन किया। मैंने महाश्वेता जी को पहली बार मंच से सुना है। वे 82 वर्ष की हैं। प्रसिद्ध लेखिका के अतिरिक्त एक सक्रियकर्मी (ऐक्टिविस्ट) भी हैं। आदिवासियों के बीच काम कर चुकी हैं। वामपन्थी होते हुए भी वाम नेताओं के जन विरोधी चरित्र का खुले आम सड़कों तक पर विरोध कर चुकी हैं। उन्होंने सिंगूर और नंदिग्राम में किसानों के विरुद्ध की गयी कार्रवाई के लिए पश्चिम बंगाल के मुख्यमंत्री बुद्धदेव भट्‌टाचार्य की सरकार का कड़ा विरोध किया था। उनके इस निर्भीक बयान को 'दस्तावेज' अंक 115 के सम्पादकीय में अविकल प्रकाशित करते हुए मैंने उनके साहसपूर्ण कदम का समर्थन और उनकी प्रशंसा की है। मगर आज उनके भाषण ने निराश किया। वे बीस-पच्चीस मिनट बोलीं पर प्रायः अपने ही बारे में, और इस संक्षिप्त भाषण में भी दो-तीन बार यह बताना न भूलीं कि वे मुख्यमन्त्री बुद्धदेव को 'तुम' कह कर डाँट दिया करती हैं तथा राज्यपाल श्री गोपाल कृष्ण गाँधी

उनके लड़के के समान हैं। अगर वे इन सब का उल्लेख न करती तो भी श्रोता इससे परिचित थे। क्या इसके बिना उनका व्यक्तित्व महत्त्वपूर्ण नहीं है? क्या सत्ताधारियों से अपने सम्बन्धों का जिक्र किये बिना कोई लेखक श्रोताओं को प्रभावित नहीं कर सकता?

गोरखपुर : 20 अक्तूबर, 2007

कहा जाता है कि प्रभु ने मनुष्य को भाषा इसलिए दी है कि वह अपने को अभिव्यक्त न कर सके। भाषा में दोनों शक्तियाँ होती हैं—अपने को अभिव्यक्त करने की और छिपाने की भी। पढ़े-लिखे विद्वान, व्यवसायी, राजनीतिज्ञ, धूर्त और बेईमान भाषा से अपने को छिपाने का काम लेते हैं। सरल चित्त किसान, आदिवासी, संतभक्त और सच्चे लोग ऐसा नहीं करते। जिन्हें भाषा का आडम्बर प्राप्त नहीं होता वे भाव में बोलते हैं, खामोशी में, अटपटी वाणी में। उनकी वाणी में सत्य निवास करता है। महान कविता निश्छल चित्त से ही सम्भव है। जो चित्त संकीर्णताओं और तुच्छताओं से मुक्त होता है, जिसमें अहंकार का विसर्जन हो गया होता है, उसमें जो शब्द निकलते हैं वे पूजा के फूल की तरह होते हैं। शब्द के साथ कवि का सम्बन्ध बढ़ई या मिस्त्री जैसा नहीं होता, न कविता बुनावट या चालाकी मात्र होती है। तरल निर्मल चित्त को शब्दों से जूझना नहीं पड़ता। उसमें शब्द, बिम्ब, प्रतीक आदि हरसिंगार पुष्प की तरह टपकने लगते हैं। जैसा कि तुलसीदास ने कहा है—"भगति हेतु निज भवन बिहाई, उठति सारदा धावति आयी।।"

गोरखपुर : 26 जनवरी, 2008

आज अपनी माँ के साथ दो छोटे-छोटे बच्चे आये थे जो मेरे पोते के साथ मेरे कमरे में खेल रहे थे। बड़े की उम्र लगभग नौ वर्ष थी और छोटे की पाँच वर्ष। मैंने बड़े से दोनों का नाम पूछा। उसने अपना नाम 'शाश्वत' बताया और छोटे का 'सिद्धान्त'। लेकिन मुझे 'सिद्धान्त' की जगह 'सिद्धार्थ' सुनाई पड़ा।

जब मैंने दुबारा पूछा तो वह बोला, इसका नाम सिद्धार्थ नहीं सिद्धान्त है। सिद्धार्थ नाम होगा तो यह जिन्दगी का क्या मजा लूटेगा? नौ वर्ष के बच्चे का यह वाक्य मुझे बिजली के झटके सा लगा। वह बच्चा जानता था कि सिद्धार्थ घर छोड़ कर भिक्षु हो गया था। मैं सोचने लगा कि हम लोग सिद्धार्थ को इसलिए महान मानते हैं क्योंकि उसने अपना राजपाट और गृहसुख त्याग कर संन्यास ग्रहण किया लेकिन यह बच्चा ठीक इसके उलटे सोच रहा है। ये दो परस्पर विरोधी जीवन दृष्टियाँ हैं। एक ओर त्याग और तप, दूसरी ओर भोग और सुखेच्छा। आजकल हर शहर में बड़े-बड़े बोर्डों पर लिखा एक वाक्य नजर आता है—"यह मन माँगे मोर"। पहली बार इस विज्ञापन को पढ़ कर मैं कुछ समझ नहीं पाया। 'मोर' शब्द को हिन्दी का समझ कर मैं वाक्य की संगति नहीं बिठा पा रहा था। बहुत बाद में मैने समझा कि यह अंग्रेजी का शब्द है और इस वाक्य में अनियंत्रित भोग की तृष्णा व्यक्त की गयी है। 'जीने का मजा' से उस नन्हे बालक का यही मतलब था।

दिल्ली : 8 मई, 2008

कल (7 मई) प्रातः 6 बजे आगरा से चल कर साढ़े दस बजे दिल्ली स्टेशन से सीधे साहित्य अकादेमी पहुँचा। 11 बजे से 5 बजे तक अकादेमी के आगामी कार्यक्रमों को अन्तिम रूप देता रहा। वहीं से कई लेखकों को फ़ोन किया। 10-11 मई को हिन्दी सलाहकार मंडल की बैठक धर्मशाला में होनी है और 20-21 मई को वाराणसी में हजारी प्रसाद द्विवेदी पर एक राष्ट्रीय संगोष्ठी। हिन्दी सलाहकार मंडल का संयोजक होने के नाते कार्यक्रमों की चिन्ता स्वाभाविक है। अकादेमी साहित्य की सर्वोच्च संस्था है जिस पर देश भर के लेखकों की निगाह रहती है और वे इससे जुड़ना चाहते हैं। हिन्दी में लेखकों की संख्या बहुत अधिक है। सतर्क रहना पड़ता है कि लेखक सन्तुष्ट रहें और कार्यक्रमों का स्तर भी न गिरे। जब से मैं संयोजक हुआ हूँ लेखकों ने मुझसे कुछ ज्यादा ही आशाएँ लगा रखी हैं। मुझे उनके अनुरूप अपने को प्रमाणित करना चाहिए। मैं चाहता हूँ कि अकादेमी के कार्यक्रम सुदूर अंचलों में हों और वहाँ के लेखक उससे जुड़ें। जिनकी भागीदारी नहीं के बराबर थी, वे भी उसमें शामिल हों।

कल रात चित्रा मुद्गल का फोन आया। 'दस्तावेज' के अंक 117 का सम्पादकीय वे पढ़ चुकी थीं। उसमें 'वाक्' पत्रिका के प्रवेशांक के सम्पादकीय की भाषा पर आपत्ति की गयी थी। मेरी टिप्पणी के लिए धन्यवाद दे रही थीं और 'दस्तावेज' की अन्य सम्पादकीय टिप्पणियों की प्रशंसा कर रही थीं। इस प्रकार की प्रतिक्रियाओं से सम्पादकों का मनोबल दृढ़ होता है।

धर्मशाला : 12 मई, 2008

9 मई को एयर डेकन की उड़ान द्वारा धर्मशाला पहुँचा। साहित्य अकादेमी के हिन्दी सलाहकार मंडल की प्रथम बैठक यहाँ 11 मई को थी। कांगड़ा (इसका पुराना और स्थानीय नाम गग्गल है) हवाई अड्डे से धर्मशाला कार द्वारा आधे घंटे की दूरी पर है। हम हिमाचल पर्यटन निगम के होटल धौलाधार में रुके। सामने धौलाधार की बर्फीली चोटियाँ हैं जो इस मई की गर्मी में भी हिमाच्छादित हैं। हमारा होटल शहर के बीच ऊँचाई पर है मगर इससे भी 11 किलोमीटर दूर सामने वाली ऊँचाई पर दलाईलामा का निवास है—मैकलूडगंज। मैंने दलाईलामा से मिलने का समय माँगा था पर उस समय वे अमेरिका में थे। उनके सचिवालय ने विनम्रतापूर्वक सूचित किया है कि इन तिथियों में उनसे मुलाकात सम्भव नहीं है। मैंने यह अनुमान पहले ही कर लिया था। इस समय चीन के साथ दलाईलामा की बातचीत चल रही है और चीन में होने वाले ओलंपिक खेलों का तिब्बतियों द्वारा हो रहे विरोध के चलते माहौल कुछ ज्यादा ही गर्म है।

परसों (10 मई) धर्मशाला के लेखक गृह में हिमाचल के कवियों का काव्य पाठ था। मैंने सलाह दी है कि सलाहकार मंडल की बैठक के साथ उस स्थान के रचनाकारों का रचना पाठ भी रखा जाय ताकि अकादेमी कार्यक्रमों में उनकी भागीदारी हो। इस संगोष्ठी में कैलाश वाजपेयी की कविता मैंने पहली बार सुनी। वे दार्शनिक मिजाज के कवि हैं जिनमें अवसाद और शून्यता बोध का रंग गाढ़ा है।

हम लोग (कैलाश वाजपेयी, इन्द्रनाथ चौधुरी, सुदर्शन वशिष्ठ, माधव कौशिक, कौशलनाथ उपाध्याय, शंभु बादल, उषा सिन्हा, देवेन्द्र दीपक, योगेन्द्र

नाथ शर्मा 'अरुण', त्रिभुवनाथ शुक्ल, ब्रजेन्द्र त्रिपाठी) स्व. शोभा सिंह आर्ट गैलरी देखने अन्द्रेटा गये जो धर्मशाला से लगभग 50 किलोमीटर दूर है। आर्ट गैलरी छोटी-सी है। शोभा सिंह की बेटी ने उनके निवास को ही संग्रहालय का रूप दे दिया है। केवल तीन कमरों का घर है। छोटा-सा परिसर। बाहर दरवाजे पर चार लीची के वृक्ष। पीछे के परिसर में एक पीला गुड़हल, कुछ और वृक्ष। एक सूखा फौवारा। बाहर बँधी दो गायें। एक चारा काटने की मशीन। एक किसान गृहस्थ परिवेश। अन्दर के कमरों को वैसे ही सुरक्षित रखा गया है जैसे वे शोभा सिंह के जीवन काल में थे। उनकी पलँग, बैठने की कुर्सी, कूचियाँ, रंगों के डिब्बे और वह फलक भी जिस पर वे अपने जीवन का आखिरी चित्र बना रहे थे—संत रैदास का, जो अधूरा है। दीवारों पर सोहिनी महिवाल, भगत सिंह, नानक देव, गुरु गोविन्द सिंह आदि की पेंटिंग्स टँगी हैं। शोभा सिंह ने सिख गुरुओं को चित्रों में उतार कर संसार भर में पहुँचा देने का महत्त्वपूर्ण कार्य किया था। इस छोटे से संग्रहालय को जिस समर्पण से उनकी बेटी ने संरक्षित रखा है उसे देख कर मुझे मास्को के तालस्तोय संग्रहालय की याद आ गयी, जिसे उनकी बेटी या पोती ने व्यवस्थित किया था। संग्रहालय के प्रवेश द्वार में घुसते ही कुर्सी पर बैठी शोभा सिंह की मूर्ति ऐसी सजीव है जैसे वे स्वयं स्नानोपरान्त बाल-दाढ़ी सँवार कर स्वच्छ वस्त्रों में बैठे हों। मैं संग्रहालय में घुसते ही उन्हें नमस्कार करने ही जा रहा था कि ध्यान आया, अरे, शोभा सिंह तो स्वर्गीय हो चुके हैं। इतनी जीवन्त है उनकी मूर्ति। इसे पंजाब के किसी कलाकार ने बनाई है।

शोभा सिंह संग्रहालय के पास ही (लगभग दो किलोमीटर) नोरा रिचर्ड्स हाउस है। नोरा एक ब्रिटिश महिला थीं जिन्होंने पहाड़ों और जंगलों के बीच मिट्टी की दीवालों का अपना एक छोटा-सा घर बनाया और उसके सामने एक मुक्ताकाशी रंगमंच (ओपन एयर थियेटर) स्थापित किया। उन्होंने लन्दन के आधुनिक जीवन को छोड़ यहाँ वन्य प्रकृति के बीच एक सुविधाहीन जीवन का चुनाव किया। उन्होंने यहाँ एक लेखक गृह का भी निर्माण किया जिसमें कई कमरे हैं। अब यह सब कुछ उपेक्षित और उदास पड़ा है। पटियाला विश्वविद्यालय ने इस परिसर को संरक्षित करने का जिम्मा लिया है। मगर विश्वविद्यालय के शिलापट के अतिरिक्त उसकी और कोई

भूमिका नजर नहीं आयी। नोरा रिचर्ड्स की प्रेरणा से यहाँ कई कलाकारों ने अपने काटेज बनाये थे, जैसे कि प्रसिद्ध चित्रकार रामकुमार ने, पर इनको दूर से ही देख कर लग जाता है कि अब इनमें कोई नहीं रहता।

अन्द्रेटा से लौटते हुए रास्ते में हम लोगों ने प्रसिद्ध चामुण्डा देवी का दर्शन किया। उस समय आरती चल रही थी और हमें वी.आई.पी. दर्शन की सुविधा मिली। किसी मन्दिर में वी.आई.पी. व्यवस्था असभ्यता लगती है।

हम लोग पास में ही नड्डी नामक स्थान पर गये जहाँ से हिमालय पर्वत शृंखला की बर्फीली चोटियाँ पास से दिखती हैं। लौटते हुए भाग सू नाग नामक स्थान पर रुके जो एक छोटा-सा कस्बा है और जहाँ एक प्रसिद्ध शिव मन्दिर है। वहाँ कथाकार वल्लभ डोभाल से भेंट हुई। श्री बी. सी. खन्ना भी मिले जो 'दस्तावेज' के पुराने ग्राहक और पाठक हैं। उन्होंने हम लोगों के कई चित्र लिये। खन्ना और डोभाल दोनों ऐसे मृदु और सहज स्नेही हैं जो पहाड़ में ही निवास कर सकते हैं।

भाग सू नाग से लौटते हुए हम लोगों ने मैकलूडगंज में दलाई लामा का आवास और उनका मन्दिर देखा। इस परिसर में देवदारु के बहुत से वृक्ष हैं जो भवनों के बीच-बीच में भी हैं। उन्हें संरक्षित रखते हुए भवन निर्माण किया गया है।

आज प्रातः हम लगभग 50 किलोमीटर दूर ज्वाला देवी मन्दिर गये। बहुत दिनों से इस मन्दिर की चर्चा सुनता था और आश्चर्य करता था कि कैसे वहाँ पहाड़ के बीच निरन्तर लपट निकलती रहती है। वहाँ भी वी. आई.पी. दर्शन हुआ। लाइन इतनी लम्बी थी कि घंटों लग जाता। लेकिन ईश्वर के दरबार में भी बेईमान लोग पक्षपात कर ही लेते हैं।

वाराणसी : 22 मई, 2008

20-21 मई को यहाँ हजारी प्रसोद द्विवेदी जन्मशती पर साहित्य अकादेमी का आयोजन था। काशी विद्यापीठ के गाँधी हाल में लगभग साढ़े तीन सौ श्रोता दोनों दिन उपस्थित रहे। इस संगोष्ठी का उद्घाटन नामवर सिंह ने और अध्यक्षता अशोक वाजपेयी ने की। ये दोनों पिछले

पाँच वर्षों से अकादेमी कार्यक्रमों से दूरी बनाये थे। अकादेमी अध्यक्ष के चुनाव में इन्होंने गोपीचंद नारंग के विरुद्ध महाश्वेता देवी को खड़ा किया था जो चुनाव हार गयीं। तभी से वे अकादेमी के प्रति उदासीन हो गये। लेकिन मेरे अनुरोध पर दोनों इस आयोजन में शामिल हुए। उनका आभारी हूँ। मैं अकादेमी को खुला मंच बनाये रखना चाहता हूँ जिसमें विभिन्न विचारधाराओं के अधिक से अधिक लेखक कार्यक्रमों में शामिल हों। मेरे कार्यकाल में यह दूसरा आयोजन है। पहला मार्च में महादेवी वर्मा पर दिल्ली में था। एक में जो लेखक आमंत्रित थे, दूसरे में उन्हें नहीं शामिल किया गया। हिन्दी में लेखकों की संख्या बहुत है, अकादेमी को सबका सहयोग मिलना चाहिएं।

आज प्रातः गंगा और विश्वनाथ जी का दर्शन किया। साथ में इन्द्रनाथ चौधुरी, रामवचन राय, गिरीश पंकज, ज्योतिष जोशी, रवीन्द्र त्रिपाठी, ब्रजेन्द्र त्रिपाठी आदि थे। इस बार काफी दिनों बाद मन्दिर गया था। सुरक्षा की ऐसी दीवार बनी है जिसे पार करने में कठिनाई हुई। पहले जहाँ पन्द्रह मिनट में दर्शन करके लौट जाता था अब घंटों जाँच प्रक्रिया से गुजरना पड़ता है। ऐसा लगता है आगे से प्रभु को दूर से ही प्रणाम करके सन्तोष करना होगा।

रायपुर : 25 मई, 2008

कल (24 मई) सायंकाल अष्टभुजा शुक्ल के साथ रायपुर आया। 'हरिभूमि' अखबार के सम्पादक श्री संजय द्विवेदी ने ब्रजलाल द्विवेदी पत्रकारिता पुरस्कार स्थापित किया है जो पहली बार 'वीणा' को दिया गया। 'वीणा' उन पत्रिकाओं में है जिसका नाम हम विद्यार्थी जीवन से सुनते आ रहे हैं। दूसरा पुरस्कार 'दस्तावेज' को दिया गया है। पुरस्कार राशि तो कुछ नहीं है पर भाव की बात है। संजय ने गोरखपुर जाकर महीनों पहले 25 मई की तिथि पर यहाँ पहुँचने का वचन लिया था। देश भर की पत्र-पत्रिकाओं में उन्होंने इतना प्रचार किया कि मैंने उनसे कहा, अब पुरस्कार देने की जरूरत नहीं है, प्रचार ही पर्याप्त है। संजय सक्रिय और व्यवहार कुशल पत्रकार

हैं, ऐसा उनके साथ एक ही दिन बिताने के बाद महसूस किया। आज रायपुर में उसी पुरस्कार का आयोजन था। अच्छा लगा कि समारोह में किसी मन्त्री या नेता को नहीं बुलाया गया। पुरस्कार कवि श्री विनोद कुमार शुक्ल के हाथों दिलवाया। मंच पर कथाकार जया जादवानी, रायपुर विश्वविद्यालय के कुलपति श्री सच्चिदानन्द जोशी और अष्टभुजा शुक्ल थे। इस प्रकार आयोजन पूरी तरह साहित्यिक लगा।

रायपुर : 26 मई, 2008

आज प्रातः संजय द्विवेदी हमें राजिम ले गये। यह नाम मेरे लिए परिचित था। एकान्त श्रीवास्तव जब अपनी कविताएँ मुझे भेजते थे तो उस पर राजिम का पता लिखा होता था। लेकिन इस स्थान का छत्तीसगढ़ में और दूर-दूर तक एक विशिष्ट सांस्कृतिक महत्त्व है, यह मैं नहीं जानता था। मुझे बताया गया कि यहाँ तीन नदियों—पैरी, सोढ़ू और महानदी का संगम है। अतः यहाँ कुम्भ भी लगता है जिसमें लाखों श्रद्धालु पहुँचते हैं। महानदी यहाँ निकट से निकलती है जिसे मैंने भुवनेश्वर जाते हुए कटक के ठीक पहले कई बार देखा है। यह विपुल जल राशि वाली चौड़ी और सुन्दर नदी है। राजिम में हमने दो पुराने मन्दिर देखे—राजीव लोचन और कुलेश्वर महादेव। राजीव लोचन एक पुराना विष्णु मन्दिर है जिसका परिसर काफी बड़ा है। राजिम में स्थानीय पत्रकार श्री शर्मा हम लोगों के साथ थे। राजिम से लौटकर सायंकाल हम लोग (मैं, अष्टभुजा, विनोद कुमार शुक्ल सपत्नीक और सच्चिदानन्दन जोशी सपत्नीक) जादूगर श्री ओ. पी. शर्मा का मैजिक शो देखने गये। उसका उद्घाटन हमें ही करना था। शर्मा के पुत्र जूनियर ओ.पी. शर्मा ने एक कटोरी में कुछ कागज रख कर मुझसे जलाने को कहा। मेरे कागज जलाते ही उस छोटी सी कटोरी से कबूतर निकाल कर उन्होंने चमत्कृत कर दिया। फिर तो उन्होंने चमत्कारों की झड़ी लगा दी। दर्शकों की बुद्धि नहीं काम कर रही थी। जादूगर जो दिखाना चाहता था, हम वही देख रहे थे।

गोरखपुर : 18 अगस्त, 2008

दोपहर में लखनऊ से नरेश सक्सेना का फोन आया। उन्हें 'दस्तावेज' का अंक 118 मिला है जिसके सम्पादकीय में 'बच्चों के बारे में' मेरी टिप्पणी की वे प्रशंसा कर रहे थे। इस बातचीत में उन्होंने 'कवि एकादश' नामक संकलन की चर्चा की जो हाल ही में मेधा प्रकाशन से अनिल जनविजय और लीलाधर मंडलोई के सम्पादन में प्रकाशित हुआ है। इसके ग्यारह कवियों (विष्णुचन्द्र शर्मा, मलय, चन्द्रकान्त देवताले, विजेन्द्र, विनोद कुमार शुक्ल, भगवत रावत, नरेश सक्सेना, ऋतुराज, वेणुगोपाल, सुदीप बनर्जी) में मेरा भी एक नाम है। नरेश जी कह रहे थे कि मेरी कविताएँ उन्हें बहुत अच्छी लगीं। बता रहे थे कि इस संग्रह में मेरा नाम शामिल किया जाना कुछ लोगों को अच्छा नहीं लगा। लेकिन उनके अनुसार मेरी कविताओं पर सबकी राय अच्छी है। इस बारे में उनकी बात चन्द्रकान्त देवताले और विश्वनाथ त्रिपाठी से हुई है। दोनों इन कविताओं की तारीफ कर रहे थे। बल्कि नरेश जी के अनुसार विश्वनाथ त्रिपाठी को तो मेरी 'आरा मशीन' कविता की कई पंक्तियाँ याद थीं। कहानीकार अखिलेश ने कुछ दिन पहले बताया था कि भगवत रावत के अनुसार मेरी कविताएँ संकलन में शामिल किसी कवि की कविता से कमजोर नहीं हैं। नरेश जी ने यह भी बताया कि बीमार चल रहे सुदीप बनर्जी को वे देखने गये थे जिन्होंने विनम्रतापूर्वक कहा कि उनकी कविताएँ संग्रह की सबसे कमजोर कविताएँ हैं। इस पर नरेश जी ने उनसे कहा कि कमजोर तो वास्तव में विष्णुचन्द्र शर्मा और विजेन्द्र की कविताएँ हैं, जो प्रगतिशील माने जाते हैं।

हावड़ा रेलवे प्रतीक्षालय : 24 अगस्त, 2008, रात 9 बजे

आज रात 10 बजे की गाड़ी से मुझे राँची जाना है। होटल का कमरा चेकआउट टाइम अर्थात दोपहर एक बजे ही छोड़ दिया। चाहता तो रख सकता था, भुगतान साहित्य अकादेमी को करना था, पर दो हजार रुपये का कमरा गोष्ठी समाप्ति के बाद रखना मुझे उचित नहीं लगा। दोपहर एक बजे पूर्व निश्चित समय से अमरनाथ आ गये। समय काटने के लिए वे मुझे रवीन्द्र सदन ले गये जो चौधुरी गेस्ट हाउस के पास ही है। हमने रवीन्द्र

सदन का एक चक्कर लगाया फिर भी अभी ढाई बजे थे। अब क्या करें? अमरनाथ ने फिल्म देखने का प्रस्ताव किया जिसे पहले तो मना किया, फिर राजी हो गया। उस परिसर में दो फिल्में लगी थीं—'बाम्बे मेरी जान' और 'हेलो कलकत्ता'। मैंने हेलो कलकत्ता देखना पसन्द किया। हाल बहुत छोटा था। साधारण कुर्सियाँ लगी थीं, सबके लिए एक ही दर्जा, टिकट केवल बीस रुपये। पता चला यह सरकारी सिनेमा हाल है। मैं लगभग 30 वर्षों बाद किसी सिनेमाहाल में बैठा था। आखिरी फ़िल्म अंग्रेजी में एटनबरो की 'गाँधी' देखी थी। आज की फ़िल्म दो घंटे की छोटी-सी थी, जिसमें कलकत्ता का आधुनिक जीवन, उसकी विलासिता और विवशता कुछ थोड़े से चरित्रों द्वारा चित्रित थी। फिल्म 5 बजे समाप्त हो गयी। अब क्या करें? चाय पीकर पुनः पैदल ही चौधुरी गेस्ट हाउस लौटे जहाँ रिसेप्शन पर 6.30 तक बैठे रहे। फिर सामान लेकर टैक्सी से 7 बजे हावड़ा स्टेशन पहुँच गये। वहाँ पता चला गाड़ी तीन घंटे विलम्ब से है। अर्थात् ट्रेन अब 10.15 की जगह 1.15 बजे जायेगी। छह घंटे कैसे काटेंगे? मैंने अमरनाथ को आग्रह करके विदा कर दिया। प्रतीक्षा जैसी कष्टकर ऊब को मुझे तो मजबूरी में झेलना है, एक और व्यक्ति को मजबूर क्यों करूँ? प्रतीक्षालय में बैठ कर हाथों और आँखों का सनीचर उतार रहा हूँ। जय हो, भारतीय रेल।

शारदा एक्जीक्यूटिव होटल, पुणे : 18 अक्तूबर, 2008

कल दिल्ली से अपराह्न की उड़ान से 6 बजे सायंकाल पुणे पहुँचा। यहाँ साहित्य अकादेमी ने 18-19 अक्तूबर को उत्तर-पूर्व और पश्चिम क्षेत्र के भारतीय लेखकों का एक सम्मेलन आयोजित किया है। इसमें तेरह भाषाओं (असमी, चकमा, गुजराती, कोंकणी, मराठी, नेपाली, सिन्धी, बँगला, मणिपुरी, अंग्रेज़ी, हिन्दी, कोकवरोक और बोडो) के कवियों—कहानीकारों का रचनापाठ है। आज चन्द्रकान्त बांदिवडेकर मिलने आये और शाम तक साथ रहे। सूर्यभानु गुप्त ने सुझाव दिया कि श्रोताओं की रुचि के अनुकूल ही कविताएँ पढ़ूँ। उन्होंने बताया कि एक बार श्रीनरेश मेहता और अंचल जी ने कविताएँ पढ़ीं तो श्रोताओं की बेरुखी से बहुत आहत हुए। मगर आज

जब मैंने अपनी तीन कविताएँ (आरा मशीन, पुस्तकें, मनुष्यता का दुःख) पढ़ीं तो श्रोताओं ने सबसे अधिक मेरी कविताओं को सराहा। मैं सोचने लगा कि अवसर मिलने पर मुझे अपनी कविताओं का पाठ करना चाहिए। पाठ से कविताएँ अधिक सम्प्रेषित होती हैं। हमारे यहाँ इसे महत्त्व भी दिया गया है। राजशेखर ने 'काव्य मीमांसा' में पाठ पर अलग अध्याय में विस्तार से लिखा है। इस सम्बन्ध में उनका एक श्लोक है कि कविता तो हर कोई प्रयत्न से लिख सकता है मगर उसका पाठ वही कर सकता है जिसे सरस्वती सिद्ध हो। आज के काव्य पाठ में सबसे ज्यादा प्रभाव हिन्दी में किये गये पाठों का पड़ा। अंग्रेजी में किये गये पाठ नितान्त असफल रहे। वस्तुतः हिन्दी सम्पूर्ण उत्तर भारत की मुख्य भाषा है। अपनी-अपनी मातृभाषा के बाद दूसरी भाषा के रूप में लोग हिन्दी ही समझते हैं। अकादेमी के सचिव ने मुझसे कहा कि यह तेरह भाषाओं का सम्मेलन कुल मिलाकर हिन्दी सम्मेलन बन गया।

शारदा एग्जीक्यूटिव होटल, पुणे : 19 अक्तूबर, 2008

सायं मराठी के एक कवि मंगेशनारायण राव काले मिले। उन्होंने अपनी कविताओं का अंग्रेजी में अनूदित एक संग्रह दिया और बोले, "मुझे आश्चर्य है, मैंने आपकी कविताएँ अब तक पढ़ी नहीं थीं। हालाँकि मैं अनेक हिन्दी कवियों से परिचित हूँ पर आपका कोई संग्रह मेरे हाथ नहीं आया।" इसी प्रकार की प्रतिक्रिया कल से ही सुनने को मिल रही है। कुछ महीने पहले लुधियाना में छह भाषाओं के कवियों का पाठ आयोजित था। वहाँ भी सभी भाषाओं के कवियों और पंजाबी श्रोताओं ने मेरी पढ़ी गयी कविताओं को सर्वोत्तम कहा। बाद में प्रो. सुतिन्दर सिंह नूर जब दिल्ली में मिले तो बोले, "लुधियाना के अखबारों ने आपकी कविताओं की बहुत प्रशंसा की थी और पंजाबी के लेखक अलग से बुलाकर आपकी कविताएँ सुनना चाहते हैं।" मैं सोच रहा हूँ यह पाठ का प्रभाव है या कविताओं का? यदि कविताओं का है तो क्या श्रोता और आलोचक की दो कोटियाँ हैं? हिन्दी के आलोचक तो मेरी कविताओं की चर्चा नहीं करते हैं, फिर श्रोता क्यों करते हैं?

भेड़िहारी : 27 अक्तूबर, 2008

कल दीपावली में गाँव आया। पिछले पाँच वर्षों से हर दीपावली में आने लगा हूँ। जीवन इतना व्यस्त हो गया और होता जा रहा है कि गोरखपुर से मात्र 70 किलोमीटर की दूरी पर ही गाँव नहीं पहुँच पाता। फिर भी जन्मभूमि की स्मृति पीछा नहीं छोड़ती। यहाँ कुछ भी नहीं मिलता, बल्कि उलटे आने-जाने में हजार रुपये खर्च ही होते हैं, कुछ असुविधा भी होती है, बिजली के अभाव में रात काटना मुश्किल हो जाता है, फिर भी यहाँ ऐसी भावनात्मक तृप्ति होती है जो भौतिक गणित से परे है। गाँव में टावर न मिलने से मोबाइल भी मौन होता है। आज वह मुखर हुआ एकान्त श्रीवास्तव की आवाज में। उन्हें इसी महीने प्रकाशित मेरे कविता संकलन (फिर भी कुछ रह जायेगा) की प्रति अभी-अभी मिली है। वे 'राजधानी', 'प्रेम ने बचा लिया मुझे', 'अनन्त जन्मों की कथा', 'पकड़ा गया हरिया', आदि कविताओं की और विशेष रूप से 'राजधानी' शीर्षक कविता की तो बहुत प्रशंसा कर रहे थे। वे स्वयं की दृष्टि में इन कविताओं के सधे हुए शिल्प, इनकी सहजता और अर्थ वैभव के लिए तुलसी की चौपाई उद्धृत कर रहे थे।

"अरथ अमितअति आखर थोरे।" इस चौपाई का आधा उन्हें याद नहीं था जिसे उन्होंने विजय बहादुर सिंह से पूछा। संयोग से उन्हें भी स्मरण नहीं था। फिर मुझसे पूछ रहे थे। दुर्योग से मुझे भी याद नहीं आया और मैंने उन्हें गलत अर्द्धाली बता दी—"सत्य कहहुँ लिखि कागद कोरे।" जब अपनी गलती का अहसास हुआ तो पाँच मिनट बाद ही उन्हें सूचित कर दिया। सही चौपाई इस प्रकार है—"सुगम अगम मृदु मंजु कठोरे। अरथ अमितअति आखर थोरे।" एकान्त कह रहे थे कि आज कल तो कविताओं का उत्पादन हो रहा है जिनके बीच ये कविताएँ दुर्लभ लगती हैं। ठीक ऐसी ही प्रतिक्रिया चार दिन पहले भारत भारद्वाज ने व्यक्त की। वे संग्रह की कुछ और कविताओं, पुस्तकें, मनुष्यता का दुःख, सत्य, उसके दुख, आम्रपाली, पानी-सा, फिर भी कुछ रह जायेगा आदि को निश्छल मन की अभिव्यक्तियाँ बता रहे थे। कल ही सुनीता जैन 'गुनाहों के सबूत', 'अगले दिन का अखबार' तथा कुछ अन्य प्रेम और स्त्री विषयक कविताओं को 'पाखंड रहित

मन की ईमानदार स्वीकृतियाँ' कह रही थीं।। मैंने लक्ष्य किया कि अलग-अलग पाठकों ने अलग-अलग कविताओं की चर्चा की। वास्तव में, पाठक की हृत्तंत्री जिस कविता से झंकृत होती है वही उसे अच्छी लगती है। एकान्त श्रीवास्तव ने यह भी कहा कि मेरे आलोचक होने के कारण मेरी इतनी अच्छी कविताओं पर लोगों का ध्यान नहीं गया। एकान्त की सदाशयता का आदर करते हुए भी, मैं जानता हूँ कि कारण केवल इतना ही नहीं है।

भेड़िहारी : 28 अक्तूबर, 2008

एकान्त का कलकत्ते से फिर फोन आया। कल कविता-संग्रह पढ़ कर किया था, आज उस पर अपनी समीक्षा लिखने के बाद किया। कविताएँ उन्हें ऐसी लगीं कि आज प्रातः ही उनपर लिखने बैठ गये और तीन-चार पृष्ठ लिख गये। उन्होंने आठ-दस पंक्तियाँ पढ़ कर भी सुनायीं। हाँ, आज पसन्दीदा कविताओं की सूची में उन्होंने 'बेटी', 'पानी सा' और 'फिर भी कुछ रह जायेगा' को भी जोड़ दिया तथा उनकी लयात्मकता और संवेदनशीलता का उल्लेख कर रहे थे। वे अपनी समीक्षा 'वागर्थ' के दिसम्बर अंक में ही प्रकाशित करायेंगे।

भेड़िहारी : 29 अक्तूबर, 2008

आज चंडीगढ़ से माधव कौशिक का फोन आया। उन्होंने भी मेरा काव्य-संग्रह पढ़ लिया है। वे इन कविताओं का अन्य भारतीय भाषाओं और विशेष रूप से अंग्रेजी में अनुवाद कराने को कह रहे थे। उनके अनुसार ये इतनी 'सशक्त और विचारपूर्ण' हैं कि इनसे समकालीन कविता की छवि अच्छी बनेगी। उन्होंने तुरन्त ही एक-दो अंग्रेजी अनुवादकों के नाम भी सुझाए। इसे उनका अपने प्रति प्रेम मानता हूँ। हिन्दी में इतने चर्चित कवि हैं कि उनकी सूची के अन्त में भी मेरा नाम जुड़ना कठिन है।

भेड़िहारी : 30 अक्तूबर, 2008

मेरी कविताएँ दुनिया को बदल देने के आग्रह से पैदा नहीं हैं। दुनिया

का यथार्थ बहुत व्यापक, जटिल तथा शक्तिशाली है। उसे बदलने का वह कैसा आग्रह जो स्वयं कवि तक को नहीं बदल पाता। मेरी कविताएँ तो मेरे ही राग-विराग की सन्तानें हैं। मेरी सभी कविताएँ तो नहीं पर कुछ जो प्रशंसित हुई हैं, इस समय मेरी स्मृति में उभर रही हैं। उनमें से एक है—'आरा मशीन'। मैं जिस कमरे में रहता हूँ उसके ठीक बगल में एक आरा मशीन है। जब चलती है वह तो अपनी खिड़कियाँ बन्द कर लेता हूँ। तब ताजा हवा बन्द हो जाती है, बाहर के परिदृश्य का दिखना बन्द हो जाता है, रह जाती है उसकी आवाज कानों में धँसती हुई। लगता है वह बाहर नहीं, मेरे सीने को चीरती निकलती है। इस यातना से बरसों जूझते रहने के बाद, अचानक एक दिन फूट पड़ी वह कविता जिसमें जमाने का आतंक भी समाया हुआ है।

मेरे घर में असंख्य पुस्तकें हैं। मुझे स्वयं नहीं पता, कौन सी किताब कहाँ है। आधा घर पुस्तकों से भरा। बंडलों में बँधी, डिब्बों के भीतर, मेज-कुर्सियों-तख्तों पर पड़ी। तमाम तो दीमकों का आहार बन चुकीं। इन्हें झाड़ पोंछ कर धूप दिखाने और सजा कर रखने के लिए न जगह है, न मेरे पास समय। बहुत पुस्तकें पुस्तकालयों को दे दीं। इनकी सुरक्षा की चिन्ता बराबर लगी रहती है। इसी मनोव्यथा से निकली है मेरी कविता—'पुस्तकें'।

हर व्यक्ति की एक माँ होती है जिसके दुनिया से चले जाने के बाद महसूस होता है कि कोई ऐसा चला गया जो बेटे के सुख के लिए उसके दुखों को स्वयं ले लेने में भी सुख का अनुभव कर सकती थी। मुझे भी ऐसा महसूस हुआ और एकान्त में माँ के लिए कई बार रोया। उस वेदना में मैंने सात कविताएँ लिखीं जिनसे किसी को कुछ मिले या नहीं, मेरी वेदना का शमन हुआ।

भारतीय स्त्री में धरती का धीरज है। युगों से वह नदी की तरह बहती और रेत की तरह तपती रही है। इसे अपनी ही पत्नी में महसूस किया है मैंने, और मेरे परिवार की ही स्त्रियाँ हैं जो मेरी दर्जन भर स्त्री विषयक कविताओं में मूर्त हुई हैं। स्त्री की तरह ही बच्चे और पशु भी मेरी कविताओं के सरोकार रहे हैं जिनके पास भाषा नहीं है। कविता का सबसे बड़ा काम है मौन को मुखर करना, सन्नाटे को शब्द देना। बाहर पसरे अथाह दुख ने

मुझे इतना आतंकित किया है कि मैं टेलीविजन सीरियल या कथासाहित्य के ऐसे दृश्यों को बर्दाश्त नहीं कर पाता। बाहर से कमरे में थोड़ा दुखी होकर लौटता हूँ। कितने महान व्यक्ति जन्मे, कितनी महान विचारधाराएँ उपजीं लेकिन मनुष्यता का दुख कम नहीं हुआ। सोचता हूँ क्या मनुष्यता सदा के लिए दुख सहने को अभिशप्त है?

मेरी कविताओं में कोई यथार्थ ढूँढ़ सकता है, कोई परम्परा, कोई विद्रोह, कोई प्रकृति या प्रेम या हो सकता है किसी को कुछ भी न मिले। मुझे इससे कोई मतलब नहीं है। मैं तो यही जानता हूँ कि उनमें मैं ही हूँ, अनेक रूपों में।

सी.आई.एस.एफ. गेस्ट हाउस, पटना : 8 नवम्बर, 2008

आज यहाँ से निकलने वाली साहित्यिक पत्रिका 'नयी धारा' का वार्षिकोत्सव था। मुझे याद है 1961 से 1964 के बीच कभी मैंने अपनी कोई प्रारम्भिक गद्य-रचना इसमें छपने के लिए भेजी थी जो वापस लौट आयी। सचमुच ही वह प्रकाशन योग्य नहीं थी क्योंकि मुझे ही उसकी कोई स्मृति नहीं है। आज मैंने उसी पत्रिका के वार्षिकोत्सव की अध्यक्षता की। प्रभु की कृपा कि उन्होंने पचास वर्षों में मुझे इतनी पात्रता दे दी। यह पत्रिका प्रतिवर्ष किसी वरिष्ठ लेखक को एक लाख रुपये का और तीन लेखकों को पच्चीस हजार का पुरस्कार देती है। इस वर्ष हिमांशु जोशी को एक लाख का तथा पंकज सिंह, अमरनाथ 'अमर' और राम शोभित प्रसाद सिंह को शेष तीन पुरस्कार दिये गये। ये पुरस्कार स्व. राजा राधिका रमण प्रसाद सिंह के पुत्र उदयराज सिंह की स्मृति में दिये जाते हैं, जो 'नयीधारा' के सम्पादक थे। उदयराज जी की पत्नी जो जीवित हैं, समारोह में उपस्थित थीं। उनके पुत्र प्रमथराज सिंह भी थे। पत्रिका के सम्पादन और पुरस्कार आयोजन आदि की जिम्मेदारी डॉ. शिवनारायण सँभालते हैं। उनसे मेरी भेंट पहली बार यहीं हुई। मुझे कल गोरखपुर लौटना था मगर शिवनारायण ने कल पावापुरी नालन्दा और राजगृह का कार्यक्रम बना रखा है। इन प्राचीन स्थानों को देखने के लोभ में मैंने अपना आरक्षण रद्द करा कर अगले दिन का करा दिया है।

सी.आई.एस.एफ. गेस्ट हाउस, पटना : 9 नवम्बर, 2008

आज प्रातः हम लोग (हिमांशु जोशी, अमरनाथ अमर, शिवनारायण, उनके दो सहयोगी तथा मैं) एक टाटा सूमो गाड़ी में चले। पटना शहर में ही सड़क इतनी खराब है कि बिहार की वास्तविक हालत जानने के लिए कहीं और जाने या किसी से पूछने की जरूरत नहीं। सड़क निर्माणाधीन है पर कब से और कब तक रहेगी, कोई नहीं बता पाता। शहर से बाहर लगभग बीस किलोमीटर तक धूल के मारे बुरा हाल। कई किलोमीटर तक जाम से जूझते रहे। विश्व बैंक और जापान सरकार की कृपा से आगे का बौद्ध परिपथ अच्छा बना है। पहले हम भगवान महावीर के निर्वाण स्थल पावापुरी पहुँचे। एक बड़े से तालाब के बीच छोटा-सा मन्दिर है जिसमें भगवान के चरणों की निसानी बना कर रखी है। मन्दिर के युवा पुजारी को जब कुछ देना चाहा तो उसने रुपये लेने से मना कर दिया। अचरज हुआ क्योंकि पुजारी तो मन्दिर में इसीलिए बैठे होते हैं। उसने बताया कि वह पास के गाँव का ब्राह्मण बालक है जिसका परिवार मन्दिर की सेवा बहुत दिनों से कर रहा है। हमें लेखक जान कर उसने कहा कि हम इस स्थान के बारे में लिखें, यही उसकी दक्षिणा है। उसने गर्व से कहा कि बिहार चाहे जितना बदहाल हो, दूर-दूर से लोग उसी को माथा झुकाने पहुँचते हैं। जिस बिहार में इतनी महान विभूतियाँ हुईं, जिसने दुनिया को अहिंसा का महामन्त्र दिया, जिसमें दुनिया का प्राचीनतम गणराज्य स्थापित हुआ, जो प्राकृतिक सम्पदा से समृद्ध है, उसमें इतने अपराधी और लफंगे कैसे पनपने लगे, हिंसा का ऐसा तांडव कैसे शुरू हो गया, लोकतन्त्र की ऐसी तैसी क्यों हो गयी, वहाँ के लोग भिखारी बन कर पलायन क्यों करने लगे, कौन देगा इसका जवाब? बहरहाल पावापुरी रमणीक स्थान है। यहाँ एक जैन साध्वी ने नया-नया बी.एड. कालेज खोला है– अष्टकोणीय परिसर के बीच प्रशस्त आँगन वाला। इसमें शिवनारायण के सहपाठी प्राचार्य हैं, जिन्हें हम लोगों के आने की सूचना थी, अतः उन्होंने हमारे स्वागत और व्याख्यान की तैयारी कर रखी थी। हम लोगों के पास समय

मात्र आधा घंटा था अतः व्याख्यान तो नहीं पर स्वागत हो गया। पावापुरी से हम नालन्दा गये जो 5वीं-6वीं शताब्दी का विश्व प्रसिद्ध बौद्ध विद्या केन्द्र था, जहाँ अनेक महान बौद्ध विचारक आचार्य थे और दुनिया भर से आकर छात्र शिक्षा प्राप्त करते थे। हम नालन्दा के खँडहरों में घंटे भर घूमते रहे लेकिन परिसर इतना विस्तृत है कि उसे देखने के लिए दो-तीन दिन चाहिए। वहाँ का समृद्ध पुस्तकालय 9 खंडों वाला तथा तीन भवनों में था। कहा जाता है कि 12वीं शताब्दी में जब बख्तियार खिलजी ने उसमें आग लगाई तो वह छह महीने तक जलता रहा। हमारे रास्ते में 'बख्तियारपुर' नाम का एक कस्बा भी पड़ा था जिसका नामकरण सम्भवतः बख्तियार खिलजी से ही सम्बन्धित होगा। नालन्दा का पुस्तकालय जलाने का जघन्य अपराध जिसने भी किया हो उसका नाम किसी विद्याप्रेमी को सहन नहीं होगा। इस पुस्तकालय में नष्ट हो गयी पांडुलिपियों के उद्धार के लिए महापंडित राहुल सांकृत्यायन को तीन बार तिब्बत की दुर्गम यात्रा करनी पड़ी थी। नालन्दा से हम राजगृह गये, जहाँ रज्जुमार्ग से शान्ति स्तूप भी गये। पहाड़ी पर बना यह स्तूप भव्य है जहाँ से चारों ओर का दृश्य मनोहारी। लौटानी यात्रा में पटना से लगभग 25 किलोमीटर पहले फतुहा नामक स्थान के पास हमारी कार का पिछला पहिया पंचर हो गया। ड्राइवर के पास जैक नहीं था कि वह पहिया बदल सके। रात के आठ बजे थे, समय धीरे-धीरे सरक रहा था, हम परेशान थे। सड़क पर गाड़ियाँ सरसराती हुई गुजर रही थीं, कोई रुकने वाला नहीं था। ड्राइवर बेचारा कुछ दूर स्थित बाजार में गया, कइयों से कहा पर कोई जैक देने को तैयार न था। कुछ समय बाद वह एक युवक के आटो रिक्शा पर बैठ कर लौटा जिसने जैक भी दिया और हर तरह से गाड़ी बनाने में उसकी मदद की। जब ड्राइवर बतौर पारिश्रमिक उसे एक सौ रुपये देने लगा तो उसने मना कर दिया। हमारे जोर देने पर उसने कहा—"अगर पैसा ही ले लेंगे तो फिर क्या रह जायेगा?" हम लोग देर तक उसके बारे में चर्चा करते रहे। आज का हमारा हीरो वही था। उस निर्धन बालक के लिए सौ रुपये

बड़ी रकम थी जिसे वह अपने परिश्रम से प्राप्त कर रहा था लेकिन उसे उसने अपने कर्त्तव्य की वेदी पर निछावर कर दिया। ऐसे ही अवसरों पर गाँधी का 'हिन्द स्वराज' याद आता है जिसमें उन्होंने कहा था कि भारत के सामान्य जन, जो निरक्षर हैं, को सभ्यता सिखाने की जरूरत नहीं है। वह तो स्वयं इतना सभ्य है कि उससें हम पढ़े-लिखों को सीखने की जरूरत है।

ट्रेन में, बरौनी (बिहार) : 8 दिसम्बर, 2008

कुछ लेखक विचारक कहते हैं कि भारत की परलोकवादी और संसार को असार मानने वाली जीवन दृष्टि ने उसे विकास गति में पीछे छोड़ दिया। उनकी जो विकास की अवधारणा है उसके सदंर्भ में यह बात सही है। पर विकास की अवधारणा का एक दूसरा पहलू भी है जो चेतना के परिष्कार से सम्बन्ध रखता है। उक्त भारतीय जीवन दृष्टि इस परिष्कार में उपकारक भी साबित हुई है। जो सचमुच भीतर की गहराई से परलोक में विश्वास करता है और संसार को नश्वर मानता है वह बहुत सारे लौकिक प्रपंचों, पाखंडों और प्रदर्शनों से अपने को मुक्त रखना चाहता है। वह निष्करुण होकर दूसरों को रौंदता हुआ आगे नहीं निकलना चाहता बल्कि अपनी मानवीय कमजोरियों से मुक्त होकर अपनी चेतना को निर्मल बनाने की कोशिश करता है। उसे विश्वास है कि इस लोक से परे भी कोई लोक है जिसमें उसे अपने कर्मों का हिसाब देना है। जिसके लिए यही संसार सब कुछ है, उसकी परिणति ऐन्द्रिक सुख भोग में हो जाने की अधिक सम्भावना है। जिस दिन मनुष्य ने ईश्वर की हत्या कर दी उस दिन से वह निरा मनुष्य है—काम, क्रोध, मोह, लोभ में लिथड़ा एक जीव। मनुष्य के जीवन में कुछ तो ऐसा होना चाहिए जो उसे न केवल स्वयं से बल्कि मनुष्य से बड़ा प्रतीत हो, जो उसे मात्र 'सोशल एनिमल' होने से बचा सके। भारतीय दृष्टि में सुर और असुर का विभाजन इसी आधार पर हुआ है। सत्-असत् और नीति-अनीति के बीच संघर्ष ही भारतीय महाकाव्यों के आधार रहे हैं। जीने की दो दृष्टियाँ हैं—एक भोग की,

दूसरी तप की। विकासवादी, वैज्ञानिक और धार्मिक सभी विचारक मानव प्रजाति को सर्वश्रेष्ठ इसीलिए मानते हैं कि यह केवल भोग के लिए नहीं, नीति-अनीति और सत्-असत् के बीच विवेक भी रखता है।

गोरखपुर : 15 दिसम्बर, 2008

कल और परसों लखनऊ में साहित्य अकादेमी की ओर से कहानी पाठ का आयोजन था। इसमें तीन पीढ़ियों के 28 कहानीकार आमंत्रित थे जिनमें 24 शामिल हुए थे। कहानी पर संगोष्ठियाँ तो बहुत हुई थीं पर कहानी-पाठ का ऐसा बृहत् आयोजन लखनऊ में शायद पहली बार हुआ था। इस सफल प्रयोग की श्रोताओं ने सराहना की। एक श्रोता (श्रीराम शुक्ल) ने तो मंच से यहाँ तक कहा कि 1936 में प्रगतिशील लेखक संघ के ऐतिहासिक आयोजन के बाद लखनऊ में यह दूसरा ऐतिहासिक आयोजन था। इसी प्रकार की प्रतिक्रिया पटना के काव्य-पाठ आयोजन पर भी हुई थी जो वहाँ 1 अक्तूबर को हुआ था। संयोग देखिए कि उसमें भी 28 कवि आमन्त्रित थे जिसमें 24 शामिल हुए थे। अरुण कमल ने मुझसे कहा कि उनकी स्मृति में पटना में ऐसा आयोजन इसके पहले नहीं हुआ था।

इस प्रकार के आयोजन करने में लक्ष्य यह रहा है कि रचना को सीधे श्रोताओं के बीच ले जाया जाए। कविता या कहानी श्रुति परम्परा की चीज रही है। छापेखाने की मशीनों के साथ रचनाएँ पढ़ने की चीज बाद में बनीं। सुनी जाने से लेकर पढ़ी जाने तक, रचना ने एक लम्बी यात्रा की है, जिसमें उसने यदि कुछ विशेष हासिल किया है तो अवश्य ही कुछ मूल्यवान खोया भी है। हमें अपने उस खोये हुए को पुनः वापस पाना चाहिए।

गोरखपुर : 16 दिसम्बर, 2008

आरा से मिथिलेश्वर का फोन आया। वे इस वर्ष प्रकाशित मेरी आलोचना पुस्तक—'आलोचना के हाशिए पर' की मुक्त कंठ से प्रशंसा कर रहे थे। वे इसे ऐतिहासिक महत्त्व की ऐसी पुस्तक बता रहे थे जो बहुत

दिनों बाद पढ़ने को मिली है। उनके अनुसार इसके सभी निबन्ध गम्भीर और उत्तेजक हैं तथा इसमें इतनी सामग्री है कि स्वयं उन्हें व्याख्यान आदि देने में बहुत मददगार है। वे लेखों की निर्भयता और मौलिकता पर विशेष प्रसन्न थे। लेखकों की ऐसी प्रशंसाओं से बल मिलता है तथा अपना श्रम भी सार्थक लगता है। एक डेढ़ माह पूर्व कृष्णदत्त पालीवाल भी कह रहे थे कि ऐसे प्रखर लेख उन्होंने नहीं पढ़े हैं। वे खास तौर से नामवर सिंह, राजेन्द्र यादव और मार्क्सवाद सम्बन्धी लेखों की चर्चा कर रहे थे।

या अली होटल, तिरुवनंतपुरम : 27 दिसम्बर, 2008

आज मलयाळम कवि कुमारन आशान के गाँव में था। कुमारन आशान, उलूर परमेश्वर अय्यर और वल्लतोल नारायण मेनन को आधुनिक मलयाळम साहित्य का निर्माता कहा जाता है। कुमारन का जन्म 12 अप्रैल 1873 को कईक्कारा नामक एक छोटे से गाँव में हुआ था जो तिरुवनंतपुरम के पास है। 17 वर्ष की आयु में ये केरल के प्रसिद्ध समाज सुधारक श्रीनारायण गुरु के सम्पर्क में आये। ये एक अछूत जाति में पैदा हुए थे और जीवन भर सामाजिक असमानता के विरुद्ध संघर्ष करते रहे। महज 51 वर्ष की अवस्था में इनकी मृत्यु एक नौका दुर्घटना में हो गयी।

केरल सरकार ने तिरुवनंतपुरम से लगभग 20-25 किलोमीटर पर कुमारन की साधना भूमि टोनाक्कल में 'कुमारन आशान नेशनल इन्स्टीट्यूट आफ कल्चर' की स्थापना की है। नारियल के सघन वृक्षों बीच यह स्थान सुरम्य है जहाँ कवि से सम्बन्धित एक संग्रहालय भी है। यहाँ प्रतिवर्ष साहित्यिक-सांस्कृतिक आयोजन होते हैं। इस वर्ष इसमें साहित्य अकादेमी की ओर से प्रो. एस.एस.नूर, सिद्धलिंग पट्टन शेट्टी और मैं—भाग लेने आया हूँ। जब हम समारोह स्थल पहुँचे, आश्चर्य हुआ कि वहाँ श्रोता रूप में स्कूल के कुछ बच्चे बैठे थे जिनकी उम्र आठ-दस पन्द्रह-सोलह के बीच थी। कुछ कार्यकर्त्ता और शिक्षिकाएँ भी थीं जो इधर-उधर व्यवस्था में लगी थीं। मैं असमंजस में था कि वहाँ कौन-सी कविताएँ पढ़ूँ। वे बच्चे तो अपनी भाषा भी ठीक से नहीं समझ सकते। लेकिन यह देख कर

सन्तोष हुआ कि मंच पर मलयाळम के दो प्रसिद्ध कवि ओ.एन.वी. कुरुप और विष्णुनारायण नंबूदिरी बैठे थे। बहरहाल, मैंने रात ही रति सक्सेना को फोन करके दो कविताओं के मलयाळम अनुवाद की व्यवस्था कर ली थी। अनुवाद इन्दिरा सदानन्दन नामक महिला ने किया और उन्होंने ही उसे पढ़ा भी। मैंने तो अंग्रेजी में एक छोटा-सा व्याख्यान दिया और हिन्दी में दो कविताएँ पढ़ीं। समारोह के बाद हमने ठेठ केरली खाना खाया और कुछ देर उस परिसर में रहे। वहाँ से पद्मनाभस्वामी मन्दिर गये। मैं मन्दिर के अन्दर नहीं गया, मुख्य द्वार से ही देवता को प्रणाम कर लिया। यह केरल की मेरी दूसरी यात्रा है। पहली यात्रा में यहाँ आ चुका हूँ और कोवलम समुद्रतट भी घूम चुका हूँ। उस यात्रा में मैं ओ.एन.वी. कुरुप से त्रिश्शूर में मिला था। श्री विष्णुनारायण नंबूदिरी के घर भी गया था। वे बद्रीनाथ से रुद्राक्ष का पौधा लाये थे। उस पौधे के बारे में पूछा तो उन्होंने बताया कि वह बड़ा हो गया है और फल दे रहा है। कुरुप से पहली बार मिला था तो उनमें अहंकार की चिनगारियाँ दिखी थीं। इस बार वे विन्रम और शान्त दिखे। क्या समय उबाल और ताप को मंद नहीं कर देता? और तब मनुष्य कितना आत्मीय लगता है।

शिकागो होटल, अहमदाबाद : 4 जनवरी, 2009

यहाँ उत्तरी और पश्चिमी क्षेत्र के भारतीय लेखकों का सम्मिलन है जिसमें ग्यारह भाषाओं (गुजराती, मराठी, कश्मीरी, पंजाबी, राजस्थानी, सिंधी, उर्दू, डोगरी, कोंकणी, हिन्दी और संस्कृत) के लेखक आमंत्रित हैं। आज रात में पंजाबी, मराठी, राजस्थानी तथा हिन्दी के लेखक (लोकनाथ, सुखजीत, रवि रवीन्दर, नीरू असीम, गणेश विसपुते, शरण कुमार लिम्बाले, अर्जुन देव चारण, एकान्त श्रीवास्तव और उर्मिला शिरीष) मेरी कविताएँ सुनने के आग्रह के साथ मेरे कमरे में आ गये। यह मेरे लिए प्रसन्नता की बात थी। मैंने इन सहृदय रचनाकारों को लगभग बीस कविताएँ सुनाईं। देर रात में गोरखपुर से डॉ. रामचन्द्र तिवारी के निधन की सूचना मिली। वे मेरे गुरु थे। उनके निर्देशन में पहली पीएच.डी. मुझे

ही मिली। अफसोस कि मैं उनके अन्तिम दर्शन न कर सका। ईश्वर उनकी आत्मा को शान्ति दें।

अंडमान : 29 जनवरी, 2009

चेन्नई से उड़ान के कुछ मिनट बाद ही नीचे दिखा लहराता हिन्द महासागर। नीला विस्तार और ऊपर बादलों के ढेर, जैसे बर्फ लदे पर्वत शिखर। जैसे-जैसे विमान ऊपर उठता गया नीचे बादल असंख्य टुकड़ों में फूलों की तरह दिखने लगे, जैसे एक अनन्त नील परिधान पर श्वेत फूलों के बूटे टँके हों। फिर विमान के ऊपर और ऊपर उठने के साथ बादल भी अदृश्य होने लगे और रह गयी अनन्त नीलिमा। ऊपर आकाश की और नीचे सागर की। चारों ओर अन्तरिक्ष में कुछ भी दृश्य नहीं था सिवा नीली आभा के। सागर हमसे 30 हजार फीट नीचे था और ऊपर महाशून्य। क्या अनन्त शून्य का रंग नीला है? क्या मृत्यु का रंग भी नीला है? अन्तरिक्ष यात्रियों ने ऊपर से पृथ्वी के नीलवर्णी अद्भुत सौन्दर्य का वर्णन किया है। मृत्युलोक का सौन्दर्य। दो घंटे बाद नीचे उभरने लगा अंडमान द्वीप समूह। विच्छिन्न पुष्प माल के आकार में कुछ भूमि, जो शायद सुनामी लहरों में छिन्न हो गयी। फिर पोर्टब्लेयर की भूमि। घने वनों से आच्छादित। धीरे-धीरे जहाज नीचे आ रहा था और दिख रही थी ऊँची-नीची असम भूमि। टिन की छतों वाले मकान, वृक्ष, वनस्पतियाँ। विमान जहाँ रुका सामने लिखा था, 'वीर सावरकर अन्तरराष्ट्रीय पत्तन'। काश, पोर्टब्लेयर का नाम भी किसी शहीद के नाम पर होता।

हवाई अड्डे के बाहर दिखने लगे आम, नारियल, सुपारी आदि के वृक्ष। स्वच्छ सड़कें, बाजार, दुकानें, आधुनिक गाड़ियाँ। पृष्ठभूमि के जंगल और उनके पार चारों ओर लहराता समुद्र। बंगाल की खाड़ी में कलकत्ते से लगभग हजार किलोमीटर दूर महासागर में उभरे द्वीप समूहों में एक है यह अंडमान द्वीप समूह जिसकी राजधानी है पोर्टब्लेयर। नारियल वनों के बीच बसा यह प्राकृतिक दृष्टि से मनोरम है मगर यहाँ के निवासियों का जीवन उतना ही कठिन। वर्षा बहुत होती है, चारों ओर लहराता जल भी है मगर पीने योग्य नहीं। 'जलबिच मीन पिआसी' जैसी स्थिति।

हमारी मुख्य भूमि (अंडमान के लोग भारत को मुख्य भूमि कहते हैं।) में इस द्वीप समूह को 'काला पानी' कहते हैं। इस सम्बोधन में पानी के रंग के साथ उसकी भयावहता का भी संकेत है जो स्वास्थ्य के लिए खतरनाक है। होटल पहुँचने पर सबसे पहले हमारे लिए बन्द बोतल का पानी ही पेश किया जाता है। हम यहाँ हिन्दी साहित्य और कला परिषद के एक आयोजन में आये हैं।

अंडमान : 30 जनवरी, 2009

आज महात्मा गाँधी का बलिदान दिवस है। आधुनिक भारत के इतिहास का सर्वाधिक क्रूर, विडम्बनापूर्ण दिन, जब अहिंसा का महानतम प्रवक्ता हिंसा का शिकार हुआ। प्रातः भ्रमण के लिए हम (नन्दकिशोर आचार्य, शम्भु बादल, माधव कौशिक और कौशलनाथ उपाध्याय) समुद्र की ओर गये जो उसका छाड़न लगा। झील की तरह पसरा हुआ। सामने छोटा सा द्वीप, रूसिया या रास, जहाँ 10 मार्च 1858 को 200 राजनीतिक बंदियों का पहला जत्था एक जहाज द्वारा पहुँचाया गया था और जिनसे इस निर्जन द्वीप के जंगलों को काट कर साफ कराया गया। वे ही इस द्वीप के आदि निर्माता हैं।

अंडमान का सबसे प्रसिद्ध, पूज्य और त्रासद दृश्य है यहाँ का सेल्यूलर जेल। यह स्वाधीनता का देवालय है। आजादी अपने प्रेमियों से कितनी कुर्बानी माँगती है, कितनी आग और यातनाओं से गुजारती है, इसे बानगी के तौर पर यहाँ देखा और महसूस किया जा सकता है। हम लोगों ने आज शाम यहाँ प्रतिदिन होने वाला ध्वनि और प्रकाश कार्यक्रम सुना और देखा। कार्यक्रम के बाद सबको महसूस होता है जैसे किसी त्रासद हादसे से गुजरे हों। कुछ देर के लिए सभी खामोश हो जाते हैं। कोई किसी से बात नहीं करता। जिस बोझिल समय से हम मात्र 35-40 मिनट गुजरे हैं उससे हजार गुना क्रूर समय से जो दस, पन्द्रह, बीस वर्षों तक गुजरते रहे, कैसे लोग थे वे। 13×7 फीट की एक कोठरी की तनहाई में वीर सावरकर ने दस बरस (1911 से 1921) काट दिये। सेल्युलर जेल के इतिहास के सबसे जालिम

जेलर डेविड बैरी ने जब उनसे कहा, ''तुम्हें दो बार उम्र कैद की सजा मिली है। अब यहाँ से तुम 50 वर्ष बाद ही छूट सकोगे।'' तो उत्तर में सावरकर ने पूछा, ''मिस्टर बैरी, क्या तुम्हें यकीन है, तुम्हारा शासन इस देश पर 50 बरस तक चलता रहेगा?'' सावरकर के कमरे के ठीक सामने नीचे जेल का फाँसी घर था जिसमें एक साथ तीन को फाँसी पर लटकाया जा सकता था। सावरकर लगभग रोज फन्दे पर लटकने के लिए जाते स्वाधीनता प्रेमियों को देखते और उनकी आवाजें सुनते थे। सावरकर का छोटा भाई गणेश सावरकर भी इसी जेल में था। मगर दो वर्ष तक उन्हें इसकी भनक भी नहीं मिली। 689 कोठरियों वाली इस क्रूरतम जेल का निर्माण इस तरह किया गया था कि एक कैदी दूसरे को देख या उससे मिल न सके। इस तीन मंजिली जेल की सातों भुजाओं की कोठरियाँ एक-दूसरे के पिछवाड़े हैं। इस जेल का निर्माण स्वतन्त्रता सेनानियों और राजनीतिक बंदियों को सबक सिखाने के लिए 1896 से 1906 के बीच हुआ। जेल के दरवाजे-खिड़कियाँ इतने मजबूत बनाये गये थे कि किसी के निकल भागने की गुंजाइश न रहे। बंदियों को इतना कठिन काम सौंपा जाता कि वे दी हुई अवधि में पूरा ही नहीं कर पाते थे और परिणाम स्वरूप उन्हें भीषण यातनाएँ दी जाती थीं। जैसे हाथों-पैरों में बेड़ियाँ डाल देना, गले और पैरों में लोहे की जंजीरें पहना देना और इस रूप में छह-छह महीनों तक रखना, कोड़े मारना, उलटा लटका देना, पहनने के लिए जूट की पोशाकें देना, ऐसा खाना देना जिसे छूने की हिम्मत न करे, आदि-आदि।

हम जेल की कोठरियों बरामदों में घूम रहे हैं। हर कोठरी का अपना इतिहास है। जाने कितने सपने चिपके हैं इन दीवारों से। हम पढ़ते हैं नाम। अलग-अलग राज्यों की सूचियाँ अंकित हैं—उत्तर प्रदेश, बिहार, बंगाल, पंजाब, महाराष्ट्र आदि की। वीर सावरकर, गणेश सावरकर, उल्लासकर दत्त, वारीन्द्र घोष, वटुकेश्वर दत्त, पंडित परमानन्द, बाबा पृथ्वी सिंह 'आजाद', मोतीलाल वर्मा, लद्धाराम, बाबू राम हरि, पुलिनदास, त्रिलोक्य नाथ चक्रवर्ती, गुरमुख सिंह आदि। कुछ नाम हम जानते हैं मगर उन अनाम वीरों की कुर्बानी कम नहीं है जिन्होंने स्वाधीनता की वेदी पर तिल तिल कर अपने को

न्यौछावर कर दिया। रामधारी सिंह दिनकर की कविता स्मृति में उभर रही है—

जला अस्थियाँ बारी-बारी
छिटकाईं जिनने चिनगारी
जो चढ़ गये पुण्य वेदी पर
लिये बिना गरदन की मोल।
कलम, आज उनकी जय बोल।

जेल का ध्वनि और प्रकाश कार्यक्रम चल रहा है और हम सुन रहे हैं कैदियों की चीखें, बेड़ियों की आवाजें, कोड़ों की सटकारें। महसूस कर रहे हैं मनुष्य की स्वाधीनता की तड़प और उसकी आत्मा की अजेयता। मनुष्य के विश्वास का बल अकूत है, उसकी जिजीविषा महान। उसके समक्ष सिर्फ नतमस्तक हुआ जा सकता है। इस जेल के चारों ओर हजार मील तक फैला हुआ सागर है, दहाड़ती हुई लहरें तट तक आती हैं और पछाड़ खा कर पीछे लौट जाती हैं, मनुष्य के सपनों की ही तरह।

गोरखपुर : 11 जून, 2009

गाँधी के ब्रह्मचर्य के प्रयोग पर बहुत टीका टिप्पणी हो चुकी है। उनके समय में और बाद में भी। कुछ लोगों ने तो इसके विरोध में उनका साथ तक छोड़ दिया। कुछ ने उन्हें यह प्रयोग न करने की सलाह दी। वस्तुतः यह दो भिन्न प्रकार की मानसिक संरचनाओं का द्वन्द्व है। हम संशय और संदेहयुक्त सामान्य मनोवैज्ञानिक सूत्रों से गाँधी का परीक्षण करते हैं जबकि उनके सारे कार्य असाधारण मन के हैं। अफ्रीका में ट्रेन से फेंके जाने की घटना से लेकर अहिंसा, सत्य, असहयोग, नोवाखाली और सत्ता त्याग तक की सारी घटनाएँ क्या सहज विश्वसनीय लगती हैं? गाँधी ने प्राचीन भारतीय ऋषियों, संतों और पौराणिक मिथकों से जो सूत्र प्राप्त किये थे, अपने स्वयं के जीवन में उन्हें परखना चाहते थे। उन्हीं के शब्द हैं—'मैं कोई नया सत्य लेकर नहीं आया। मैं केवल सत्य का अनुसरण करना चाहता हूँ, उसे अपने में उतारना चाहता हूँ— उसी रूप

में, जिस रूप में मैंने स्वयं उसे देखा है। मेरा प्रयत्न बहुत पुराने सत्य पर एक नयी रोशनी डालने का है।' इन शब्दों पर गौर करें तो उनके ब्रह्मचर्य का प्रयोग भी एक ऐसा ही प्रयत्न लगेगा। भारतीय मन पर काम का आतंक इतना प्रबल है और संतों तथा सद्ग्रंथों ने काम से इतना भयभीत किया है कि सामान्य भारतीय मन विश्वास ही नहीं कर सकता कि एक युवती के साथ सोते हुए किसी में कामोत्तेजना नहीं होगी। गाँधी सम्भवतः यह प्रयोग भी उसी नीयत से कर रहे थे जिससे अहिंसा और सत्य की।

गोरखपुर : 21 जुलाई, 2009

कल हिन्दी संस्थान, लखनऊ में तुलसीदास पर रमेश कुन्तल मेघ और मेरा व्याख्यान था। हम लोग सायंकाल साथ ही मोहन होटल लौटे। मुझसे मिलने सत्यवान नामक युवक जो सृजन समीक्षा नाम की लघु पत्रिका निकालते हैं आये। उसी समय नरेश सक्सेना भी आ गये। मैंने अपना कविता-संग्रह 'आखर अनन्त' (1991) उन्हें दिया और हम तीनों साथ ही रात सवा दस बजे होटल से निकले। मेरी गाड़ी ग्यारह बजे थी और स्टेशन सामने ही था। रात सवा ग्यारह बजे जबकि ट्रेन अभी चली ही थी, नरेश जी का फोन आया। वे मेरी कविताओं पर बात कर रहे थे। मुझे अत्यन्त आश्चर्य हुआ कि अभी तो घंटे भर पहले उन्हें संग्रह दिया है, वे कब घर पहुँचे और कब उन्होंने मेरी आठ-दस कविताएँ पढ़ लीं। मगर यह सच था क्योंकि वे 'सड़क पर एक लम्बा आदमी', 'लोग गायब हो रहे हैं,' 'माँ और आग' आदि कविताओं के नाम लेकर उनकी प्रशंसा कर रहे थे। वे कह रहे थे, "अभी संग्रह पढ़ ही रहा हूँ, मगर जितना पढ़ा है उसके आधार पर कह सकता हूँ कि किसी एक संग्रह में इतनी अच्छी कविताएँ एक साथ पढ़ने को मिली हों, इसकी याद नहीं आ रही है।" मुझे खुशी हो रही थी कि संग्रह एक कविता प्रेमी को दिया है।

भोपाल : 6 अगस्त, 2009

आज सायंकाल उर्मिला शिरीष ने अपनी संस्था 'समन्वय' की ओर से रवीन्द्र भवन में मेरा एकल काव्य पाठ कराया, जिसमें कुल 15-20 श्रोता थे।

अध्यक्षता गोविन्द मिश्र कर रहे थे और विशेष अतिथि थे– राजेश जोशी। अन्य उपस्थित थे–अच्युतानन्द मिश्र, अनिल जनविजय, हरि भटनागर, कैलाशचन्द्र पन्त, रामेश्वर मिश्र पंकज, राजेन्द्र जोशी, कुछ पत्रकारगण तथा दो-चार और लोग जिन्हें पहचानता नहीं था। मैंने 20-25 कविताएँ पढ़ीं। कुछ ने पहली बार मेरी कविताएँ सुनी थीं, उन्हें अचरज हो रहा था कि मैं कविताएँ भी लिखता हूँ। गोविन्द मिश्र भी ऐसे ही लोगों में थे।

आज अनिल जनविजय ने एक रहस्य की बात बताई। जब वह दिल्ली विश्वविद्यालय का छात्र था, विश्वविद्यालय और उसके कालेजों की काव्य प्रतियोगिताओं में वह मेरे प्रथम दो काव्य संग्रहों (चीजों को देख कर 1970 और 'साथ चलते हुए'–1976) की कविताएँ स्वरचित की तरह पढ़ दिया करता था और इस प्रकार उसने दो दर्जन बार पुरस्कार जीते थे। उन दिनों मैं एक गुमनाम कवि था। क्या आज भी नहीं हूँ?

गोरखपुर : 15 अगस्त, 2009

आकाश में घिरे मेघ मुझे बहुत प्रीतिकर लगते हैं। काले हाथियों जैसे मदोन्मत्त मेघ नहीं जो बिरही राम को डराते रहते थे, बल्कि बरसने को आतुर मटमैले, भूरे मेघ। उनके आकर्षक लगने का मेरे लिए एक गहरा कारण है। वे मेरी किसी आदिम इच्छा की पूर्ति करते हैं। माँ के गर्भ में मेरे आखिरी महीने विकट गर्मी के थे। गाँव में न हवादार घर, न बिजली। गर्मी, उमस, पसीना और मेरे भार से जब माँ व्याकुल हो जाती होगी तो बड़ी आशा से मेघों के लिए आकाश को निहारती होगी। उसके साथ मैं भी वही कामना करता होऊँगा। क्या वह स्मृति आज तक मुझ में जीवित है?

7 सितम्बर : 2009, ट्रेन में

चितपुर (कोलकाता) स्टेशन से पूर्वांचल एक्सप्रेस गोरखपुर के लिए रवाना हो चुकी है। दो दिनों से बहुत आकर्षक वर्षा हो रही है कोलकाता में। रिमझिम और कभी तेज। पिछली रात अपने गेस्ट हाउस में खिड़की खोल कर देर तक वर्षा की आवाज सुनता रहा। तीसरे मंजिल के कमरे

से नीचे वर्षा में नहायी पतली सड़क रोशनी में चमक रही थी। अगल बगल खड़े थे अल्प ऊँचाई वाले गहबह वृक्ष। चौड़े पत्तों वाले। जिन पर बूँदों की मधुर टप-टप सुनाई पड़ रही थी और कभी-कभी हवा के झोंकों में लहर उठते थे। इस समय भी बादल घिरे हैं। काले बादल, जो बरसेंगे नहीं, पर सुन्दर लग रहे आँखों को। मेरे साथ रेवतीरमण हैं इसलिए यात्रा सुखद है।

कोलकाता में भारतीय भाषा परिषद के सहयोग से साहित्य अकादेमी ने नन्द दुलारे वाजपेयी पर एक राष्ट्रीय संगोष्ठी का आयोजन किया था जो उनकी शतवार्षिकी पर होने वाला था लेकिन तीन वर्ष विलम्ब से अब सम्पन्न हुआ है। वाजपेयी जी के शिष्य विजय बहादुर सिंह आजकल भाषा परिषद के निदेशक हैं। उनके दो अन्य शिष्य श्री कृष्णबिहारी मिश्र और डॉ. शिवकुमार मिश्र भी संगोष्ठी में उपस्थित थे। भाषा परिषद के पूर्व निदेशक डॉ. इन्द्रनाथ चौधुरी भी आये थे। गोष्ठी सफल रही। श्रोताओं का मानना था कि एक आलोचक को 100 वर्ष बाद पुनः चर्चा में लाया गया। पूनर्मूल्यांकन का वास्तविक लक्ष्य यही होता है। वाजपेयी जी मार्क्सवाद के विरोधी थे अतः परवर्ती मार्क्सवादी आलोचकों ने सुनियोजित ढंग से उनको हाशिए पर करने की कोशिश की तथा उन्हें पाठ्यक्रमों से बहिष्कृत कर दिया। जे.एन.यू. के एक पूर्व छात्र श्री भगवान सिंह ने संगोष्ठी में कहा कि 'छात्रों तक को उनके महत्त्व के बारे में नहीं बताया गया।'

सिटी इंटरनेशनल, नयी दिल्ली : 18 सितम्बर, 2009

रात गोरखपुर से चलकर प्रातः दिल्ली पहुँचा। आज महालया है, पितृ पक्ष का अन्तिम दिन, जिस दिन हिन्दू अपने पितरों का श्राद्ध करते हैं। मैंने कई दिनों से बढ़ी दाढ़ी बनाई, स्नान किया मगर वहाँ कर्मकांड के लिए कोई सामान नहीं। एक लोटा और थोड़ा-सा चावल भी नहीं। जल गिराने तक की जगह नहीं। मैं बाथरूम में टोंटी खोल कर अँजुरी में जल लेने ही वाला था कि अचानक पिता की स्मृति का ऐसा आवेग फूटा जैसे बादल फट पड़ा हो। मैं फफक-फफककर बिलखने लगा। आँसू बह रहे थे और शरीर काँप रहा था। मैंने काँपती अंजलि में जल लिया और वहीं गिरा दिया। हे पिता, विपुल

ब्रह्माण्ड में जहाँ कहीं भी हों आप, मेरा भाव तर्पण स्वीकार करें। आप होंगे तो मेरी विवशता और मनःस्थिति को भी जानने में समर्थ होंगे। मैं कर्मकांड नहीं जानता, आप तक अपना समर्पण पहुँचाने की विधि नहीं जानता। क्षमा करना और उसी प्रकार मेरी रक्षा करना जैसे मेरे अबोधपन में करते रहे। अनन्त से आपके आशीर्वाद का उठा हुआ हाथ ही मेरा सहारा है। इसके पूर्व बाबा के निधन पर इस तरह बिलखकर रोया था और माँ की स्मृति में जब कविताएँ लिख रहा था, तब। कभी कुछ पढ़ते हुए भी ऐसे क्षण आ गये थे। मगर आज तो ऐसा हुआ जैसे पिता प्रत्यक्ष खड़े हों और मैं उनके समक्ष अपना अपराध कबूल रहा होऊँ। कमरे का दरवाजा खुला था, होटल का लड़का नाश्ता लेकर आ गया था। नीचे, रिसेप्शन पर ड्राइवर भी पहुँच गया था। मैंने चश्मा उतार कर आँखें पोंछीं और जल्दी-जल्दी कपड़े पहनने लगा।

रमनश्री, बेंगलुरु : 22 सितम्बर, 2009

कल साहित्य अकादेमी द्वारा दिये जाने वाले अनुवाद पुरस्कार के अवसर पर 'अभिव्यक्ति' शीर्षक से बोडो, गुजराती, कन्नड, मणिपुरी, मलयाळम, तमिळ, तेलुगु, पंजाबी, मराठी, असमी, अंग्रेज़ी, नेपाली, संताली, सिंधी, डोगरी, मैथिली, कश्मीरी, कोंकणी और हिन्दी के कवियों का काव्य-पाठ था। यह अकादेमी का प्रतिष्ठित आयोजन है जो हैदराबाद, भोपाल और कोलकाता में हो चुका है। भोपाल वाले आयोजन में मैं भाग ले चुका हूँ।

आज तेलुगु कवि डॉ. एन.गोपी ने बताया कि कल मेरी कविता (पुस्तकें) सुनकर रात में उन्होंने भी इस थीम पर एक कविता लिख दी। फारसी लिपि में लिखी इस कविता को उन्होंने सुनाया भी। उन्होंने कहा कि किसी कविता को पढ़-सुनकर स्वयं वैसा लिखने की इच्छा होती है। यह सुन कर मुझे कुँवरनारायण जी की याद आयी जिन्होंने मेरी एक कविता (सड़क पर एक लम्बा आदमी) पढ़ कर मुझे लिखा था, ''काश, इस कविता का रचयिता मैं होता।'' इसी प्रकार माँ सम्बन्धी मेरी एक कविता (कैसे जायेगी माँ) पढ़ कर सुनीता जैन ने कहा था, ''मैंने माँ पर एक सौ कविताएँ लिखी हैं जो एक संग्रह

में प्रकाशित हैं। मुझे आश्चर्य है कि मेरे मन में माँ के लिए वह भाव क्यों नहीं आया जो आपकी इस कविता में है।" डॉ. एन.गोपी के साथ तीन महिलाएँ और थीं जो मेरी कविताओं की प्रशंसा कर रही थीं। एक का नाम अंबिका अनंत है जो 'पोएट्री' नामक पत्रिका की सम्पादक हैं। वे बेंगलुरु में रहती हैं और उनकी मातृभाषा तेलुगु या कन्नड है। दूसरी महिला थीं तेलुगु या कन्नड की ही डॉ. राजेश्वरी। तीसरी महिला का नाम मुझे स्मरण नहीं।

गोरखपुर : 3 नवम्बर, 2009

आज चम्पारण से लौटा। हिन्द स्वराज के शताब्दी वर्ष में साहित्य अकादेमी का एक कार्यक्रम बेतिया में था। दक्षिण अफ्रीका से लौट कर भारत में अहिंसात्मक सत्याग्रह का प्रथम सफल प्रयोग गाँधी ने चम्पारण से ही शुरू किया था। बेतिया और मोतीहारी से। इसीलिए एक कार्यक्रम यहाँ रखना उपयुक्त लगा। महापुरुषों की भूमि पर जाकर भीतर की बैटरी जो लगातार निस्तेज होती रहती है, कुछ चार्ज (ऊर्जस्वित) हो जाती है। शायद इसी प्रकार की कुछ ऊर्जा आस्तिक लोगों को मन्दिरों में जाने से मिलती है। इस एक दिवसीय वैचारिक आयोजन के दूसरे दिन भितिहरवा में भी जाने का कार्यक्रम रखा था जो जिला मुख्यालय बेतिया से उत्तर पश्चिम दिशा में 65 मिलोमीटर की दूरी पर एक गाँव है।

चम्पारण सत्याग्रह के दौरान इस गाँव में गाँधी जी कस्तूरबा गाँधी के साथ कुछ महीने रहे थे। जिस खपरैल के कमरे में उन्होंने निवास किया था वह उसी प्रकार संरक्षित किया गया है। सामने वह कुआँ भी है जिसके जल का उपयोग गाँधी जी ने किया था। उनके प्रयोग में लायी गयी कुछ और चीजें इस कक्ष में रखी गयी हैं। आजकल यहाँ एक गाँधी आश्रम स्थापित है जिसका एक प्रशस्त परिसर है। बिहार के वर्तमान मुख्यमंत्री नितीश कुमार के काल में बिहार की सड़कें अच्छी बन गयी हैं और भितिहरवा जाने वाली सड़क भी उनमें एक है। लेकिन 1917 में जब गाँधी यहाँ आये होंगे तो यह रास्ता कैसा होगा, यह सोच कर आश्चर्य हो जाता है। यह इलाका आज भी इतना निर्धन और पिछड़ा है कि गाँवों में फूस की झोंपड़ियाँ हैं। तब इसकी हालत कैसी रही होगी, अनुमान किया जा सकता है।

चम्पारण में 1813 ई. में अंग्रेज साहबों ने नील की खेती शुरू की थी और अपनी कोठियाँ स्थापित की थीं जो निलहे साहबों की कोठियों के रूप में प्रसिद्ध थीं। ये लोग किसानों से नील की खेती कराते थे और उन पर तरह-तरह के अत्याचार करते हुए उनका शोषण करते थे। चम्पारणवासी उनके जुल्म से पीड़ित थे। चम्पारण के ही एक किसान पं. राजकुमार शुक्ल ने कलकत्ते में गाँधी जी से भेंट कर जनता की करुण गाथा सुनाई थी। गाँधी जी स्वयं वहाँ की हालत जानने के लिए चम्पारण के लिए रवाना हो गये थे। यह अप्रैल 1917 की घटना है। इतिहास प्रेमियों और गाँधी जी में दिलचस्पी रखने वाले व्यक्तियों के लिए चम्पारण सत्याग्रह का यह महान अध्याय अपरिचित नहीं है। उसका पूरा विवरण 'गाँधी वाङ्मय' और अनेक पुस्तकों में दस्तावेज के रूप में प्रकाशित है। मैं उसे यहाँ दुहराना नहीं चाहता। चम्पारण प्रवेश पर गाँधी जी के विरुद्ध धारा 144 और 188 की कार्रवाई हुई थी। जिसके उल्लंघन के आरोप में मोतीहारी के एस.डी.ओ. कार्यालय में 18 अप्रैल 1917 को उन्हें उपस्थित होने का आदेश था। उस दिन उपस्थित होकर गाँधी ने जो लिखित सफाई दी थी उसकी अन्तिम पंक्तियाँ इस प्रकार हैं– "मेरा दृढ़ विश्वास है कि जिस स्थिति में मैं हूँ उस स्थिति में प्रत्येक प्रतिष्ठित व्यक्ति को वही काम करना सबसे अच्छा है जो इस समय मैंने करना निश्चित किया है और वह यह है कि बिना किसी प्रकार का विरोध किये आज्ञा न मानने का दंड सहने के लिए तैयार हो जाऊँ। मैंने जो बयान दिया है वह इसलिए नहीं कि जो दंड मुझे मिलने वाला है वह कम किया जाए, पर इस बात को दिखलाने के लिए मैंने सरकारी आज्ञा की अवज्ञा इस कारण से नहीं की है कि मुझे सरकार के प्रति श्रद्धा नहीं है, बल्कि इस कारण से कि मैंने उससे जो उच्चतर आज्ञा –अपनी विवेक बुद्धि की आज्ञा का पालन करना उचित समझा है।" क्या आज के प्रतिष्ठित व्यक्ति और राजनीतिकर्मी गाँधी के अन्तिम वाक्य पर गौर करेंगे?

गोरखपुर : 30 जनवरी, 2010

प्रातः 9 बजे रमेश कुंतल मेघ का फोन आया। वे मेरी कविता 'सड़क पर एक लम्बा आदमी' का संदर्भ दे रहे थे और प्रशंसा में कह रहे थे कि

वह इस कविता को भूल नहीं पाते। यह कविता जो 1987-89 के बीच कभी लिखी गयी थी, और 1991 में मेरे चौथे संग्रह 'आखर अनन्त' में प्रकाशित हुई थी, यदि कुछ सहृदय पाठकों को अब तक स्मरण है तो अवश्य ही यह उसकी सफलता है। ऐसी प्रतिक्रियाओं से मुझे तृप्ति मिलती है। लेकिन सोचता हूँ, आज के बीस वर्ष पहले जब यह छपी थी तब लोग मौन क्यों थे? इस संग्रह का तो लोकार्पण भी नामवर सिंह ने दिल्ली में किया था।

सिटी इंटरनेशनल, नयी दिल्ली : 20 फरवरी, 2010

10 फरवरी से यहाँ हूँ। लगातार इतने दिन दिल्ली में शायद ही कभी रुका होऊँ। अचानक आज अपनी पहली दिल्ली यात्रा की याद आ रही है। 1964 में किसी दिन पुरानी दिल्ली स्टेशन पर उतरा था। कम्बल में लपेटे अपना बिस्तर और कपड़े। तब आतंकवाद का आतंक न था फिर भी मुझ 24 वर्षीय ग्रामीण युवक की कम्बल की गठरी पुलिस के सिपाही ने खुलवा कर देखी थी। मुझे किसी से कुछ पूछने में डर लग रहा था अतः स्टेशन से बाहर निकल कर पैदल ही चलते हुए एक राहगीर के बताने पर फतेहपुरी के एक अति साधारण होटल के एक ऐसे कमरे में पहुँच गया जो सीढ़ी के नीचे बना था और जिसमें एक ही तख्त रखने की जगह थी। दिन के तीसरे पहर होटल से निकल कर पूरब दिशा में आगे बढ़ा तो पहला साक्षात्कार लाल किला का हुआ। जिसे किताबों में पढ़ा था उसकी भव्य आकृति सामने थी। मेरी शिनाख्त मिल गयी थी। यदि कहीं खो जाऊँ तो लाल किले पहुँचाने को कहूँगा। बाद में पता चला कि जिस बाजार से गुजरा था वह प्रसिद्ध चाँदनी चौक था। तब से कितनी बार दिल्ली आया, गिनने की कोशिश नहीं की। आना, लेखकों से मिलना, ऐतिहासिक स्थलों को देखना, कनाट प्लेस के चक्कर लगाना, काफी हाउस में बैठना– हर बार एक ही सिलसिला। धीरे-धीरे दिल्ली और उसके लेखकों से परिचय इतना प्रगाढ़ हुआ कि अब न कहीं जाने की इच्छा होती है न किसी से मिलने की। इस नगर का आतंक आज भी उतना ही है जितना पहली यात्रा में था। यहाँ से वापसी के लिए जब रेलवे स्टेशन पहुँच जाता हूँ तो अपनी सीट पर बैठने के साथ ही सारा तनाव दूर हो जाता है।

गोरखपुर : 14 मार्च, 2010

अतीत में किन्हीं परिस्थितियों में किये गये अपने अकरणीय कर्म बाद में बहुत बेचैन करते हैं। उन कृत कर्मों के स्मृति दंश से कैसे मुक्त हों? क्या यही कर्म फल है, जिससे मनुष्य मुक्त नहीं हो सकता? कबीर का एक दोहा है जिसका अर्थ अब समझ में आता है :—कबिरा आप ठगाइये और न ठगिये कोय। आप ठगे सुख होत है, और ठगे दुख होय।।

जीवन में बहुत ठगा गया हूँ। मगर उनकी याद नहीं आती। यदि आ भी गयी तो दुख नहीं होता। लेकिन जिनकी भावनाओं को मैंने दुखी किया है, उनकी स्मृति पीछा नहीं छोड़ती।

सिटी इंटरनेशनल, दिल्ली : 15 मार्च, 2010

'इतिहास' अपने अनेक सम्राटों, राजाओं, विजेताओं को 'महान' कहता है। जैसे कि सिकन्दर, अशोक, अकबर आदि-आदि। मैं सोचता हूँ क्या ऐसे व्यक्तियों को 'महान' कहा जा सकता है जिनके इशारों पर लाखों निरपराधों, निराश्रयों और निरीहों की हत्याएँ की गयी हों? कोई शासक विजेता, शूरमा, युद्धवीर, वैभवशाली और शक्तिशाली तो कहा जा सकता है, 'महान' नहीं। अशोक भी उस दिन से महान बनता है जिस दिन वह हिंसा त्याग कर 'धम्म' की शरण में जाता है। सत्य, अहिंसा, करुणा और प्रेम की साधना के बिना महान हो पाना असम्भव है।

'इतिहास' शब्द मुझे उद्वेलित, विचलित और कहूँ कि व्यथित करता है। इस शब्द के साथ ही हजारों वर्षों के मनुष्य की पीड़ा और छटपटाहट अपने विभिन्न रूपों में मूर्त होने लगती है। कितनी अकल्पनीय यातनाएँ झेली हैं मनुष्य ने अपनी विकास यात्रा में और कितनी दुर्दम जिजीविषा है उसमें, कि वह आज भी बचा हुआ है। इस मनुष्य के दुखों का अन्त नहीं है। 'दैहिक, दैविक, भौतिक' तापा कहा है तुलसीदास ने। 'रोग, शोक, जरा और मरण' कहा है बुद्ध ने। हजार-हजार तरीकों से सताया गया है वह, सत्ताओं और शक्ति सम्पन्नों द्वारा। गिना पाना सम्भव नहीं है। केवल पेट ने नहीं पीड़ित किया उसे, भावनाओं ने भी जलाया और भूना है। दार्शनिकों, विचारकों और

सिद्धान्तकारों ने उसके दुख के कारणों को खोजने की कोशिशें की हैं। उनके निवारण के उपाय भी सुझाये हैं। पर वे अपर्याप्त साबित हुए हैं। राजतन्त्र गया, तानाशाही गयी, समाजवाद आया, लोकतन्त्र आया पर सबने अपने से कमजोर को उत्पीड़ित किया। परपीड़न और उत्पीड़न की यह अनन्त गाथा है। मनुष्यता की पीड़ा तब तक समाप्त नहीं हो सकती जब तक उसके भीतर की आसुरी प्रवृत्तियों का उन्मूलन न हो जाय। सन्तों भक्तों ने बहुत उपदेश किये और उनके प्रयत्न सिद्धान्तकारों की अपेक्षा ज्यादा ही प्रभावी हुए, फिर भी मनुष्य न अपने भीतर बैठे राक्षस को मार सका, न अपनी व्यथा से मुक्ति पा सका। अब विज्ञान ही उसके जीन्स को बदल कर कुछ कर सके तभी शायद कुछ हो सकता है।

गंगा राज रीजेन्सी, दरभंगा : 27 मार्च, 2010

कल और परसों मुजफ्फरपुर में रामधारी सिंह 'दिनकर' पर आयोजन था। मुझे दिनकर आग, राग और विराग के कवि लगते हैं। उनमें लोक तक पहुँचने की गहरी आकांक्षा थी, इसीलिए उन्होंने अपनी कविता को वह रूप और प्रवाह दिया। विडम्बना यह है कि अपने को जनता की पक्षधर मानने वाली आज की कविता में यह तड़प नहीं है। हमारे समय के कवि पाठक तक पहुँचने की अपेक्षा आलोचक तक पहुँचने की इच्छा अधिक रखते हैं। उनकी चर्चा हो, इतिहास में नाम दर्ज हो, जल्दी से जल्दी पुरस्कार मिले। पाठक उनके हाशिए पर होता है। लेखकों के बीच परस्पर खींचतान भी इतना है कि अपने विरोधियों को कार्यक्रम में शामिल किये जाने पर नाराजगी प्रकट करते हैं। दुनिया को बदल देने का संकल्प लेने वाले संगठनों ने दुनिया को तो नहीं बदला मगर हर नगर में लेखकों के आपसी सम्बन्ध जरूर बदल दिए हैं। आज दरभंगा में मैथिली के कवि सुरेन्द्र झा 'सुमन' की जन्मशती पर आयोजन का उद्घाटन करना था। मैं जिस होटल में रुका हूँ वह दरभंगा महाराज के किले में है। किला छोटा है पर इसकी चारों ओर की बाहरी दीवार, रंग-रूप और बनावट दिल्ली के लाल किले जैसी है। पूर्वीद्वार के सामने राजा का दूसरा परिसर है जिसमें दो विश्वविद्यालय चल रहे हैं। इन

विश्वविद्यालयों को मजबूत और कलात्मक भवन तो मुफ्त में मिल गये हैं पर इनका रख रखावखराब स्थिति में है। इस परिसर में एक ऐसा भवन है जिसमें लोगों ने बताया कि इन्द्र की पूजा होती थी। इन्द्रपूजा वैदिक काल में तो प्रचलित थी पर पुराणकाल में लगभग समाप्त हो गयी थी। दरभंगा रियासत् एक छोटी रियासत थी। पर इसमें देशभक्ति की भावना थी। मुझे स्मरण् है कि 1962 के चीनी हमले के समय इस रियासत ने 15 मन सोना राष्ट्रीय कोष में दान दिया था जिसे तत्कालीन वित्तमंत्री मोराजी देसाई स्वयं वायुयान से ले गये थे। आज के पूँजीपति व्यावसायिक मानसिकता के हैं। वे अपने स्वार्थ के लिए ही कुछ दे सकते हैं।

गोरखपुर : 2 अप्रैल, 2010

पहले के कवियों का प्रकृति के साथ बहुत प्रगाढ़ सम्बन्ध था। वे प्रकृति के रंगों, गन्धों, ध्वनियों आदि का सूक्ष्म वर्णन करते हैं। उनके लिए प्रकृति मनुष्य की तरह ही चेतन और जीवन से लबालब है। वाल्मीकि, व्यास और कालिदास के वर्णन इसके उदाहरण हैं। यांत्रिक दुनिया और मुख्य रूप से नगरों-महानगरों का निवासी होने के कारण आज के कवि का सम्बन्ध प्रकृति से विच्छिन्न हो चुका है। वह केवल मनुष्य और उसके विचारों की अभिव्यक्ति अधिक करता है। परन्तु आश्चर्य है कि ज्ञान के इस विस्फोट के युग में भी आज के कवि का ज्ञान और अनुभव भण्डार महाभारतकार की तुलना में शून्य है। महाभारतकार जब शस्त्रों का वर्णन करता है तो शस्त्र विशेषज्ञ लगता है, जब घोड़ों की चर्चा करता है तो अश्व विशेषज्ञ, जब धर्म दर्शन अध्यात्म की चर्चा करता है तो महान दार्शनिक, विचारक और ऋषि। वह जिस प्रसंग को उठाता है पाठक को उसके 'विराट' और साथ ही 'सूक्ष्म' से परिचित करा देता है। आज के कवि की कविता प्रायः तात्कालिक प्रतिक्रिया होती है, उसमें क्लासिकी गरिमा नहीं। वह थोड़े समय बाद स्मृति से ओझल हो जाती है। इसका एक कारण यह है कि वह मुख्य रूप से मनःस्थिति विशेष को शब्दबद्ध करती है।

गोरखपुर : 2 मई, 2010

- लेखक कभी-कभी गोष्ठियों में शिकायतें करते सुने जाते हैं कि समाज में उनकी कोई हैसियत नहीं है। यह सही है, लेकिन इसके कारण भी वे ही हैं। भारत का लोक यूरोपीय देशों से भिन्न है। यहाँ का लोक आचार को विचार से, कर्म को शब्द से, त्याग को संचय से ज्यादा महत्त्व देता रहा है। इसीलिए यहाँ साधु-सन्तों की प्रतिष्ठा राजाओं-शूरमाओं और धनवानों से ज्यादा रही है। यहाँ बुद्ध महान तब हुए जब उन्होंने अपना राजपाट छोड़ दिया। अशोक महान तब हुआ जब वह हिंसा छोड़कर धम्म की शरण में गया। परमहंस रामकृष्ण के जीवनी लेखक रोमारोलाँ ने लिखा है कि यदि रामकृष्ण यूरप में होते तो उन्हें पागलखाने में डाल दिया गया होता। रामकृष्ण अनपढ़ थे मगर भारतीय लोक ने उन्हें भगवान का दर्जा दिया। जब हमारे लेखक सामान्य लोगों जैसे ही काम, क्रोध, मद, लोभ, मोह और मत्सर में फँसे हुए हैं तो उन्हें यह कामना नहीं करनी चाहिए कि भारतीय लोक में उन्हें विशेष आदर और श्रद्धा प्राप्त होगी। हजारों नेताओं के बीच भारतीय लोक ने सिर्फ गाँधी को स्वीकार किया। यूरप और भारत के मानदंड एक नहीं हैं। यूरप में जिन लेखकों को बहुत प्रतिष्ठा मिली, भारतीय लोक में उन्हें वह नहीं प्राप्त होती। यहाँ नशेबाज और यौन सम्बन्धों में स्वच्छन्दता बरतने वाले बोहेमियन लेखकों को कभी श्रद्धा नहीं मिलेगी चाहे वह जितना बड़ा लेखक या महापंडित हो।

गोरखपुर : 20 जून, 2010

आज मेरा 70 वाँ जन्मदिन है और मैं घर की सफाई रँगाई पोताई में लगा हूँ। कठिन काम है यह। सामान बाहर निकालना और फिर उसे सजा कर रखना। मेरे पास कागजों का महासागर है। उनकी छँटाई-फिंकाई चल रही है। दिन भर पसीने से लथपथ रहता हूँ। प्रचंड गर्मी है, बारिश का कहीं अता-पता नहीं। सामानों की छँटाई करते हुए महसूस होता है कि कुछ भी बचा कर रखने लायक नहीं। सब कूड़ा है। 'कूड़ा' शीर्षक एक कविता भी लिख दी। जिसे वर्षों से मूल्यवान समझकर सँभाले था उसे ऐसे फेंक रहा

हूँ जैसे जानता तक नहीं। सैकड़ों पुस्तकें जो दीमकग्रस्त थीं घर के बाहर फेंक दीं। सैकड़ों एक पुस्तकालय को दे दीं जो दो जीपों में भर कर ले गये। क्या एक दिन मुझे भी मेरे बच्चे इसी तरह नहीं फेंक देंगे? अन्तिम सत्य यही है लेकिन अभी तो यह कूड़ा ही सत्य है।

मोहन होटल, लखनऊ : 22 जून, 2010

आज उत्तर प्रदेश भाषा संस्थान में अज्ञेय पर एक विचार गोष्ठी थी। संस्थान के अध्यक्ष श्री गोपाल चतुर्वेदी और हिन्दी संस्थान के भूतपूर्व अध्यक्ष श्री शंभुनाथ के अतिरिक्त इसमें सूर्यप्रसाद दीक्षित, नरेश सक्सेना और मुद्राराक्षस ने अपने विचार रखे। मुद्राराक्षस का वक्तव्य मुझे चकित करने वाला लगा। उन्होंने ईमानदारी से स्वीकार किया कि अज्ञेय अपने समय के सबसे बड़े रचनाकार थे और मार्क्सवादी लेखकों ने उनकी उपेक्षा कर उनके साथ बहुत अन्याय किया। उन्होंने कहा कि उस समय के समर्थ सृजनशील लेखक वास्तव में वे थे जो मार्क्सवादी खेमे के बाहर थे जैसे अज्ञेय, धर्मवीर भारती आदि। मुद्राराक्षस ने अज्ञेय के 'शेखर : एक जीवनी' को प्रेमचन्द के 'गोदान' से अधिक महत्त्वपूर्ण बताया और कहा कि उस समय का हिन्दी लेखन दुनिया की अन्य भाषाओं में हो रहे लेखन से हलके स्तर का था। केवल अज्ञेय का ही लेखन ऐसा था जो विश्व साहित्य की बराबरी में रखा जा सके। मुद्रा ने यह भी स्वीकार किया कि वह स्वयं आज अज्ञेय के बारे में जो कुछ कह रहे हैं उसे 25-30 वर्ष पूर्व नहीं कह सकते थे क्योंकि अज्ञेय सारे प्रगतिशील खेमे में बहिष्कृत थे। आज भी वे जो कुछ कह रहे हैं उस पर कुछ लोग कहेंगे कि वे प्रतिक्रियावादी खेमे में चले गये हैं। मुद्राराक्षस का पूरा वक्तव्य टेप पर सुरक्षित है। मैं सोच रहा हूँ मार्क्सवादी लेखक समय पर भूलें करके बाद में पश्चात्ताप क्यों करते हैं? भारतीय राजनीति में उन्होंने गाँधी को पहचानने में भूल की और अब पछता रहे हैं, साहित्य में अज्ञेय की प्रयोगशील सर्जनात्मक प्रतिभा को नहीं पहचाना और अब पछता रहे हैं। पश्चात्ताप करने से करने वाले व्यक्ति का मन भले कुछ पवित्र हो जाय, उसके किये गये अपराध का जो प्रभाव पड़ चुका है वह कम नहीं होता।

पलाश होटल, भोपाल : 5 अगस्त, 2010

आज साहित्य अकादेमी द्वारा आयोजित रचनापाठ के एक कहानी सत्र की अध्यक्षता मालती जोशी ने की। मुझे आश्चर्य हुआ कि उन्होंने दस-पन्द्रह पृष्ठों की कहानी सीधे अपनी स्मृति से सुनाई। जब वे सुना रही थीं तो मुझे लग रहा था कि पढ़ रही हैं मगर गौर किया तो उनके हाथ में कोई कागज था ही नहीं। बाद में उन्होंने बताया कि उन्हें अपनी अधिकांश कहानियाँ याद हैं और वे कभी मुद्रित पृष्ठों को बाँचती नहीं। कुछ भाषाओं में ऐसे सुनाने वाले लेखक हैं, ऐसा मैंने सुना है पर हिन्दी में तो इसे पहली बार देख रहा हूँ। कविताओं को याद रखना आसान है पर गद्य को इस प्रकार कॉमा-फुलस्टाप सहित याद रखना अद्भुत लगा। ऐसी विलक्षण स्मृति के बारे में कई जगह पढ़ चुका हूँ। आस्टिन वारेन ने अपनी पुस्तक 'साहित्य सिद्धान्त' में लार्ड मेकाले का उल्लेख किया है जिसे 'पैराडाइज लास्ट' शब्दशः याद था। मैक्समुलर ने कैम्ब्रिज के बोर्ड ऑफ हिस्टारिकिल स्टडीज में आई.सी.एस. के प्रशिक्षुओं के समक्ष जो सात व्याख्यान (दे. 'इंडिया ह्वाट कैन इट टीच अस' शीर्षक पुस्तक) दिये थे उनमें किसी में कहा है कि भारत में ऋग्वेद का वास्तविक और निर्दोष पाठ वेद पाठी वटुकों के मुख से सुन कर लिपिबद्ध करना चाहिए, जो श्रुति परम्परा से उनकी स्मृति में है। भारत के प्राचीनतम साहित्य को 'श्रुति' और 'स्मृति' संज्ञा उनकी वाचिक परम्परा से ही मिली है।

भारत में अब भी ऐसे लोग हैं जिन्हें वेद, उपनिषद, गीता और रामचरित मानस जैसे ग्रन्थ कंठस्थ हैं। लिपि का आविष्कार बाद की चीज है। उसकी अपनी सीमाएँ भी हैं। वह वाणी के प्रवाह, आवेग, आरोह-अवरोह और उसकी काकुओं-व्रकोक्तियों को अंकित नहीं कर सकती। उसकी अभिव्यक्ति अधूरी होती है। वक्ता अपनी काया की भाषा से जो व्यक्त करता है वह लिपि की पकड़ से बाहर होता है। जब लिपि का आविष्कार नहीं हुआ था तो बोला गया शब्द मूल्यवान था। बोलने वाला तौल कर बोलता था और सुनने वाला उसे उतना ही महत्त्व देता था। लिपि के आविष्कार के बाद बोले गये शब्द का मान घट गया और गम्भीर बातें

लिखित में सम्पन्न होने लगीं। आरम्भ में लिखने वाला भी जो कुछ मूल्यवान समझता था उसे ही लिखता था। उसके सामने कागज जैसे पदार्थ का संकट तो था ही, लिखी हुई सामग्री को सँभाल कर रखने की चिन्ता भी थी। मुद्रण यंत्रों के आविष्कार ने लिखे हुए शब्द का भी मान घटा दिया। अब कोई भी जो चाहे लिखे और जब चाहे छपाये। इंटरनेट के जमाने में वेबसाइट, ब्लाग, फेसबुक और अन्य तकनीकी प्रचार माध्यमों ने लिखित शब्द का और भी अवमूल्यन कर दिया। परस्पर प्रतिस्पर्द्धा, ईर्ष्या-द्वेष, दलबन्दी, आत्मप्रचार और दुष्प्रचार की प्रवृत्ति ने मुद्रित शब्द को अविश्वसनीय बना दिया है। पुरानी पोथियों के आधार पर हम व्यक्तियों और कृतियों का जिस प्रकार ऐतिहासिक तटस्थ मूल्यांकन करते रहे हैं उस प्रकार से अपने समय का निष्पक्ष मूल्यांकन सम्भवतः न कर सकें। क्रमशः अवमूल्यनों के थपेड़े झेलते हुए शब्द आज शक्तिहीन होकर सामने पड़े हैं।

अमलताश गेस्ट हाउस, पचमढ़ी : 8 अगस्त, 2010

पचमढ़ी में आज तीसरा दिन है। यह सतपुड़ा की रानी कही जाती है। इस सुरम्य स्थल की प्रशंसा पहली बार गोविन्द मिश्र से सुनी थी। उन्होंने इसे देखने के लिए उत्साहित किया, उनके साथ कार्यक्रम भी बना पर चरितार्थ नहीं हुआ। इस बार मैंने ही कार्यक्रम बनाया। इस पावसऋतु में पचमढ़ी का अलग सौन्दर्य है। चारों ओर सघन वन और नयनाभिराम हरीतिमा। कभी तेज, कभी हलकी फुहारें। कल पांडव गुफा, जटाशंकर और महादेव गया था। सभी धार्मिक स्थान हैं, सबके साथ प्राचीन पौराणिक कथाएँ जुड़ी हैं। श्रद्धालुओं की भीड़ लगी रहती है। पचमढ़ी गाँव के एक बूढ़े किसान की तरह सहज और शान्त लगती है। रास्ता भी ऐसा सुगम जो कोई भय नहीं पैदा करता बल्कि घर जैसा आत्मीय लगता है।

गोरखपुर : 31 अक्तूबर, 2010

दोपहर में पटना से डॉ. कुमार विमल का फोन आया। वे 'दस्तावेज' 125 और अंक 127 के सम्पादकीयों पर बात कर रहे थे। आजकल वे

अस्वस्थ हैं और अपने कमरे तक ही चलते फिरते हैं। मुझसे बातचीत में भी उन्हें बार-बार खाँसी आ रही थी। फिर भी वे मुझे फोन करने से अपने को रोक नहीं सके। उनका कहना है कि मेरे सम्पादकीयों से उन्हें ऊर्जा मिलती है। दस्तावेज 125 'हिन्द स्वराज' पर केन्द्रित है। दस-पन्द्रह रोज पहले दिल्ली से पुरुषोत्तम अग्रवाल और अच्युतानंद मिश्र का फ़ोन आया। पुरुषोत्तम जी का कहना था कि इसका सम्पादकीय हिन्द स्वराज की आत्मा को सामने लाता है। अच्युतानंद जी के अनुसार हिन्द स्वराज पर इतनी गम्भीर सामग्री किसी पत्र-पत्रिका ने नहीं दी है। कुमार विमल जी अंक 127 के सम्पादकीय की खास तौर से प्रशंसा कर रहे थे और उसमें ईमानदारी, साहस तथा सचाई देख रहे थे। वे अरुंधती सम्बन्धी टिप्पणी को 'हिन्दुस्तान टाइम्स' में प्रकाशित टिप्पणी से बेहतर बता रहे थे। महाश्वेता देवी सम्बन्धी मेरी टिप्पणी पर उनका कहना था कि महाश्वेता जी तो हिन्दी में बात भी नहीं कर सकतीं, फिर हिन्दी लेखकों पर उनका लेख लिखना कैसे सम्भव है? वे मृणाल पाण्डेय को भी दोषी मान रहे थे जिन्होंने 'हिन्दुस्तान' अखबार में उनके लेखों को प्रकाशित किया। मैंने उनसे आशीर्वाद माँगा तो बोले, 'आप उससे बहुत ऊपर हैं, मैं आपकी लेखनी को प्रणाम करता हूँ।' प्रणाम तो मैं उन्हें करता हूँ क्योंकि आज के जमाने में जो प्रभावित भी होते हैं, वे स्वीकार करने की ईमानदारी नहीं दिखाते।

गोरखपुर : 9 नवम्बर, 2010

विचार जन्म लेते हैं, युवा होते हैं, बूढ़े हो जाते हैं मगर भावनाएँ प्रायः शिशु बनी रहती हैं। मनुष्य को इस आधार पर पहचानना चाहिए कि उसमें भाव कितना है। भाव की अनुपस्थिति को ही 'अभाव' कहा गया है। पद, पैसा और भौतिक समृद्धि का न होना वास्तविक 'अभाव' नहीं है। भाव नकारात्मक भी होते हैं जिनकी अभिव्यक्ति मनुष्य के मंगल की दिशा में नहीं होती। आज के यंत्र युग में मनुष्य के भाव सूख रहे हैं। भाव ही लगाव के सूत्र होते हैं। साहित्य में आलोचकों ने भावुकता को खारिज करके

प्रकारान्तर से लगाव और संवेदनशीलता को खारिज करने का खतरनाक काम किया। महान रचना भाव के बिना सम्भव नहीं है। महान जीवन भी नहीं। संक्रामक रोग की तरह फैले आधुनिक बुद्धिवादी पश्चिमी चिन्तन ने हमें इस कदर दबोच लिया है कि हम उसी पैमाने से जीवन को नापने में अपनी सफलता मानते हैं। केवल तर्कों और लाभ-हानि के गणित द्वारा पकड़ने से छूट जाता है जीवन का अर्थ और उसका आनन्द।

अल्सटोनिया होटल, अमृतसर : 20 नवम्बर, 2010

परसों अमृतसर आया। इसके पहले भी तीन-चार बार आ चुका हूँ। ब्लूस्टार (1984) के बाद यहाँ आने में भय लगने लगा। शिमला जाते-आते चंडीगढ़ तो आया पर अनेक आमन्त्रणों के बावजूद अमृतसर आना न हो सका। कल स्वर्ण मन्दिर गया था। मन्दिर की व्यवस्था और भक्तों का समर्पण पहले जैसा ही है। किसी भी क्षेत्र का बड़े से बड़ा आदमी यहाँ जूते सहेजते, झाँड़ू-पोंछा लगाते, सब्जी काटते, खाना बनाते या बर्तन माँजते दिख जायेगा। सिंह द्वार पर एक रक्षक ने पूछा, ''आपके पास सिगरेट, तम्बाकू, पान मसाला, चैनीखैनी आदि तो नहीं है?'' मेरे 'हाँ' कहने पर उसने कहा, ''उसे लेकर भीतर जाने से पाप लगेगा।'' मैंने उसे फेंक दिया और सोचने लगा कि यह पाप मैं पिछले साठ वर्षों से कर रहा हूँ। इस बार रवीन्द्रनाथ टैगोर की 150वीं जयन्ती के अवसर पर एक कार्यक्रम में अमृतसर आया हूँ। जलियाँवाला बाग के बाद टैगोर ने अपनी 'नाइटहुड' उपाधि लौटाते हुए वाइसराय को निम्नलिखित पत्र लिखा था—''श्रीमान, पंजाब में गवर्नमेंट ने वहाँ के कुछ दंगों को दमन करने के लिए जिन उपायों का अवलम्बन किया है उनकी भीषणता ने हमारी आँखों के सामने इस बात को खोल कर रख दिया है कि भारत वर्ष में ब्रिटिश प्रजा के नाते हमारी अवस्था कितनी निःस्सहाय है। अभागी प्रजा पर जो दंड विधान हुए हैं और उन दंडों को देने में जो तरीके काम में लाये गये हैं, उनकी अत्यधिक कठोरता, हमारा विश्वास है, वर्तमान और भूतकाल में कुछ एक प्रसिद्ध उदाहरणों को छोड़ कर सभ्य गवर्नमेंटों के

इतिहास में अपना सानी नहीं रखती। अब समय आ गया है जबकि सम्मान के चिह्न हमारी लज्जा को अपमान की बाहुल्यता के साथ सूर्य की तरह चमका रहे हैं। और मैं सारी उपाधियों से विहीन हो कर अपने उन देशवासियों का साथ देना चाहता हूँ जिन्हें अपनी हीनावस्था के कारण ऐसे अपमान सहने पड़ते हैं जो कदापि मनुष्योचित नहीं हैं। और ये ही कारण है कि मैं उचित आदर और दुख के साथ आपसे यह कहूँ कि मैं उस 'नाइटहुड' की उपाधि के बोझ से हलका किया जाऊँ, जिसे मुझे सम्राट महोदय की ओर से आपके पूर्वाधिकारी के हाथों प्राप्त करने का सौभाग्य प्राप्त हुआ था और जिनके हृदय की उदारता की अब तक मैं प्रशंसा करता हूँ।"

चंडीगढ़ के राजधानी बन जाने के बाद भी अमृतसर का महत्त्व कम नहीं होगा। इसका कारण है स्वर्ण मन्दिर, जलियाँवाला बाग और बाघा सीमा का यहाँ होना। हरमन्दिर साहब में जब मैं 1984 के पहले आता रहा तो श्रद्धालुओं की जो संख्या दिखती थी उससे अधिक अब दिखाई पड़ती है। ऐसा भारत के अन्य मन्दिरों में भी दृश्य है। वस्तुतः मनुष्य इस सृष्टि में एक अधूरा प्राणी है। अपनी सारी क्षमता के बावजूद वह अपने को अवश महसूस करता है। धर्म और ईश्वर में उसे शरण और सहारा मिलता है। शायद इसीलिए मन्दिरों, तीर्थों, और धार्मिक प्रतीकों में संख्या बढ़ती दिखाई देती है। कल गुरु पूर्णिमा है, गुरुनानक देव की 542 वीं जयन्ती। आज अमृतसर में गाँव-गाँव से लाखों लोग आते दिख रहे हैं। स्वर्ण मन्दिर के रास्ते में पूरे एक घंटे मेरी गाड़ी जाम में फँसी रही। कल जलियाँवाला बाग में ध्वनि और प्रकाश कार्यक्रम देखा। कुछ दिनों पूर्व अंडमान के सेल्युलर जेल में यह कार्यक्रम देखा था। इन्हें देखकर अंग्रेजी शासन के प्रति घृणा और क्रोध उत्पन्न होता है।

विश्वविद्यालय गेस्ट हाउस, पटना : 29 नवम्बर, 2010

परसों रात 8 बजे पटना पहुँचा। कल प्रातः कमरे की खिड़की खोला तो गंगा का शान्त प्रवाह और उसके पार का प्राकृतिक परिवेश देख मन

प्रसन्न हो गया। विश्वविद्यालय क्षेत्र की उत्तरी चारदीवारी ठीक गंगा किनारे है। यहाँ से गंगा की विपुल राशि का मंथर प्रवाह दिखाई पड़ता है। नेहरू जी के शब्दों में यह एक नदी का नहीं, भारत की संस्कृति का प्रवाह है। दिनकर की कविता– 'पाटलिपुत्र की गंगा'– याद हो आयी। पटना में दलित साहित्य पर संगोष्ठी थी। सभी प्रसिद्ध दलित लेखक शामिल थे। श्रोताओं की कमी नहीं थी। पूरा हाल भरा रहता था। लेकिन रहने और खाने की स्थानीय व्यवस्था बहुत लचर थी। मैंने लक्ष्य किया कि सवर्ण लेखकों ने तो इसे सहजता से स्वीकार कर लिया पर दलित लेखक असहज लग रहे थे। उनमें से अधिकांश विश्वविद्यालय गेस्ट हाउस छोड़ कर होटलों में चले गये। अपने व्याख्यानों में दलित लेखक प्रायः पुराना इतिहास दुहराते रहे और ढूँढ़-ढूँढ़ कर ऐसी घटनाएँ सुनाते रहे जिनमें दलितों के साथ अत्याचार किये गये थे। उन्होंने पूरी संगोष्ठी में कोई नयी बात नहीं की, न अपनी आलोचनाओं से कुछ सीखने और अपने विचारों में किसी प्रकार के बदलाव के संकेत दिये। सबसे खतरनाक था उनका अहंकार और सवर्णों के प्रति घृणा का प्रदर्शन। वे कह रहे थे कि सवर्णों के सहयोग और उनकी सहानुभूति की उन्हें जरूरत नहीं है। वे नहीं चाहते कि सवर्ण उनके बारे में लिखें या उनकी चर्चा करें। वे अपनी अस्मिता की लड़ाई स्वयं लड़ना चाहते हैं आदि-आदि। इन बातों को वे आक्रोश और अपमानजनक शब्दावली में प्रस्तुत कर रहे थे। इसका प्रभाव श्रोताओं पर अच्छा नहीं पड़ा। अगर दलित लेखकों ने अपने आचरण और विचारों में बदलाव लाने की कोशिश नहीं की तो साहित्य में उनकी चर्चा तो हो जायेगी लेकिन सामाजिक बदलाव का सपना पूरा नहीं होगा। मुझे लगता है वे अपनी चर्चा और अपने महत्त्व की व्यक्तिवादी आकांक्षाओं की तृप्ति में डूबे हैं। इसका परिणाम होगा कि ये लेखक भी दलित नेताओं की तरह अभिजात वर्ग में शामिल हो जायेंगे और जिन दलितों को सीढ़ी बनाकर वे ऊपर चढ़े हैं वे बेचारे वहीं रह जायेंगे। परिवर्तन के लिए लेखकों का रास्ता नेताओं का रास्ता नहीं होना चाहिए। नेताओं ने तो वोट के लिए दलितों को ही नहीं, हर जाति को अलग-अलग बाँट दिया है। लेकिन

लेखकों का रास्ता अलगाव, विद्वेष और घृणा का नहीं होगा। भारत जैसे जटिल जाति संरचना वाले देश में वर्ण व्यवस्था का समूल उन्मूलन केवल दलितों द्वारा सम्भव नहीं है। यह समवेत सामाजिक प्रयास से ही सम्भव होगा, लोगों को जाग्रत करना होगा तथा शब्द के विभिन्न माध्यमों द्वारा एक वर्ग को निर्भय और दूसरे को संवेदनशील बनाना होगा। अतीत हमेशा याद रखने और दुहराते रहने की ही चीज नहीं, भूलने की भी चीज होती है। कभी-कभी उसका भूलना उसे याद रखने से ज्यादा स्वास्थ्यप्रद होता है।

सरल होटल, भोपाल : 13 दिसम्बर, 2010

कल दूसरी बार भीमबेटका गया था। कई लेखक-पत्रकार (विनोद कुमार शुक्ल, गोविन्द मिश्र, राजेश जोशी, बद्री नारायण, अनामिका, रोहिणी अग्रवाल, रमेश दवे, हरीश पाठक आदि) साथ थे। भीमबेटका की गुफाओं में आदि मानव द्वारा बनाये गये चित्र और रेखांकन हैं। कला मानव की आदि संगिनी है। वह अपनी भावनाओं को न केवल व्यक्त करना बल्कि उन्हें सुरक्षित रखना और दूसरों के लिए भी छोड़ देना चाहता है। वह अपने वर्तमान के आगे भी अपने होने को अर्थवान रखना चाहता है, जिसे कुछ रच कर ही कर सकता है। बकौल श्रीकान्त वर्मा, जो रचेगा वही बचेगा। कल सायंकाल भोपाल की 'स्पन्दन' संस्था का दूसरा पुरस्कार समारोह था जिसे उर्मिला शिरीष और उनके पति डॉ. शर्मा संचालित करते हैं। पिछले वर्ष इसके समारोह में व्यस्तता और कुछ शीतभय के कारण भी मैं नहीं पहुँच सका था। इस वर्ष उर्मिला शिरीष और गोविन्द मिश्र का आग्रह न टाल सका।

मौर्या होटल, बेंगलूरु : 27 दिसम्बर, 2010

21 दिसम्बर को दिल्ली से यहाँ पहुँचा। मलयाळम हिन्दी और कन्नड़ हिन्दी की दो अनुवाद कार्यशालाओं में उपस्थित रहना है। 28 दिसम्बर को कर्नाटक हिन्दी प्रचार सभा में कबीर और कन्नड़ के संत कवि सर्वज्ञ पर एक व्याख्यान भी देना है। यहाँ मेरी उपस्थिति की खबर से एक विद्यालय (जैन

महाविद्यालय) ने भी आमंत्रित कर दिया है। जिसमें 30 दिसम्बर को कुछ बोलना पड़ेगा। 4 जनवरी को प्रातः 9.30 की उड़ान से दिल्ली के लिए रवाना होना है। इस प्रकार यह बंगलोर प्रवास लगभग दो सप्ताह का है। इतना लम्बा एक साथ शायद ही किसी शहर में रुकना हुआ हो। इस समय यहाँ का मौसम एक उत्तर भारतीय के लिए तो बहुत ही सुखद है। भोजन में कुछ असुविधा जरूर है पर वह मेरे लिए नगण्य है। बचपन से ही भोजन में मेरी कोई दिलचस्पी नहीं रही है। हाँ रहने के लिए जरूर ही न्यूनतम सुविधाएँ चाहता हूँ ताकि कुछ पढ़-लिख सकूँ। होटल के मेरे कमरे की खिड़की से पूरा रेसकोर्स दिखाई पड़ता है तथा रेसकोर्स के दोनों ओर पीछे बेंगलूरु शहर का दृश्य, मकान, वृक्ष और वनस्पतियाँ। रेसकोर्स मैदान में प्रातः घुड़सवारी के शौकीन लोग घोड़े दौड़ाते दिखाई पड़ते हैं। वे घोड़ों की पीठ पर बैठे नहीं बल्कि खड़े होकर झुके होते हैं और घोड़े तेजी से एक दूसरे को पीछे छोड़ते आगे निकलते रहते हैं। आज मानुस प्रजाति में भी इसी तरह की दौड़ और होड़ का अनुभव किया जा सकता है। दौड़ का नियम है कि निगाह हमेशा आगे वाले पर टिकी होती है। जो छूट गया, सो छूट गया।

बेंगलूरु इस समय भारत ही नहीं विश्व के मानचित्र पर एक महत्त्वपूर्ण नगर बन गया है। टेक्नालॉजी और बायोटेक्नालॉजी में तो यह भारत में सबसे आगे है। देश भर के युवक यहाँ शिक्षा प्राप्त करने या नौकरी के लिए पहुँच रहे हैं। बेंगलूरु की यह मेरी तीसरी यात्रा है। वैसे अब नगरों को देखने में कोई दिलचस्पी नहीं रह गयी है फिर भी कुछ तो नगर भ्रमण हो ही जाता है। एक दिन भी विधान सौध, हाईकोर्ट आदि का एक नजारा लिया। इस सड़क के आसपास फिरोजी या कहूँ कि हल्के गुलाबी रंग के फूलों से लदा वृक्ष खूबसूरत लगा। कई लोगों से पूछने पर भी उसके सही नाम का पता नहीं चला। उसके साथ Cubbonpark का भी चक्कर लगाया। नगर के बीच 300 एकड़ में फैला यह विस्तृत पार्क आकर्षक और नगर के पर्यावरण के लिए आवश्यक भी है। एक दिन BigBull मन्दिर में गया जहाँ लगभग 5 मीटर ऊँची नंदी की विशाल प्रतिमा है जो एक ही चट्टान से निकाली गयी है। नंदी मन्दिर में गणेश

और शिव की भी प्रतिमाएँ हैं। कर्नाटक में जो गणेश की प्रतिमाएँ हैं उनमें प्रायः हाथी के सूँड़ की अपेक्षा उसके सिर को महत्त्व दिया गया है, इसलिए उसे कुछ बड़ा आकार दिया गया है।

25 दिसम्बर को मैसूर गया था। मैसूर से कुछ ही किलोमीटर पहले हम लोगों ने श्रीरंग पट्टन में दरिया दौलत बाग और कावेरी तथा लोक पावनी नदी का संगम देखा। दरिया दौलत बाग टीपू सुल्तान का ग्रीष्मकालीन बँगला था जिसका निर्माण 1784 ई. में हुआ था। यह एक विशाल बाग के बीच में है जिसमें अधिकांश आम के वृक्ष हैं। एक व्यक्ति ने बताया कि टीपू को आम बहुत प्रिय था। 1799 में टीपू की मृत्यु के बाद उसे कर्नल बैली जो बाद में डयूक ऑफ वेलिंगटन के नाम से प्रसिद्ध हुआ, ने अपने कब्जे में कर लिया। इस बँगले में उस समय के फर्नीचर तथा टीपू के पहने वस्त्र और उसके शस्त्र आदि रखे हुए हैं। हम श्री रंगनाथ के प्राचीन मन्दिर भी गये लेकिन उस समय बन्द होने के कारण अन्दर जाकर विग्रह के दर्शन न कर सके। मैसूर में हमने प्रसिद्ध राजमहल देखा जिसमें चंदन की लकड़ी पर सुरुचिपूर्ण कारीगरी, राजपरिवार के चित्र, सिंहासन, शस्त्र, शाही बर्तन तथा अन्य सामान बहुत आकर्षक हैं। सबसे ज्यादा आकर्षक हैं दीवारों पर लगाई गयी वे विशाल पेंटिंग्स जिनमें सैनिकों, घोड़ों, हाथियों आदि के साथ राजाओं की शस्त्र सज्जित शोभा यात्राओं को अंकित किया गया है।

मैसूर से लगभग 15 किलोमीटर दूर पहाड़ी पर चामुंडेश्वरी मन्दिर है जो 12वीं शताब्दी का है। हम वहाँ भी गये मगर मन्दिर में दर्शन के लिए इतनी लम्बी पंक्ति थी कि अन्दर न जा सके। हमें बेंगलूरु लौटना था और दिन डूब रहा था। मन्दिर का एक सिपाही एक सौ रुपये लेकर हमें दर्शन कराना चाहता था पर घूस देकर सर्वोच्च सत्ता के सामने जाना उचित नहीं लगा। चामुंडेश्वरी मन्दिर के रास्ते में एक शिव और नंदी का मन्दिर है। यहाँ भी नंदी की विशाल प्रतिमा है। वैसे तो शिव मन्दिरों में नंदी की प्रतिमा भी अनिवार्य रूप से होती ही है पर उसे मुख्य विग्रह की प्रतिष्ठा नहीं प्राप्त होती। कर्नाटक में देख रहा हूँ कि नंदी के अलग मन्दिर भी हैं।

मैसूर से 20 किलोमीटर दूर प्रसिद्ध वृन्दावन गार्डेन कावेरी नदी पर बने

कृष्ण राजा सागर बाँध के पास है। यह जल के कृत्रिम झरनों, फौवारों के बीच फूलों का विस्तृत और सुन्दर उद्यान है। क्रिसमस के दिन वहाँ इतनी भीड़ थी जैसे किसी तीर्थ स्थान में मेले का दृश्य हो। ऐसा लग रहा था जैसे हम वाराणसी, प्रयाग या हरिद्वार में गंगा तट पर हों। सड़कों पर वाहनों की दो किलोमीटर लम्बी कतारें लगी थीं। इस जाम में फँसे हुए हम साढ़े नौ बजे रात को वृन्दावन गार्डेन पहुँचे और ग्यारह बजे रात वहाँ से बेंगलूरु के लिए रवाना हुए। हमारा यह निर्णय खतरनाक था क्योंकि मैसूर बेंगलूरु हाई वे पर गाड़ियों की रफ्तार बहुत तेज थी और दिन भर के थके तथा सम्भव है कुछ शराब भी पी लिये ड्राइवर से दो-तीन बार दुर्घटना होते-होते बची। 3 बजे रात को बेंगलूरु के अपने होटल पहुँचकर हमने राहत की साँस ली।

शिकोहाबाद जंक्शन : 6 जनवरी, 2011, 11 बजे दिन

पाँच घंटे से ट्रेन यहाँ खड़ी है। पता नहीं क्या कारण है। बाहर बदली है और बहुत ठंड। कल दिल्ली में तापमान 3 डिग्री था। उसी में साहित्य अकादेमी और दरियागंज होते स्टेशन पहुँचा। गाड़ी छूटने का समय था रात साढ़े आठ बजे मगर वह छूटी रात साढ़े बारह बजे। मैं स्टेशन सात बजे ही पहुँच गया था। प्लेटफॉर्म पर आरपार सर्द हवा चल रही थी। जितना गर्म कपड़ा था मेरे पास, सब पहन रखा था। ए.सी. टिकट होने के कारण अलग से कुछ कम्बल आदि नहीं था। रेलवे वाले आधे घंटे का विलम्ब बताते हैं और आधे-आधे घंटे बढ़ाते हुए आठ-दस घंटे तक पहुँचा देते हैं। एक ही बार बता देते तो निर्णय लेने में आसानी होती। प्लेटफॉर्म पर शाल ओढ़े खड़ा हूँ, कभी सिकुड़ कर बैठ जाता हूँ, जब पाँव दुखने लगते हैं, खड़ा हो जाता हूँ। मिनट-मिनट भारी हो रहा है। क्या करूँ? बीस दिनों बाद घर लौट रहा हूँ। यदि यात्रा रद्द करूँ तो अगला आरक्षण कब मिलेगा, नहीं कह सकता। ऐसी सर्द रात में स्टेशन से शहर में जाना भी क्या आसान है? मन ही मन देवताओं की वन्दना करता हूँ कि रक्षा करो। सोचता हूँ क्या जरूरत मुझे यात्रा करने की? जब रुपये या होटलों में खाने-पीने का लोभ नहीं है तो क्या लोकेषणा इतनी

प्रबल है? कई बार ऐसे मौसम में फँस चुका हूँ। एक बार लखनऊ में, दूसरी बार कानपुर में, तीसरी बार गोरखपुर में ही और न जाने कहाँ-कहाँ। कई बार निर्णय लिया कि जाड़ों में घर छोड़कर निकलूँगा नहीं, पर हर बार कमजोर मनोबल वाले नसेड़ी की तरह प्रतिज्ञा तोड़ देता हूँ। आज फिर फँसा हूँ। इसी मनःस्थिति में हूँ कि मेरे एक पुराने साथी प्रो. शिव बहाल सिंह गोरखपुर के ही एक अन्य युवा प्रोफेसर के साथ आकर पास में खड़े होते हैं। उन्हें देखकर वही खुशी होती है जो मेले में भटके बालक को अपने गाँव के किसी परिचित को देखकर होती होगी। उन्हें पुकारता हूँ और फिर तो हम तीनों बातों में समय के भार को हलका कर देते हैं। कुछ सृजनात्मक कार्यों के लिए एकान्त सुखद होता है पर दुख भोग के लिए किसी का साथ बल देता है। बहरहाल, रात साढ़े बारह गाड़ी दिल्ली से रवाना हुई और सुबह 6 बजे से यहीं खड़ी है। लोग बता रहे हैं कि यहाँ से भी 12 बजे रवाना होगी। इसका मतलब कि रात को 12 बजे गोरखपुर पहुँचेगी।

गोरखपुर : 18 जनवरी, 2011

आज मुम्बई से बोधिसत्व का फ़ोन आया। कह रहे थे कि माँ पर लिखी मेरी कविताएँ उन्हें पराजित कर देती हैं, उनसे उन्हें ईर्ष्या होती है। वे माँ विषयक कविताओं पर कोई काम कर रहे हैं या उनका कोई संग्रह निकालना चाहते हैं। मुझे उनका यह भाव प्रीतिकर लगा। यदि किसी की रचना अच्छी लगे तो उसे अकुंठ भाव से स्वीकार करना चाहिए। कुछ वर्षों पूर्व (2005) सुधा अरोड़ा ने भी माँ सम्बन्धी मेरी एक कविता फोन पर ही नोट की थी। उसे वे सम्भवतः 'कथादेश' पत्रिका में उद्धृत करना चाहती थीं। इसके वर्ष भर पहले (2004) भोपाल में अपनी पहली मुलाकात में उन्होंने इन कविताओं की प्रशंसा की थी। 2003 में 'दस्तावेज़' की एक पाठिका (सुजाता) का बिजनौर से फोन आया था जिसने उस कविता को कई लोगों और यहाँ तक कि झाड़ू-पोंछा करने वाली दाई तक को सुनाया था। एक बार मैं कुमार सभा पुस्तकालय, कलकत्ता की एक गोष्ठी में जिसकी

अध्यक्षता विष्णुकांत शास्त्री कर रहे थे, उन कविताओं को पढ़ रहा था। एक प्रौढ़ वय की महिला विचलित होकर बीच में उठकर बगल के कमरे में चली गयी। इसी तरह भुवनेश्वर की एक गोष्ठी में एक उड़िया लेखक ने भावावेश में बीच में काव्य-पाठ रोक देने का अनुरोध किया। काफी पहले अरविन्द त्रिपाठी ने बताया था कि उनकी पत्नी उन कविताओं को पढ़ते हुए घंटों विचलित रहीं। इस प्रकार की अनेक घटनाएँ उन कविताओं को लेकर आज प्रसंगवश याद आ रही हैं। मैं सोचता हूँ, माँ सम्बन्धी कविताओं ने पाठकों को इतना प्रभावित क्यों किया? संस्कृत आचार्यों ने नाटक के प्रसंग में 'भावानुप्रवेश' की चर्चा की है। अभिनेता जिस भाव में स्वयं प्रवेश कर जाता है दर्शक को भी उसमें प्रवेश कराने में सक्षम हो जाता है। रचना में किसी स्थिति परिस्थिति का चित्रण महत्त्वपूर्ण नहीं होता, महत्त्वपूर्ण होता है गहराई में उसका अनुभव। तब शब्द अपने आप कौंधने लगते हैं। मेरी बहुत सारी कविताओं को सम्भवतः पाठकों ने इसीलिए पसन्द न किया हो कि उनमें मैं स्वयं उस गहराई तक न उतर पाया।

सिटी इंटरनेशनल, नयी दिल्ली : 12 फरवरी, 2011

मिस्र में तीस वर्षों की तानाशाही का अन्त हो गया। राष्ट्रपति हुस्नी मुबारक को पद छोड़ना ही पड़ा। स्वाधीनता का स्वाद सबसे विलक्षण होता है। मनुष्य ही नहीं, सृष्टि में प्राणी मात्र के लिए वह स्पृहणीय है। मिस्र के इस समूचे घटनाक्रम में सबसे अधिक उल्लेखनीय है अहिंसात्मक सत्याग्रह का प्रयोग। गाँधी ने भारत की स्वाधीनता के लिए यह प्रयोग किया था और इस रास्ते से चलकर दुनिया के कई देश आजाद हो रहे हैं, यह किसी भी भारतीय के लिए गर्व का अनुभव है। आगे भी स्वाधीनता प्रेमियों के लिए यही सही रास्ता होगा। यह लतर दुनिया भर में फैलेगी और वह दिन दूर नहीं, जब सभी देशों में लोकतांत्रिक व्यवस्था कायम होगी। मिस्र की सेना को धन्यवाद कि उसने तहरीर चौक पर अपने देशवासियों के विरुद्ध गोली चलाने से इनकार कर दिया। 1989 में थ्येनआनमन चौक पर चीनी सेना ऐसा न कर सकी, इसका कलंक उसके माथे पर बना रहेगा।

गोरखपुर : 24 फरवरी, 2011

पुष्पिता अपनी 20 हजार किलोमीटर लम्बी, आकर्षक और मनपसन्द यात्राओं से लौटी थी। फ़ोन पर वह खुशी और उत्साह में बोल रही थी कि किस प्रकार उसने अटलांटिक महासमुद्र की रोमाचंक यात्रा की। उसके स्वप्निल उल्लास को देखते हुए मैंने जाहिर नहीं किया कि मैं कहाँ और किस मनःस्थिति में हूँ। मैं श्मशान में खड़ा था और मेरे सामने चिता दहक रही थी जिसमें मेरी बहन का पार्थिव शरीर जल रहा था। कानों में जीवन का उल्लास और आँखों के आगे उसका अवसान। हर एक की परिस्थिति और नियति अलग है।

मेरी बहन मुझसे आयु में मात्र एक वर्ष बड़ी थी पर अन्तिम दिनों में वह मुझसे दस वर्ष बड़ी लगती थी। वजन मात्र 30 किलो रह गया था। शरीर सूख कर सिकुड़-सा गया था। मृत्यु से कुछ पहले उसकी रीढ़ में शायद कुछ दरार पड़ गयी थी, जिसके कारण वह मुश्किल से उठ बैठ और चल पाती थी। उसके पति का निधन 24 जनवरी को हुआ और ठीक एक महीने बाद वह भी चल बसी। मेरे पिता ने बहुत उत्साह से उसका विवाह एक सम्पन्न परिवार में किया था जिसमें धन-दौलत, मान-सम्मान और नौकर-चाकर सब थे। बहुत दिनों तक वह सुख से रही। फिर वह परिवार गाँव से शहर आया और तभी से सब कुछ में कमी आने लगी। कृषि जो उनके रुतबे का आधार थी, लड़खड़ाने लगी। फिर मेरे बहनोई को एक दुर्घटना में हेड इंजरी हुई जिससे वे बच तो गये पर सामान्य नहीं हुए। उनमें न पहले जैसी तेजी रही न निर्णय लेने की क्षमता। उसके बाद उनके परिवार में बँटवारा हो गया। मतलब यह कि क्रमशः उनकी स्थिति कमजोर होती गयी। मेरे बहनोई अफसरी स्वभाव के और कृत्रिम आभिजात्य के अहंकार से ग्रस्त थे। बहन ठीक इसके उलटे स्वभाव की। परिवार की सारी सामाजिकता का निर्वाह वही करती थी। उसी के कारण बाहरी लोगों का उस परिवार से जुड़ाव था। वह जीवन भर परिवार के सारे काम करती रही—बच्चों का, रसोई का, पति की सेवा आदि का। इसी में वह असमय बूढ़ी हो गयी। बेटे-पतोहुओं, पोते-पोतियों ने उससे सेवा तो ली पर स्वयं ठीक से उसकी

सेवा नहीं की। परिणाम जो होना था, हुआ। पति के निधन का महीना पूरा होते ही उसकी भी लोकयात्रा पूरी हो गयी।

सिटी इंटरनेशनल दिल्ली : 17 मार्च, 2011

कल दिल्ली से दोपहर की उड़ान द्वारा जोधपुर पहुँचा। साथ में डॉ. कौशलनाथ उपाध्याय थे। हवाई अड्डे से होटल में सामान रखकर सीधे सूचनाकेन्द्र, जहाँ चार बजे से काव्यगोष्ठी की अध्यक्षता करनी थी। मैं पहली बार जोधपुर गया था। नया जोधपुर खुला और सुन्दर लगा। चौड़ी सड़कें, एक या दो मंजिलें सादे भवन, पत्थर निर्मित दीवारें। महानगरों के आतंक से मुक्त। आँखों को सुखद लगे नीम के वृक्ष जो हवाई अड्डे से आयोजन स्थल तक सड़क किनारे दिखते रहे। नीम की पत्तियों और पतली टहनियों का दातून रूप में रोज सेवन करता हूँ। छोटे नगरों के साहित्य समारोहों में श्रोताओं की संख्या पर्याप्त होती है। साहित्य और कलाओं के लिए लोग समय निकाल लेते हैं। इस आयोजन में भी हाल खचाखच भरा था। सभी स्थानीय विशिष्ट लोग उपस्थित थे। आज प्रातः उर्दू के एक कवि ने कहा, "आपकी आरामशीन कविता की आखिरी पंक्तियाँ मेरे सीने में इस तरह उतर गयी हैं कि जीवन भर नहीं भूलेंगी। मैं तो सोच भी नहीं सकता था कि लगभग पूरी हो जाने के बाद भी कविता का अन्त यहाँ तक पहुँच जायेगा। ऐसी ही पंक्तियाँ बची रह जाती हैं, कवि तो चला जाता है।" उन्होंने कुछ ऐसे शायरों के नाम लिये जिन्होंने बहुत लिखा लेकिन उनके चंद शेर ही बच रहे। बल्कि एक तो ऐसे शायर का नाम लिया जो अपने एक ही शेर के कारण जिन्दा है और जिन्दा रहेगा। उन्होंने एक और बात कही कि कालजयी शेर कवि नहीं लिखते, बल्कि कोई उनसे लिखवा देता है। ऐसा कह कर वे उस 'प्रेरणा' की ओर इशारा कर रहे थे जिसकी चर्चा देशी-विदेशी प्रसिद्ध आचार्यों ने की है।

हिमालय होटल कोलकाता : 24 मार्च, 2011

दिन में 10 बजे कोलकाता पहुँचा। गाड़ी छह घंटे विलम्ब से थी।

मुझे कोलकाता विश्वविद्यालय में बिड़ला व्याख्यान माला के अन्तर्गत तीन व्याख्यानों के लिए आमन्त्रित किया गया है। यह व्याख्यान माला एक समय में बहुत प्रतिष्ठित रही है जिसमें महादेवी वर्मा, अज्ञेय और हजारी प्रसाद द्विवेदी आदि ने व्याख्यान दिये हैं। इनके नाम के आकर्षण से ही आमन्त्रण स्वीकार किया था। विश्वविद्यालय की हिन्दी विभागाध्यक्ष डॉ. राजश्री शुक्ला ने उन कवियों पर व्याख्यान का प्रस्ताव रखा जिनकी जन्मशताब्दी है। मैंने अज्ञेय और नागार्जुन को चुना। ये व्याख्यान छात्र-छात्राओं की उपस्थिति में होंगे। अतः पहले व्याख्यान का विषय रखा—'साहित्य का स्वभाव'। छात्रों में साहित्य सम्बन्धी कुछ बुनियादी बातों को स्पष्ट करने तथा साहित्य की निजता को रेखांकित करने के लिए यह जरूरी था।

व्याख्यान के बाद जब हम भोजन के लिए जा रहे थे, डॉ. शम्भुनाथ ने बताया कि कलकत्ते में विज्ञापन के लिए एक विशेष आकर्षक तरीका अपनाया जाता है। पहले कोई नारा या कोई चौंकाने वाली बात लिखकर प्रश्न वाचक चिह्न लगा दिया जाता है और बड़े-बड़े बोर्ड शहर में टाँग दिये जाते हैं। जब लोगों के मन में जिज्ञासा पैदा हो जाती है तो आठ-दस दिन बाद उसका उत्तर लिखकर प्रचारित किया जाता है। उन्होंने बताया कि कुछ दिनों पूर्व सुनील गंगोपाध्याय के चित्र वाले बड़े-बड़े बोर्ड लगाये गये थे जिनके नीचे लिखा था—'एक बंगाली की आँखों में आँसू क्यों?' दस-पन्द्रह रोज बाद विज्ञापनदाताओं ने उत्तर में लिखा— 'शुद्ध सरसों के तेल के कारण।' अर्थात् अपने तेल की शुद्धता के विज्ञापन के लिए सुनील गंगोपाध्याय का उपयोग। मेरे लिए ऐसी घटना अकल्पनीय थी। मैंने पूछा, क्या सुनील गंगोपाध्याय ने इसका विरोध नहीं किया? शम्भुनाथ बोले, विरोध क्या करेंगे? इसके लिए मानदेय लिया होगा।

शाम को मेरे पूर्व छात्र और अब कोलकाता विश्वविद्यालय के प्रोफेसर डॉ. अमर नाथ मुझे यह कहकर खादी की एक दुकान में ले गये कि वहाँ महात्मा गाँधी आये थे। दुकान पहुँचने पर वे मेरे लिए धोती-कुरता खरीदने लगे। मेरे बहुत विरोध के बावजूद जब वे नहीं माने तो मैंने दुकान की सबसे सस्ती धोती और कुरता लिया। मुझे राजी करने में श्री ऋषिकेश राय और

दुकानदार भी उनकी ओर थे। मैंने 800 रु. की धोती वापस करके 200 रु. की एक धोती ली। स्वभावतः अपने प्रति किया गया किसी का खर्च चाहे वह समय का हो या पैसे का, मुझे असुविधा में डाल देता है।

हिमालय होटल, कोलकाता : 25 मार्च, 2011

प्रातः दिल्ली से जनसत्ता के सम्पादक श्री ओम थानवी का फोन आया। उन्होंने बताया कि दिल्ली की 'समयान्तर पत्रिका' में एक लेख छपा है जिसमें अज्ञेय को अंग्रेज़ों का जासूस बताया गया है और कहा गया है कि उनकी जन्म शताब्दी मनानी बन्द कर देनी चाहिए। पता नहीं अज्ञेय से हिन्दी के प्रगतिशीलों की दुश्मनी कब तक चलती रहेगी? बहरहाल, अभी तो वह लेख पढ़ने के बाद ही कुछ कहना उचित होगा। आज ही सवेरे निशान्त ने सूचना दी कि प्रगतिशील लेखक संघ के महासचिव डॉ. कमला प्रसाद का निधन हो गया। मैंने विश्वविद्यालय में अज्ञेय पर व्याख्यान शुरू करने के पूर्व उन्हें श्रद्धांजलि दी। सायंकाल भारतीय भाषा परिषद में मेरा काव्य-पाठ था। काव्य-पाठ के बाद कहानीकार सुधा अरोड़ा ने आग्रह किया कि वह अपनी एक कविता मुझे सुनाना चाहती हैं। तब तक कुछ श्रोता चले गये थे और आयोजक एकान्त श्रीवास्तव को भी गाड़ी पकड़नी थी, अतः वे भी चले गये। मगर मैं कुछ श्रोताओं के साथ बैठ गया। सुधा जी की कविता एक हिन्दी कथाकार पर थी जिसमें उसकी दो कृतियों के नाम भी थे। अतः मेरे लिए उस कथाकार को जान लेना सहज था। कविता में कथाकार द्वारा अपनी पत्नी के प्रति किये गये अत्याचारों का वर्णन था। मैंने जब सुधाजी से पूछा तो उन्होंने बताया कि यह सत्य घटना है।

हिमालय होटल, कोलकाता : 26 मार्च, 2011

सवेरे साहित्य अकादेमी के पूर्व अध्यक्ष प्रो. गोपीचंद नारंग का फोन आया। उन्होंने कहा कि एक हिन्दी लेखक उनसे कह रहे हैं कि वे अकादेमी के उपाध्यक्ष पद के चुनाव में मेरा समर्थन क्यों कर रहे हैं? मैं अशोक वाजपेयी के गुट का हूँ। फोनकर्त्ता जानता होगा कि नारंग के वाजपेयी से सम्बन्ध

ठीक नहीं हैं। ऐसे दुष्प्रचार में कुछ लेखक माहिर होते हैं। मेरी दिक्कत यह है कि मैं किसी गुट का नहीं हूँ और गुट नेताओं से एक दूरी बनाकर रहता हूँ। कुछ दिनों पूर्व असमिया उपन्यासकार लक्ष्मीनन्दन बोरा ने बताया कि दिल्ली के एक हिन्दी पत्रकार ने उनसे कन्नड़ के श्री प्रसन्ना को वोट देने का अनुरोध किया जो मुझसे चुनाव लड़ रहे हैं। हिन्दी की भाजपा–आर. एस.एस. लाबी मेरा विरोध कर रही है और कम्यूनिस्ट लाबी तो शुरू से विरोध में है ही। ऐसे में मेरी स्थिति वही है जिसे इकबाल ने इस शेर में बयान किया है–जाहिदे तंग नज़र ने मुझे काफिर जाना और काफिर ये समझता है मुसलमाँ हूँ मैं।

गोरखपुर : 2 अप्रैल, 2011

10 मार्च को सायंकाल स्थानीय 'हिन्दुस्तान' अखबार के सम्पादक श्री नागेन्द्र सिंह ने फोन पर बताया कि मुझे बिड़ला फाउंडेशन का व्यास सम्मान प्राप्त हुआ है। थोड़ी देर बाद फाउंडेशन के निदेशक श्री निर्मलकांति भट्टाचार्जी ने भी इसकी पुष्टि की। मुझे सबसे अधिक प्रसन्नता इसलिए हुई कि पुरस्कार मेरी कविता पुस्तक (फिर भी कुछ रह जायेगा) को दिया गया था। आजकल सूचना क्रान्ति के युग में समाचार इतनी तेजी से फैलते हैं कि अभी सूचना अखबार में प्रकाशित भी नहीं हुई थी कि मेरे पास बधाई के फोन आने लगे। दूसरे दिन से तो फिर फ़ोनों का क्रम टूट ही नहीं रहा था। मुझे अपने मोबाइल के साथ लैंड लाइन तथा दोनों पुत्रों के मोबाइलों को भी सुनना पड़ रहा था। उसके बाद लगातार यात्राओं में रहा–दिल्ली, जोधपुर और कोलकाता। लगातार बधाइयाँ मिलती रहीं। मैंने लड़कों से कह रखा था कि बधाई देने वालों के नाम लिखते जाना। मुझे अन्दाज नहीं था कि देशभर से हिन्दी और अन्य भाषाओं के लेखकों, मित्रों और सम्बन्धियों की इतनी बधाइयाँ मिलेंगी। हिन्दी के तो लगभग सभी वरिष्ठ-कनिष्ठ लेखकों ने अपनी प्रसन्नता व्यक्त की। मैं उन सबके प्रति कृतज्ञ हूँ। सबसे ज्यादा खुशी मुझे तब हुई जब दो दिन बाद (31 मार्च) दिल्ली पहुँचा और सिटी इंटरनेशनल होटल, करोल बाग के बेयरों, संतरियों

और सफाईकर्मियों ने भी मुझे घेर कर अपनी खुशी जाहिर की। उन्होंने अखबार में मेरा चित्र दो दिन पहले देखा था। इस प्रकार के सम्मानों का एक लाभ यह होता है कि साहित्य से सरोकार न रखने वाले लोगों का भी ध्यान आकृष्ट होता है और उनकी नज़रों में कुछ महत्त्व बढ़ जाता है। यह दुनिया ऐसी है कि चाहे कितना काम करते रहो, आम लोग तभी महत्त्व देते हैं जब खास लोग महत्त्व देना शुरू करें। इसीलिए पुरस्कार लोक स्वीकृति प्रदान करते हैं। लेकिन पुरस्कार किसी लेखक का भला तभी करते हैं जब वह आत्मालोचन करे और भविष्य को और भी गम्भीरता से लेने के लिए प्रवृत्त हो। यह मेरे लिए खुश होने का नहीं, गम्भीर हो कर सोचने का समय है।

गोरखपुर : 14 अप्रैल, 2011

आस्था और श्रद्धा का उदय बुद्धि के पराजय के बाद होता है। जब तर्क बुद्धि अपने पंख फड़फड़ाते-फड़फड़ाते थक जाती है तो प्रपत्ति और समर्पण के लिए नत हो जाती है। दुनिया भर के और खास तौर से भारत के असंख्य श्रद्धालुओं को देखकर हमें यह दंभ नहीं पालना चाहिए कि वे मूर्ख हैं और हम ज्ञानी। सम्भव है श्रद्धा के शरण में आने के पूर्व वे हमसे ज्यादा ज्ञानी रहे हों और अपने जटिल प्रश्नों को सुलझाने में उन्होंने हमसे बेहतर बुद्धि व्यायाम किये हों। मगर कभी-कभी हमारी बुद्धि से कुछ ज्यादा ही पेचीदे सवाल हमारे सामने खड़े हो जाते हैं और हम अवश अनुभव करने लगते हैं। युद्ध में कोई योद्धा पराजित नहीं होना चाहता। हर मानुस अपनी क्षमता भर हर मोर्चे पर प्रयत्न करता ही है। हारने के बाद भी वह अपनी बुद्धि की दुनिया में ही लौटता है। बल्कि कहूँ कि जीवन पर्यन्त वह अपनी बुद्धि पर ही भरोसा करता है। मगर जिन क्षणों में वह श्रद्धा के साम्राज्य में शरण लेता है उन क्षणों में पराजित होकर ही। बुद्धि का क्षेत्र सीमित है, श्रद्धा का साम्राज्य अनन्त। इस सन्दर्भ में जैनेन्द्र कुमार ने प्रसाद जी के बारे में एक विलक्षण बात कही है। एक इंटरव्यू में यह पूछे जाने पर कि उन्हें प्रसाद की कौन सी विशेषता आकर्षित करती है उन्होंने कहा था उनका

बुद्धिवाद। वे मानते थे कि प्रसाद को उनका चरम बुद्धिवाद ही श्रद्धा की ओर ले गया।

गोरखपुर : 3 मई, 2011

कल 2 मई को दिल्ली के लिए जहाज पकड़ने जब गुवाहाटी हवाई अड्डे पहुँचा तो वहाँ टेलीविजन पर आतंकवादी सरगना ओसामा बिन लादेन के मारे जाने का समाचार आ रहा था। उसे एक मई की रात पाकिस्तान के एबटाबाद में अमेरिका के नेवी सील कमांडो द्वारा मारा गया। लादेन की खोज अमेरिका 9/11 की घटना के बाद से ही कर रहा था। उसका पाकिस्तान में मारा जाना प्रमाण है कि पाकिस्तान दुनिया भर के खूँखार आतंकवादियों का सबसे बड़ा पनाहगार है। भारत में आतंकी गतिविधियों को वहीं से हवा मिल रही है।

गोरखपुर : 15 मई, 2011

9 फरवरी, 2011 को साहित्य अकादेमी के उपाध्यक्ष श्री सुतिन्दर सिंह नूर का अचानक इंतकाल हो गया। वे नेक दिल और गम्भीर स्वभाव के व्यक्ति थे तथा जनरल कौंसिल में लोकप्रिय भी थे। उनसे मेरा सम्बन्ध अच्छा था। उनके अचानक निधन के दो माह पूर्व प्रो. गोपीचंद नारंग ने मुझसे पूछा था कि अगले अध्यक्ष के बारे में मैं क्या सोच रहा हूँ? मैंने कहा, मैं नूर साहब की हर सम्भव मदद करूँगा। नारंग के मन में भी यही बात रही होगी अतः वे मेरे इस निर्णय से प्रसन्न हुए और बोले, तब क्या आप उनके साथ उपाध्यक्ष का चुनाव लड़ेंगे? मैंने कहा, आप सब लोग कहेंगे तो लड़ सकता हूँ। मेरे उनके बीच इतनी ही बात हुई थी और मैं अपने को प्रो. नूर के साथ आगे उपाध्यक्ष पद पर लड़ने के लिए मन बना रहा था। लेकिन ईश्वर को कुछ और ही मंजूर था। नूर साहब के अचानक निधन से मुझे उन्हीं के रिक्त पद के लिए चुनाव लड़ना पड़ा।

प्रो. नारंग ने राजस्थानी भाषा के संयोजक श्री चन्द्र प्रकाश देवल से कहा कि हिन्दी सलाहकार बोर्ड सबसे बड़ा है जिसका समर्थन तिवारी जी

को प्राप्त है और उनके जीतने की पूरी सम्भावना है अतः वे उनका साथ दें। देवल जी ने उनके सामने तो यह प्रस्ताव स्वीकार कर लिया मगर अपने मन के भीतर इसे स्वीकार न कर सके। वे एक दिन तो मुझे साथ लेकर जनरल कौंसिल के एक-दो सदस्यों के पास गये पर बेमन से। बहरहाल, मेरी उम्मीदावारी लगभग घोषित हो गयी थी क्योंकि मैंने दिल्ली में जनरल कौंसिल के पच्चीस-तीस सदस्यों से मिलकर यह बात कह दी थी। बाद में पता चला कि कन्नड़ के श्री प्रसन्ना, मैथिली के श्री विद्यानाथ झा विदित और मराठी के श्री लक्ष्मण गायकवाड़ भी चुनाव लड़ रहे हैं। बताने वालों ने यह भी सूचना दी कि श्री प्रसन्ना को अकादेमी के सचिव श्री अग्रहारकृष्णमूर्त्ति ने खड़ा किया है। प्रसन्ना और कृष्णमूर्ति दोनों कन्नड़ भाषा से थे और दोनों परस्पर मित्र भी थे अतः यह सूचना विश्वसनीय भी हो सकती थी। मगर मैंने इसे कोई महत्त्व नहीं दिया। मैंने एक पैराग्राफ का एक संक्षिप्त पत्र तथा साथ में अपना बायोडाटा सभी सदस्यों को भेज दिया था और सबसे फोन पर भी सम्पर्क कर लिया था। सबकी प्रतिक्रियाओं से मैं आश्वस्त था कि चुनाव में अवश्य ही मुझे विजय मिलेगी। 30 अप्रैल, 2011 को गुवाहाटी में उपाध्यक्ष पद के लिए मतदान हुआ जिसमें कुल 67 सदस्य उपस्थित थे। मैथिली के श्री विदित को चार वोट, कन्नड़ के प्रसन्ना को 15 वोट तथा मुझे 47 वोट मिले। मराठी के श्री लक्ष्मण गायकवाड़ भी चुनाव लड़ना चाहते थे पर उनके नाम का प्रस्ताव और समर्थन करने वाला कोई नहीं मिला। इस अपमानजनक स्थिति के प्रतिक्रिया स्वरूप उन्होंने चुनाव का ही बहिष्कार किया और अपना मत किसी को नहीं दिया। इस चुनाव में भाषा की दीवारें टूट गयीं। मुझे दक्षिण की चारों भाषाओं—तमिल, मलयाळम, कन्नड़ और तेलुगु के संयोजकों ने खुले आम समर्थन दिया। कन्नड़ के संयोजक श्री सिद्धलिंग पट्टन शेट्टी ने तो खड़े होकर मेरे नाम का समर्थन किया। पंजाबी के गुरुदयाल सिंह संधू ने मतदान के पूर्व ही सदन में मेरी विजय की घोषणा कर दी। मतदान में अन्य भाषाओं जैसे—कश्मीरी, डोगरी, गुजराती, मराठी, संथाली, नेपाली, असमिया, उड़िया, बंगाली, कोंकणी तथा उत्तरपूर्व क्षेत्र की

सभी भाषाओं के सदस्यों ने मुझे मत दिया। इस प्रकार मैं भारी बहुमत से विजयी हुआ। यह घटना अकादेमी और उससे सम्बद्ध हिन्दी भाषा के इतिहास में अभूतपूर्व थी क्योंकि हिन्दी का कोई लेखक आज तक (1954 से 2011) अकादेमी का उपाध्यक्ष या अध्यक्ष नहीं हुआ था। 'जनसत्ता' तथा देश भर के अखबारों ने इस समाचार को महत्त्व देकर प्रथम पृष्ठ पर प्रकाशित किया। दिल्ली तथा अन्य आकाशवाणी केन्द्रों ने इस सूचना को प्रसारित किया। मेरे पास दस दिनों तक बधाइयों का ताँता लगा रहा। लेकिन इस मैं अपनी जीत नहीं मानता। यह प्रकृति की कृपा है। मैं तो निमित्त मात्र हूँ। हाँ, इसका विश्लेषण जरूर कर सकता हूँ कि यह सफलता मुझे किन कारणों से मिली। इसका एक प्रमुख कारण यह है कि जिस जनरल कौंसिल और एक्जीक्यूटिव बोर्ड में मैंने हिन्दी के संयोजक के रूप में तीन वर्षों तक काम किया था उसके सदस्यों ने मेरे आचार, व्यवहार और व्यक्तित्व को निकट से देखा था। इस चुनाव में हिन्दी की उपभाषाओं जैसे मैथिली और राजस्थानी का विरोध मेरे लिए विशेष कष्टप्रद था। राजस्थानी के संयोजक श्री चन्द्रप्रकाश देवल तो मौन रहे लेकिन मैथिली के श्री विद्यानाथ झा विदित तो मुझसे चुनाव लड़े। विदित जी राजनीतिक व्यक्ति हैं अतः चुनाव में भी उन्होंने कुछ राजनीतिक हथकंडे अपनाये। लेकिन मतदातों ने उन्हें मात्र तीन वोट देकर यह सन्देश दे दिया कि अकादेमी में केवल लेखकों के लिए ही जगह है। हिन्दी सलाहकार मंडल में चार सदस्य भाजपा से सम्बद्ध थे जो मेरे विरुद्ध वोट देने की सोच रहे थे मगर उन्होंने मुझे ही वोट दिया। मेरे 35 वर्ष पुराने परिचित व मित्र प्रो. इन्द्रप्रस्थ चौधुरी, जो हिन्दी सलाहकार बोर्ड के सदस्य हैं, ने मुझे अपना मत नहीं दिया। यदि प्रो. चौधुरी ने स्वयं न बताया होता तो मैं ऐसा विश्वास भी न करता। उन्होंने मेरा साथ इसलिए छोड़ दिया कि प्रो. नारंग मेरा समर्थन कर रहे थे। अंग्रेजी के लेखक हिन्दी का शायद ही कभी समर्थन करें, ऐसा मुझे महसूस हुआ। हिन्दी उनकी दृष्टि में शायद महत्त्वहीन है। और उसमें भी मैं तो धोती-कुरता पहनने वाला, ग्रामीण देशी व्यक्ति हूँ। उनकी अभिजात दृष्टि में क्यों छोटा न लगता? अकादेमी के उपाध्यक्ष बहुत

बड़े-बड़े लोग थे– सर्वपल्ली राधाकृष्णनन, जाकिर हुसैन, सुनीति कुमार चाटुर्ज्या, श्रीनिवास आयंगर आदि। मैं उनकी पंक्ति में सचमुच बहुत-बहुत छोटा हूँ। चुनाव के दूसरे दिन जब मैं बाथरूम में गया तो तीन-चार मिनट तक रोता रहा। प्रभु के समक्ष इससे स्वाभाविक कृतज्ञता ज्ञापन क्या होता? चुनाव के दौरान दो हिन्दीतर लेखकों ने स्पष्ट कहा, "तिवारी जी, हिन्दी के साथ बहुत अन्याय हुआ है। इस सबसे बड़ी भाषा का आज तक कोई उपाध्यक्ष या अध्यक्ष नहीं हुआ।" दुर्भाग्य से ये दोनों लेखक मेरे मतदाता नहीं थे–बंगला के श्री सुबोध सरकार और कन्नड़ के श्री शिवप्रकाश। मैं उनकी भावना के प्रति आभारी हूँ।

हालीडे होम, शिमला : 3 जुलाई, 2011

बहुत दिनों बाद शिमला आया हूँ। 1976-78 के आस-पास पहली बार यहाँ आया था। इसके बाद तीन-चार बार और आया। फिर आमन्त्रण तो मिलते रहे पर आना बन्द कर दिया। इस बार दो लेखकों–प्रत्यूष गुलेरी और गौतमचन्द शर्मा को हिमाचली भाषा सम्मान प्रदान किया गया। इस अवसर पर एक कवि दरबार भी आयोजित था जिसमें हिमाचली के कवि आमन्त्रित थे। इस बार मेरी पत्नी भी साथ हैं जो गोरखपुर में घर-गृहस्थी के जंजाल में फँसी रहती हैं। धार्मिक होने के कारण तीर्थस्थानों की यात्राएँ तो उन्होंने बहुत की हैं पर यहाँ पहली बार आयी हैं।

कल माल रोड पर भवानी सिंह नामक एक युवक मिले जो हिन्दी में पीएच.डी. हैं। उन्होंने एक पुस्तक की चर्चा की जो टाटरी लिपि में है और जिसके आधार पर यहाँ के पंडित भविष्य बताते हैं। आज प्रातः वे पंडित जी को साथ लेकर आ गये। पंडित ने कृष्णमूर्त्ति दम्पति, ब्रजेन्द्र त्रिपाठी, माधव कौशिक, हिमांशु जोशी और मेरे बारे में अलग-अलग कुछ न कुछ बताया। वह किसी व्यक्ति से अपने मन में एक-दो प्रश्न सोच लेने को कहता, फिर नाम पूछता, फिर एक छोटा-सा पाशा पलट कर कोई संख्या जान लेता और उस संख्या के अनुसार पुस्तक में से पढ़ कर सुनाता। उस पुस्तक को 'साज्चा' कहते हैं। यह कुछ ऐसा ही था जैसे बनारस आदि में ज्योतिषी 'भृगु संहिता',

या 'रावण संहिता' आदि से जन्मपत्रियाँ मिलाकर भविष्य बताते हैं। इस पंडित ने अधिकांश तो सामान्य बातें बताईं पर दो-एक बातें विशेष थीं। जैसे कृष्णमूर्त्ति को उसने बताया कि उन्होंने भूमि खरीदने के लिए किसी मित्र को पैसा दिया था जिसने न तो उन्हें भूमि दी, न पैसा लौटाया। यह बात सही थी। ब्रजेन्द्र त्रिपाठी की पत्नी के बारे में बताया कि उन्हें अंग-अंग में बहुत दर्द रहता है। यह बात सही थी क्योंकि उनकी पत्नी गठिया से पीड़ित हैं। मैंने अपने मन में कुछ न रख कर पंडित से ही कुछ बताने को कहा। उसने सब वैसा ही बताया जैसे कोई अन्य बताता। उसने मेरी आयु 97 वर्ष और पत्नी की आयु 90 बताई। लेकिन इसकी परीक्षा तो अवधि पूरी होने पर ही हो सकती है।

पहाड़ों और जंगलों के निवासियों के पास कुछ ऐसी विद्याएँ हैं जिन पर वैज्ञानिक शोध होना चाहिए। इनके द्वारा मनुष्यों और पशुओं के अनेक रोगों का इलाज होता है। अनेक जड़ी-बूटियों के ज्ञान उन्हें हैं जिन्हें वे किसी को बताते नहीं। इसी प्रकार दुर्गम स्थानों पर मन्दिरों-मठों में अनेक दुर्लभ पांडुलिपियाँ हैं। केवल अपने वैज्ञानिक ज्ञान को ही अन्तिम मानना हमारी भूल है। लाखों वर्षों से जो मनुष्य अपने पालतू जीवों के साथ रहता रहा है, वह किस ज्ञान के सहारे? उस लुप्त होती प्राचीन सम्पदा का अनुसन्धान जरूरी है।

मोनार्क होटल ऊटी : 27 जुलाई, 2011

ऊटी की यह मेरी पहली यात्रा है। विद्यार्थी जीवन में हम 'ऊटी' का नाम 'उटकमंड' के रूप में याद करते थे जो वास्तव में संस्कृत शब्द 'उदकमंडलम' है। यहाँ आज एक पुष्प प्रदर्शिनी देखी, जो अद्‌भुत लगी। इसमें 150 प्रकार के फूल धागे से बनाये गये हैं जिसमें सूई का इस्तेमाल नहीं किया गया है। अपनी पत्तियों, तनों और रंगों के साथ ये फूल इतने स्वाभाविक लग रहे हैं कि यदि बताया न जाय तो कोई नहीं जान सकता कि ये धागे से बने हैं। इन्हें केरल के 50 कलाकारों ने 12 वर्षों में बनाया है। इन्हीं में एक वह दुर्लभ फूल भी है जिसे 'नील कुरुन्ज' या 'नीलगिरि

फ्लावर' कहते हैं। यह बारह वर्षों में एक बार फूलता है। तमिलनाडु में अखबार रेडियो-टेलीविजन आदि से इसकी सूचना प्रसारित होती है। यह फूल दुनिया भर में केवल तीन स्थानों पर होता है, जिसमें एक ऊटी है। शेष दो स्थान भी तमिलनाडु में ही हैं– कोदाईकनाल और कुन्नूर। इन स्थानों के आदिवासी इसके फूलने वाले वर्ष से अपनी या अपने बच्चों की आयु या अन्य विशिष्ट घटनाओं की गणना करते हैं। ऊटी में ठंड काफी है। पिछले महीने शिमला गया था, जहाँ गर्मी थी। वह ऊटी से अधिक ऊँचाई पर है। यही सोचकर कोई गर्म कपड़ा साथ नहीं लाया। पर यहाँ सिर ढकने के लिए टोपी खरीदनी पड़ी और मित्रों से ऊनी शाल उधार लेना पड़ा।

सुगम होटल, कोयमबटूर : 30 जुलाई, 2011

यहाँ आज और कल तमिल कवि सिरपी बालसुब्रह्मण्यम के 75 वर्ष पूरे करने पर उनकी प्लैटिनम जुबली मनाई जा रही है। सिरपी ने दो माह पूर्व ही इसमें रहने के लिए आमन्त्रित किया था। ऊटी से लौटते हुए हम लोग (पट्टनशेट्टी, ब्रजेन्द्र त्रिपाठी और मैं) यहाँ रुक गये। आज प्रातः पद्मावती जिन्होंने मेरी कविताओं का तमिल में अनुवाद किया है अपने पति और बेटे के साथ मिलने आईं और हमें पेरूर के प्रसिद्ध पट्टीश्वर मन्दिर ले गयीं। 'पट्टी' का अर्थ 'पशु' या 'गाय' होता है। अतः पट्टीश्वर का अर्थ हुआ 'पशुपति'। नेपाल में पशुपति नाथ का प्रसिद्ध मन्दिर है। उत्तर भारत में भी अनेक पशुपति मन्दिर हैं। आज अमावस्या होने के कारण पट्टीश्वर मन्दिर में बड़ी भीड़ थी मगर पद्मावती के पति वेंकट रमण के कारण हमें दर्शन में असुविधा नहीं हुई।

अपराह्न सिरपी का समारोह शुरू हुआ। मंच पर तमिलनाडु के विभिन्न मठों के आठ स्वामी जी लोग बैठे थे। सभी ने अलग-अलग शाल उढ़ा कर सिरपी दम्पती को आशीर्वाद दिये। मेरे लिए यह आश्चर्यजनक दृश्य था। हिन्दी में अगर किसी लेखक को सार्वजनिक मंच से कोई धार्मिक नेता आशीर्वाद दे तो विवाद शुरू हो जायेगा और उस लेखक को सफाई देते नहीं बनेगी। मेरे बगल में बैठे के. सच्चिदानन्दन ने बताया

कि मलयाळम में भी ऐसे मंचों पर किसी स्वामी जी के लिए स्थान नहीं है। दूसरी बगल बैठे कन्नड़ लेखक पट्टन शेट्टी ने भी यही कहा। समारोह में आठ-दस कवियों ने सिरपी के सम्बन्ध में कविताएँ पढ़ीं। यह भी मेरे लिए आश्चर्य की बात थी। हिन्दी में सार्वजनिक मंच से शायद ही किसी जीवित कवि के बारे में कविताएँ सुनने को मिलें। मगर मुझे यह सब देखना अच्छा लग रहा था। समाज के अन्य वर्गों के लोग यदि किसी कवि को सार्वजनिक मंच से सम्मानित कर रहे हों, तो इसमें बुरा क्या है? यदि कोई बदनाम व्यक्ति भी किसी कवि कलाकार के प्रति श्रद्धा व्यक्त करना चाहता है तो उसे स्वीकार क्यों नहीं करना चाहिए?

साहित्य अकादेमी, नयी दिल्ली : 1 अगस्त, 2011

अभी-अभी कोयमबटूर से लौटा हूँ। हवाई अड्डे से सीधे साहित्य अकादेमी कार्यालय चला आया। आज दोपहर इंडिगो की जिस फ्लाइट से चला उसमें पूर्व राष्ट्रपति ए.पी.जे. अब्दुलकलाम भी थे। वे भी कल सिरपी बालसुब्रह्मण्यम के कार्यक्रम में थे, जिसमें मैं गया था। कलाम बहुत भोले व्यक्ति हैं। कई लोग जहाज में ही उनके साथ फोटो खिंचाने लगे। उन्होंने किसी को मना नहीं किया। कल सभा में जब उद्घोषक उनकी तुलना आइंसटीन से कर रहे थे तो श्रोताओं के ताली बजाने के साथ स्वयं कलाम भी ताली बजाने लगे। उनकी इस मासूमियत पर श्रोता एक बार फिर ताली बजाने लगे। उनकी यह अदा हर समारोह में दिखती है। मैं उनका यह दूसरा व्याख्यान सुन रहा था। लगभग छह महीने पूर्व वे साहित्य अकादेमी का प्रतिष्ठित 'संवत्सर' व्याख्यान दे रहे थे। जब अकादेमी के सचिव उनका परिचय देने लगे तो वे कुर्सी से उठ कर माइक पर पहुँच गये। सचिव ने उनके कान में कहा कि परिचय दे रहे हैं तो वे फिर अपनी कुर्सी पर लौट गये। जब सचिव ने उनकी प्रशंसा शुरू की तो वे स्वयं ताली बजाने लगे। श्रोता उनकी इस बाल सुलभ हरकत पर हँस रहे थे मगर उनकी हँसी में कलाम को 'निश्छल हृदय' समझने का भाव था। व्याख्यान के बीच में कलाम उपस्थित श्रोताओं से अपने कुछ वाक्य

दुहराने का आग्रह करने लगे। वे भूल गये कि बच्चों के बीच में नहीं, देश के चौबीस भाषाओं के प्रसिद्ध साहित्यकारों के बीच बोल रहे हैं। भाषण के अन्त में उन्होंने श्रोताओं को प्रश्न पूछने के लिए आमन्त्रित कर दिया। फिर अपना लैपटाप बन्द किया और आटोग्राफ लेने वालों की भीड़ से घिर गये। उन्हें न किसी को धन्यवाद देने की चिन्ता थी, न आभार प्रकट करने की। उनमें बच्चों सा उत्साह था। बेलौसपन और बेपरवाही। उनकी वाणी अपने ज्ञान और मौलिकता से ज्यादा अपनी ईमानदारी और सच्चरित्रता का प्रभाव डाल रही थी। उनके व्यक्तित्व और उनकी अभिव्यक्ति में एक मोहक स्वाद है।

ज्वायस पैलेस, त्रिशूर : 18 अगस्त, 2011

जनवरी, 1989 में यहाँ जिस साहित्य अकादेमी के यात्रा अनुदान से एक लेखक के रूप में पहली बार आया था उसी अकादेमी का अब निर्वाचित उपाध्यक्ष हूँ। आज का सारा कार्यक्रम जिस भवन में हो रहा है उसी के एक कमरे में तब किसी की सिफारिश पर दो दिन रुका था। समय को धन्यवाद कि उसने मेरी स्थिति में आश्चर्यजनक परिवर्तन कर दिया है। कल विजयकुमार अपनी पत्नी के साथ मिलने आया था। यह वही लड़का है जिसे प्रो. ए.अरविन्दाक्षन ने कोचिन से मुझे केरल घुमाने के लिए साथ लगा दिया था। तब वह एम. फिल्. का छात्र और अविवाहित था। इससे मिल कर उन दिनों की याद ताजा हो आयी। उस यात्रा में केरल के प्रसिद्ध कृष्णमन्दिर गुरूवायुर नहीं जा सका था। आज वहाँ गया। विशाल मन्दिर है। हम लोग (मैं, माधव कौशिक, पट्टनशेट्टी और वासुदेव मोही) प्रातः पाँच बजे ही त्रिशूर से निकले और साढ़े आठ बजे मन्दिर से दर्शन करके लौटे। इस मन्दिर के पास 60-70 हाथी हैं। प्रातःकाल पहले एक हाथी मन्दिर की परिक्रमा करता है फिर दर्शनार्थियों को अन्दर जाने दिया जाता है। इसी प्रकार सायंकाल पहले तीन हाथी परिक्रमा करते हैं। हमने देखा हाथी के आगे और पीछे सैकड़ों लोग चल रहे थे। बीच में दाँतों वाला विशाल हाथी भी एक पुजारी ही प्रतीत हो रहा था। मन्दिर में

पंडागिरी या चढ़ावा आदि का आडम्बर नहीं है। इच्छानुसार दान पेटी में जो चाहें डाला जा सकता है। लौटानी में हम लोग त्रिशूर के बंडकून्नाथ मन्दिर भी गये। 'बंडकून्नाथ' का अर्थ है 'उत्तर का देवता'। यह शिव मन्दिर है। पिछली यात्रा में मैं इस मन्दिर के विशाल परिसर में सुबह-शाम टहलता था।

16 अगस्त को अन्ना हजारे दिल्ली में गिरफ्तार कर लिये गये और उन्हें तिहाड़ जेल भेज दिया गया। वे जनलोकपाल विधेयक के लिए पिछले दो-तीन महीनों से सुर्खियों में हैं। टेलीविजन पर खबर देखकर मैंने जनसत्ता, दैनिक जागरण (दिल्ली), सहारा, दैनिक जागरण, हिन्दुस्तान और अमर उजाला (गोरखपुर) को फोन करके अपना विरोध दर्ज कराया। मैं जनलोकपाल की बारीकियों से परिचित नहीं हूँ मगर अन्ना ने भ्रष्टाचार का जो मुद्दा उठाया है, वह जरूरी है। अन्ना के कुछ इंटरव्यू मैंने टेलीविजन पर देखे हैं। उनकी दृढ़ता, सादगी और गाँधीवादी चर्या ने मुझे प्रभावित किया है। उनके हृदय की पवित्रता उनके चेहरे पर देखी और उनकी वाणी में सुनी जा सकती है। उन्होंने भारतीय मानस में प्रतिरोध का विश्वास जगाया है। इसके लिए हमें उनका कृतज्ञ होना चाहिए।

होटल ग्रैंड पार्क, हरद्वार : 28 अगस्त, 2011

गंगा की धारा तीव्र गति से बह रही है। अँधेरे और शायद गहराई के भी कारण निर्मल जल श्यामल दिख रहा है। विपुल जल का प्रवाह ऐसा मोहक कि इसमें कूद पड़ने की इच्छा हो रही है। मैं कई साथियों के साथ हूँ मगर मौन और अकेला। अपनी ही वेदनाओं के प्रवाह में। अनन्तकाल से यह प्रवाह सागर की ओर अपने पूरे वेग से भागा जा रहा। मुझे भी मेरी जीवनेच्छा इकहत्तर वर्षों से धकेलती हुई यहाँ तक ले आयी है। अपने ही कर्मों के प्रवाह में बहता रहा हूँ। छोटे-छोटे कर्मों के थपेड़ों ने इस मुकाम तक पहुँचा दिया है। आज जब विश्लेषण करता हूँ तो बुद्धि जवाब देने लगती है। कुछ कर्म ऐसे थे जिन्हें दूसरों की इच्छा से किये, कुछ स्वयं अपनी इच्छा से और कुछ अचानक हो गये। आज जो भी हूँ उन सबका परिणाम हूँ।

अपने को अपना निर्माता कैसे मानूँ? उन दिनों जब अबोध था या जब तक आत्मनिर्भर नहीं हुआ था, किसके निर्देश पर कर्म कर रहा था? जिन परिस्थितियों में स्वयं भी निर्णय ले रहा था वे क्या मेरी बनाई हुई थीं? और कुछ ऐसे भी कर्म अचानक कर दिये जिनके तर्क मेरे पास नहीं हैं। क्या आज जो हूँ अपनी ही इच्छा से बना हूँ? क्या इससे भिन्न कुछ बनने की इच्छा नहीं थी? क्या मेरे हर छोटे-बड़े, सोचे-अनसोचे कर्म की भूमिका मुझे बनाने में नहीं है? तो क्या मेरा हर कर्म मुझे इसी दिशा में खींच रहा था? यहीं पहुँचाने के लिए जहाँ पहुँचा हूँ? कर्मों का प्रेरक और परिस्थितियों का निर्माता कौन रहा? क्या मैं अपने कर्म-प्रवाह में बहता हुआ एक जीव नहीं हूँ? मुझमें बुद्धि है, कल्पना है, संकल्प है, जीवनेच्छा है, लेकिन यह सब कुछ एक विराट प्रवाह के भीतर है। मैं यदि सत्य हूँ तो एक विराट प्रवाह का ही सत्य हूँ।

डॉ. योगेन्द्रनाथ शर्मा 'अरुण' ने यह व्यवस्था की थी कि 27 अगस्त को होने वाली गंगा आरती में मैं और मेरी पत्नी पूजन करायें। यह किसी विशिष्ट व्यक्ति से रोज सम्पन्न कराया जाता है तथा हजारों लोग गंगा तट पर इसके साक्षी होते हैं। गंगा आरती का यह दृश्य अद्‌भुत है। मैंने हरिद्वार में इसे पहले भी एक बार देखा है और बनारस में अभी कुछ ही दिनों पहले देखने का अवसर मिला था। गंगा भारत के करोड़ों लोगों के लिए न मात्र एक नदी है, न उसका जल मात्र जल। हरिद्वार की यह मेरी तीसरी या चौथी यात्रा है। मैं पत्नी के साथ आया हूँ जिन्हें धार्मिक स्थानों से विशेष लगाव है। इस बार मंजुला राणा जो उत्तराखंड लोक सेवा आयोग की सदस्य हैं, ने खास तौर से उनका ध्यान रखा और साथ रह कर उन्हें हर की पौड़ी पर स्नान तो कराया ही, उन मन्दिरों का भी दर्शन कराया जिन्हें पिछली यात्राओं में नहीं देखा था। लीलाधर जगूड़ी ने कहा, "आपकी पत्नी बेहद आस्थावान हैं। गंगा आरती के समय उनका भक्ति भावमय चेहरा देखने लायक था।"

नीलाम बाग पैलेस, भावनगर : 25 सितम्बर, 2011

स्वाधीनता संग्राम काल के कवि नाटककार पत्रकार श्री कृष्णलाल श्रीधराणी के जन्मशती समारोह में आया हूँ। उन्होंने दक्षिणामूर्त्ति बालमन्दिर,

जहाँ कार्यक्रम हो रहा है, में ही प्रारम्भिक शिक्षा प्राप्त की थी। बताया गया कि यहाँ महात्मा गाँधी और गुरूदेव रवीन्द्रनाथ भी आये थे। कार्यक्रम में भोलाभाई पटेल, हर्षद त्रिवेदी, दीपक मेहता, विष्णु पंड्या, विनोद जोशी और भावनगर के सभी साहित्यकार थे। जितने पुरुष उतनी महिलाएँ। गुजरात में महिलाओं को पुरुषों के समान ही आदर प्राप्त है। विनोद जोशी ने बताया कि भावनगर गुजरात की सांस्कृतिक राजधानी है। भोलाभाई ने कहा कि भावनगर की भाषा ही गुजरात की मानक भाषा मानी जाती है। श्री श्रीधराणी गाँधी जी के मूल्यों के कट्टर समर्थक थे। गाँधी के प्रसिद्ध दांडी मार्च में वे सबसे कम आयु के सत्याग्रही थे। वे दो वर्ष शान्ति निकेतन में रहे और गुरुदेव के स्नेह भाजन थे। उन्होंने बारह वर्ष अमेरिका में बिताये और वहाँ की कोलंबिया यूनिवर्सिटी से समाजशास्त्र और राजनीति शास्त्र में पीएच.डी. प्राप्त की। वे गुजराती और अंग्रेजी दोनों ही भाषाओं में लिखते थे। अंग्रेजी में उनकी पुस्तकें हैं– My India, My America, war without violence, warning to the west, Mahatma and the world आदि। उनकी पुस्तकें उपलब्ध नहीं हैं। समारोह में उनकी रचनाओं का भोलाभाई द्वारा किया गया सम्पादन दो खंडों में और विष्णु पंड्या द्वारा उनकी पत्रकारिता पर लिखी एक पुस्तक लोकार्पित हुई। लोकार्पण तो मेरे ही हाथों हुआ मगर पुस्तकें गुजराती में थीं जिन्हें मैं पढ़ नहीं सकता था। उनके बारे में जो व्याख्यान दिये गये उनसे पता लगा कि उनकी कविताओं में कीट्स जैसी ऐन्द्रियता है और प्रकृति प्रेम भी बहुत है। उनका निधन मात्र 49 वर्ष की आयु में 1960 में हो गया।

इंडिया इंटरनेशनल सेंटर, नयी दिल्ली : 30 नवम्बर, 2011

एक नवम्बर को कनाडा से दिल्ली लौटा। 3 नवम्बर को अज्ञेय पर एक आयोजन में जोधपुर चला गया। वहाँ से दिल्ली होते आठ नवम्बर को गोरखपुर पहुँचा। आठ की ही रात में जाड़ा देकर तेज बुखार हुआ। 9 को बाथरूम गया तो शरीर इस कदर काँप रहा था कि सँभालते-सँभालते भी गिर पड़ा। दूसरी बार गया तो दीवार से सिर टकरा गया। यह सब कैसे हुआ और कैसे बच गया, और सबसे बड़ी बात कि विदेश यात्रा से

घर लौट कर हुआ, इसे ईश्वर की कृपा ही मानता हूँ। मेरी तबियत ऐसी खराब कभी नहीं हुई थी। अगले दिन डाक्टर को दिखाया, सारी जाँच हुई, पेशाब में इन्फेक्शन निकला। फिर पाँच दिनों तक ऐंटीबायटिक दवाइयाँ और रोज दो इंजेक्शन। बीमारी कब्जे में आ गयी थी। बारह दिनों बाद स्नान किया। इस बीच कोलकाता में अकादेमी का बाल साहित्य पुरस्कार उत्सव और डिब्रूगढ़ विश्वविद्यालय में एक कार्यक्रम था। दोनों रद्द करने पड़े। आज दिल्ली में वित्त समिति की बैठक थी जिसका अध्यक्ष मैं ही हूँ, अतः आना पड़ा। कल कोंकणी भाषा के एक समारोह का उद्घाटन करना है। परसों घर लौट जाऊँगा। अभी कमजोरी है, भूख नहीं लग रही है। दिल्ली चलने के पहले जाँच कराई थी। तीन हफ्तों तक दवा लेनी और एहतिहात बरतनी है।

गोरखपुर : 16 दिसम्बर, 2011

सायंकाल दिल्ली से अरुण कमल का फोन आया। उनके पास लीलाधर जगूड़ी भी थे। बल्कि कहूँ कि दोनों मिलकर फोन कर रहे थे। एक ही फोन से दोनों ने बात की। पहले अरुण कमल ने मेरी इतनी प्रशंसा की कि मुझे लिखने में संकोच हो रहा है। एक वाक्य में कहूँ तो उन्होंने मेरी निष्पक्षता और सदाशयता की सराहना की। उन्होंने आश्चर्य व्यक्त किया कि मैंने अकादेमी पुरस्कार के बारे में उन्हें कोई संकेत तक नहीं दिया। जगूड़ी ने भी यही दुहराया। फिर दोनों ने हिन्दी परामर्श मंडल के संयोजक माधव कौशिक की भी शिष्टता और तटस्थता की प्रशंसा की। आज दिल्ली में साहित्य अकादेमी पुरस्कार के लिए जूरी मंडल की बैठक थी जिसके जगूड़ी और अरुण कमल सदस्य थे। उसी प्रसंग में वे बात कर रहे थे। वास्तविकता यह है कि साहित्य अकादेमी पुरस्कारों के सम्बन्ध में मैंने किसी जूरी मंडल को कभी प्रभावित करने की कोशिश नहीं की। बल्कि उनके नाम तक जानने की कोशिश नहीं की। यदि किसी ने स्वयं पूछा तो भी यही सलाह दी कि सर्वसम्मति से निर्णय हो तो बेहतर होगा। जिस भी लेखक को पुरस्कृत किया जाए वह एक खास साहित्यिक स्तर को छूता हो और हिन्दी जगत उसे जानता हो।

होटल सांग्रीला, काठमांडो : 3 फरवरी, 2012

कल यहाँ प्रज्ञा प्रतिष्ठान भवन में भारतीय साहित्य अकादेमी और नेपाली प्रज्ञा प्रतिष्ठान के बीच एक सहमति पत्र (memorendum of understanding) पर भारत की ओर से मेरे तथा नेपाल की ओर से प्रतिष्ठान के कुलपति श्री बैरागी काइनाल के हस्ताक्षर हुए। इस अवसर पर भारतीय राजदूत श्री जयन्त प्रसाद, दूतावास की सांस्कृतिक सचिव सुश्री अपूर्वा श्रीवास्तव, प्रतिष्ठान के उपकुलपति गंगा प्रसाद उप्रेती, संगठन सचिव सनत रेग्मी, साहित्य अकादेमी के सचिव अग्रहारकृष्ण मूर्त्ति, उपसचिव के.एस. राव, भारतीय शिष्टमंडल के सदस्य सर्वश्री जीवन नामदुंग, विद्यानाथ झा, मंजुला राणा, परिचय दास, विमलेश कांति वर्मा, धीरा वर्मा, डी.एम. प्रधान, प्रज्ञा प्रतिष्ठान के पदाधिकारी तथा नेपाल के अनेक लेखक, प्रोफेसर एवं बुद्धिजीवी उपस्थित थे। सहमति पत्र के अनुसार दोनों देशों के बीच साहित्यिक आदान-प्रदान होगा, साहित्यिक गोष्ठियों एवं रचना पाठों के आयोजन होंगे, लेखकों के शिष्टमंडल एक-दूसरे में जायेंगे तथा रचनाओं के अनुवाद, उनके प्रकाशन और परस्पर आदान-प्रदान की व्यवस्था होगी। नेपाल से भारत के ऐतिहासिक, भौगोलिक, सांस्कृतिक, धार्मिक और साहित्यिक सम्बन्ध अति प्राचीन हैं। मुझे आश्चर्य हुआ कि अब तक इस प्रकार का लिखित सम्बन्ध क्यों नहीं स्थापित हुआ। अध्यक्षीय व्याख्यान में मैंने कहा भी कि मैं सौभाग्यशाली हूँ कि यह जरूरी कार्य मेरे हाथों सम्पन्न हो रहा है। काठमांडू की यह मेरी दूसरी यात्रा है। पहली बार 10 जून, 1968 को बिहार के लेखकों के एक शिष्टमंडल के साथ पुछिल्ले के रूप में जुड़ कर आया था। 11 जून को नेपाल नरेश महेन्द्र वीर विक्रम शाह के जन्मदिन पर एक कवि सन्ध्या का आयोजन था जिसकी अध्यक्षता नेपाली कवि आलोचक श्री घिमरे ने की थी और उसमें बालकृष्ण सम, भवानी भिक्षु, सिद्धिचरण श्रेष्ठ, पोषण पाण्डेय आदि तथा हिन्दी के डॉ. शिवमंगल सिंह सुमन, श्यामनंदन किशोर, दिनेश भ्रमर, पांडे आशुतोष आदि ने काव्य पाठ किया था। श्यामनंदन किशोर के साथ उनकी पत्नी आशा किशोर तथा बेटी अनामिका भी थी जिसकी उम्र उस समय लगभग बारह-तेरह वर्ष थी और

जो इस समय हिन्दी की सुपरिचित कवयित्री है। शिष्टमंडल में मैं सबसे कम उम्र (28 वर्ष) का सदस्य था और मुझे भी एक कविता पढ़ने का मौका मिल गया था। इस बार की अपनी अतिविशिष्ट भूमिका के साथ तब की अपनी नगण्य उपस्थिति का स्मरण कर मेरी आँखें डबडबा गयीं, जब मैंने इस घटना का जिक्र किया।

पहली यात्रा में मैं वीरगंज (बिहार) से त्रिभुवन राजपथ द्वारा यहाँ आया था। दुर्गम पहाड़ियों को काटकर बनाया गया वह रास्ता भारत के सैन्य इंजीनियरों और श्रमिक हाथों के साहस का प्रमाण है। एक ओर ऊँची-ऊँची पहाड़ियाँ और दूसरी ओर हजारों फीट गहरी खाइयाँ। बीच में मोड़ लेती सर्पिल सड़क। वह मेरे जीवन की पहली यात्रा थी, अतः कुछ ज्यादा ही भयावह लग रही थी। मैं इतना डरा था कि मैंने पशुपतिनाथ से प्रार्थना की कि मुझे सकुशल लौटा दें तो फिर कभी नहीं आऊँगा। इस बार जब काठमांडू का कार्यक्रम बना तो मुझे 43 वर्ष पूर्व की वह प्रार्थना याद आने लगी। मैंने पुनः पशुपतिनाथ से विनती की कि मेरे पिछले अनुरोध के लिए क्षमा करें और पुनः दर्शन की अनुमति दें। इस यात्रा में मैंने और भी कई स्थान देखे जिसे पहली यात्रा में नहीं देख सका था। जैसे गुहयेश्वरी देवी, नीलकंठ शेषशायी विष्णु, स्वयंभू मन्दिर आदि। स्वयंभू मन्दिर पहाड़ी पर स्थित है जहाँ से काठमांडू घाटी का मनोरम दृश्य दिखता है।

इम्फाल : 22 फरवरी, 2012

आज कोलकाता में उपराष्ट्रपति श्री हामिद अंसारी ने अज्ञेय जी पर आयोजित, एक संगोष्ठी का उद्घाटन किया। इसमें ओम थानवी द्वारा सम्पादित पुस्तक 'अपने अपने अज्ञेय' का लोकार्पण भी हुआ। दो खंडों में प्रकाशित वह बृहत् ग्रन्थ अज्ञेय को जानने-समझने के लिए अत्यन्त महत्त्वपूर्ण है। कार्यक्रम के तुरन्त बाद मैं रामकुमार मुखोपाध्याय के साथ सीधे इम्फाल चला आया। इम्फाल की यह पहली यात्रा है। मैं समझता था, यह ऊँचाई पर बसा होगा मगर यह तो एक विस्तृत घाटी है। दूर-दूर तक फैली समतल कृषि

भूमि। यह कला और संस्कृति की भी भूमि है। यहाँ का समाज मातृसत्तात्मक है, स्त्रियों का हर क्षेत्र में वर्चस्व है। नृत्य, कला, मार्शल आर्ट, सबमें स्त्रियाँ आगे हैं। मैं एक सब्जी बाजार से गुजरा जहाँ केवल स्त्रियाँ पंक्तिबद्ध बैठी सब्जी बेच रही थीं। एक महिला बाजार भी है जहाँ स्त्रियाँ ही हर प्रकार का सामान बेचती हैं। यहाँ की स्त्रियाँ सुन्दर तो हैं ही, हर काम में फुर्तीली और कुशल भी। मगर यह भी सचाई है कि उत्तरपूर्वी भारत में सबसे अधिक आतंकी लड़ाकू संगठन मणिपुर में ही हैं। अभी कुछ दिनों पूर्व यहाँ आम चुनाव हुए जिसमें हिंसात्मक घटनाएँ हुईं। इस समय शान्ति है पर जगह-जगह सेना के जवान तैनात हैं और चारों ओर चौकसी दिखाई पड़ती है।

इंडिया इंटरनेशनल सेंटर, नयी दिल्ली : 21 मार्च, 2012

प्रातः त्रिवेन्द्रम से रवाना हुआ। इंडिगो के विमान से जो बम्बई होते हुए आता है, सवा तीन बजे दिल्ली पहुँचा। हवाई अड्डे से सीधे साहित्य अकादेमी कार्यालय गया। पता चला कि चीनी लेखकों का एक शिष्टमंडल आया हुआ है और अकादेमी के उपसचिव के.एस.राव ने उसमें मुझसे रहने का अनुरोध किया। डेढ़ घंटे उसमें रहा। भाषा समस्या के कारण चीनी लेखकों के साथ संवाद मुश्किल होता है। यह भी अटपटा लगता है कि वे तो अपनी भाषा चीनी में बोलते हैं मगर हमें अंग्रेजी में बोलना पड़ता है। क्योंकि उनका दुभाषिया हिन्दी नहीं जानता। चीनी लेखक भारतीय लेखकों के हर सवाल का जवाब भी नहीं देते। भारत जैसा लोकतांत्रिक देश न होने के कारण भारतीय लेखकों के राजनीतिक प्रश्नों पर वे बगलें झाँकने और अपने साथियों के बीच एक-दूसरे का मुँह देखने लगते हैं। जब हिन्दी लेखक हिमांशु जोशी ने उनसे पूछा कि कल्चरल रिवोलूशन का चीन के साहित्य पर क्या प्रभाव पड़ा तो चीनी लेखकों की स्थिति असहज हो गयीं और उनके साथ आया चीनी दूतावास का अधिकारी अपनी घड़ी देखते हुए अचानक उठ कर चला गया। चीनी लेखकों ने अपनी भाषा में क्या जवाब दिया, किसी की समझ में नहीं आया। बन्द व्यवस्थाओं के लेखकों के साथ यही संकट होता है।

मैं 16 मार्च को सायंकाल गोरखपुर से दिल्ली के लिए चला था। 17 मार्च को दिल्ली से त्रिवेन्द्रम जाने के लिए हवाई अड्डे पहुँचा तो वहाँ अरुण कमल मिले जो उसी कार्यक्रम में जा रहे थे। कार्यक्रम हिन्दी साहित्य सम्मेलन, प्रयाग का था। इस वर्ष सम्मेलन का वार्षिक अधिवेशन कन्याकुमारी में हो रहा है जिसका सभापति मुझे बनाया गया है। सम्मेलन अब एक सक्रिय संस्था नहीं रह गया है और साहित्यकारों का उससे जुड़ाव तो बिल्कुल ही नहीं है। सत्यप्रकाश मिश्र ने उसके साथ लेखकों को जोड़ने का काम शुरू किया था पर उनकी असामयिक मृत्यु से इसमें विघ्न पड़ गया। सम्मेलन के सभापति का पद इतना गरिमापूर्ण है कि मैं इसे अस्वीकार न कर सका। इस पद को महात्मा गाँधी, पुरुषोत्तम दास टंडन, डॉ. राजेन्द्र प्रसाद जैसी विभूतियाँ सुशोभित कर चुकी हैं। अब वैसे महान लोग तो रहे नहीं, अतः मुझ जैसे बौने व्यक्ति को ही चुना गया। हाँ तो मैं और अरुण कमल दिल्ली से एक ही विमान से चले जो कोचिन होता हुआ रात को दस बजे त्रिवेन्द्रम पहुँचा। मैंने प्रो. ए. अरविन्दाक्षन को फोन करके त्रिवेन्द्रम में अपनी व्यवस्था के लिए कहा था और उन्होंने वहाँ के श्री अशोकन और सुधीश को इस कार्य के लिए लगा दिया था। मैं और अरुण कमल एक ही कमरे में रुके। 18 मार्च को प्रातः दोनों एक कार द्वारा कन्याकुमारी के लिए चले। केरल का प्राकृतिक सौन्दर्य बहुत मनोरम है। नारियल और कदलीवन इस भूमि के विशेष आकर्षण हैं। इस बार मैंने लक्ष्य किया कि इस भूभाग में नीम के वृक्ष भी बहुत हैं। मैंने गाड़ी रोक कर नीम की एक टहनी तोड़ी जिसका सेवन मैं लगभग रोज करता हूँ। इस रास्ते में हम लोगों ने पद्‌भनाभ पैलेस देखा जो केरल के राजाओं का राजमहल था। सम्भवतः प्रसिद्ध चित्रकार राजा रवि वर्मा भी इसी खानदान के थे। उनकी पेंटिंग्स महल में लगी हुई हैं। इस वंश के राजा मार्तण्ड वर्मा काफी प्रसिद्ध रहे हैं। महल के विशाल भोजनालय ने मुझे आकर्षित किया जिसमें राजा प्रतिदिन दो हजार व्यक्तियों को एक साथ भोजन कराते थे। ऐसी व्यवस्था मुझे अब तक देखे किसी राजमहल में नहीं दिखाई पड़ी। कन्याकुमारी के कुछ ही पहले हम लोगों ने सुचिन्द्रम में शिव और हनुमान मन्दिर भी देखा। तमिलनाडु में मन्दिर बहुत हैं और बहुत विशाल भी।

कन्याकुमारी में हम लोग सनवर्ल्ड (sun world) होटल में चौथी

मंजिल पर रुके जहाँ हमारे कमरे से समुद्र का विराट सौन्दर्य, विवेकानन्द शिला और सन्त कवि तिरुवल्लुवर की विशाल प्रतिमा पलँग पर सोये-सोये दिख रही थी। यह दृश्य अद्भुत था जिसका आनन्द हम तीन दिन लगातार प्राप्त करते रहे। 18 मार्च को सायंकाल सम्मेलन के सभापति के रूप में परम्परानुसार मैंने अपना लिखित भाषण पढ़ा जो प्रकाशित रूप में उसी समय सबको वितरित किया गया। इस अवसर पर दक्षिण के हिन्दी सेवियों—श्री शेषन, शौरिराजन, सुन्दरम और बालसुब्रह्मण्यम आदि से मिल कर बड़ी प्रसन्नता हुई। उनसे काफी दिनों बाद मिलना हो रहा था। 20 मार्च को उन्हें सम्मेलन ने विद्यावाचस्पति की अपनी सर्वोच्च मानद उपाधि प्रदान की। इस सत् कार्य में अपनी भूमिका का निर्वाह करते हुए मुझे सन्तोष हुआ।

इंडिया इंटरनेशनल सेंटर, नयी दिल्ली : 25 मार्च, 2012

पिछले दो दिन जोधपुर में युवा (35 वर्ष से कम आयु) कवियों का रचना पाठ था। स्वयं मेरे युवाकाल की रचनाओं की तुलना में इनकी रचनाएँ मुझे स्तरीय और गम्भीर लगीं। अपने अध्यक्षीय व्याख्यान में मैंने कहा भी कि हिन्दी में सातवें दशक में जो युवा पीढ़ी सक्रिय हुई थी उसकी रचनाओं में भाषा का अनुशासन और अनुभव का वैविध्य नहीं के बराबर था। बल्कि उलटे उसमें आक्रोश, विद्रोह, गुस्सा और आत्मलिप्ति ज्यादा थी। इसके लिए आलोचकों ने उस पीढ़ी को दोषी भी ठहराया। कल विजयदान देथा (बिज्जी) के गाँव बोरून्दा गया था। बिज्जी राजस्थानी के वरिष्ठतम (आयु 89) जीवित लेखक हैं। इस समय उन्हें आँखों से दिखाई और कानों से सुनाई कम देता है। मेरे साथ बिज्जी के सुपुत्र श्री कैलास कबीर और उनके दामाद श्री चन्द्रप्रकाश देवल भी थे। बिज्जी बहुत प्रसन्न थे। उन्होंने दाढ़ी बनवा कर श्वेत कुरता-लुंगी पहन रखा था। चेहरे पर कान्ति थी। उन्होंने साहित्य अकादेमी के कुछ संस्मरण भी सुनाये। दोपहर भोजन के बाद मैं कैलास कबीर के साथ जोधपुर लौट आया।

होटल पाटलिपुत्र, पटना : 6 अप्रैल, 2012

कल सायंकाल पटना पहुँचा। बिहार राज्य के सौ वर्ष होने के उपलक्ष्य में बिहार विधान परिषद ने आज एक काव्य सन्ध्या का आयोजन किया है। प्रो. रामवचन राय का आग्रह था कि उसमें रहूँ। पटना मेरे शहर के करीब है। बहुत पहले से यहाँ आता हूँ, लौट जाता हूँ। इस प्राचीन नगर के ऐतिहासिक स्थलों को देख नहीं सका। आधुनिक पटना जिसका प्राचीन नाम पाटलिपुत्र है, प्रसिद्ध मगध राज्य की राजधानी रही है। राजा अजातशत्रु (494-467 ई. पू.) ने यहाँ एक दुर्ग बनवाया था। चन्द्रगुप्त मौर्य (324-398 ई. पू.) के समय में यह राजधानी के रूप में विकसित हुआ। यूनानी राजदूत मेगस्थनीज ने चन्द्रगुप्त के राजमहल के ऐश्वर्य और वैभव की भूरि-भूरि प्रशंसा की है। बाद में अशोक महान (273-232 ई. पू.) ने यहाँ एक पत्थर का महल बनवाया। 5वीं शताब्दी में इस महल को चीनी यात्री फाह्यान ने देखा था। वह इसे देखकर इतना चकित हुआ था कि उसे विश्वास ही नहीं हो रहा था कि यह मनुष्यों का बनाया हुआ होगा। वह इसे देवताओं द्वारा निर्मित समझता था। अब पाटलिपुत्र में न चन्द्रगुप्त मौर्य का महल बचा है न अशोक का। दोनों काल प्रवाह में नष्ट हो चुके हैं। बाद में पाटलिपुत्र गुप्त सम्राटों की राजधानी रही। जिन्होंने 320 ई. से 500 ई. तक राज्य किया। यह काल भारतीय इतिहास का स्वर्णकाल माना जाता है और उस काल में पाटलिपुत्र भारतीय सभ्यता और संस्कृति का केन्द्र था। पिछली यात्राओं में जब भी गाँधी सेतु की ओर से पटना नगर में प्रवेश करता था, पटना साहब गुरुद्वारे का गुम्बद मुझे आकर्षित करता। इस बार जो लोग मुझे हाजीपुर से ले जाने आये थे उनसे (श्री आदित्य और सिन्हा) पटना साहब होते हुए नगर में प्रवेश करने को कहा। यह पुराना पटना है, पतली सड़कों के किनारे घना बसा हुआ भीड़-भाड़ वाला एक ग्रामीण शहर जैसा। मगर अन्दर पटना साहब गुरुद्वारा विशाल और भव्य है। यहीं सिखों के दसवें और अन्तिम गुरु गोविन्द सिंह का जन्म हुआ था। गुरु गोविन्दसिंह ने ही मुसलमानों से लड़ने के लिए सिखों को एक सैनिक शक्ति के रूप में संगठित किया था और 'खालसा' पन्थ की स्थापना की थी। उन्होंने सिखों के लिए पाँच ककार

(केश, कंघा, कड़ा, कृपाण तथा कच्छ) रखने का नियम बनाया था। वे एक पराक्रमी योद्धा थे जो मुगलों से लड़ते रहे। उनके दो पुत्रों को सरहिन्द के मुगल फौजदार ने दीवार में जिन्दा चुनवा दिया था। अपने पिता गुरु तेग बहादुर के बाद 1675 ई. से 1708 तक वे दसवें गुरु के रूप में गद्दी पर थे। 1708 में ही दक्षिण में नान्देड़ नामक स्थान पर एक पठान ने उनकी हत्या कर दी। पटना साहब के बाद पाटन देवी गया। मुझे बताया गया कि यह शक्ति पीठ है। सम्भव है इस देवी के नाम पर ही नगर का नाम 'पटना' हुआ हो। यह भी पता चला कि यहाँ एक अगम कुआँ है। कहा जाता है कि सम्राट अशोक ने राजगद्दी के लिए युद्ध में अपने 99 भाइयों की हत्या करके उन्हें इसी कुएँ में डाल दिया था।

गोरखपुर : 4 जुलाई, 2012

पिछले बीस दिनों से लगातार यात्रा में रहा। एक साथ इतनी यात्राएँ जीवन में कभी नहीं कीं। 14 जून को गोरखपुर से दिल्ली 15 को दिल्ली से कोलकाता। 17 को कोलकाता से दिल्ली। उसी दिन रात को दिल्ली से बैंकाक और हांगकांग होते हुए दक्षिण कोरिया की राजधानी सिओल। 18 से 23 जून तक सिओल में भी यात्राएँ। 24 को सिओल से हांगकांग होते दिल्ली। 28 को दिल्ली से गोरखपुर। 29 को पुनः गोरखपुर से दिल्ली। 30 को दिल्ली से भुवनेश्वर। 3 जुलाई को भुवनेश्वर से दिल्ली और आज 4 को दिल्ली से गोरखपुर। बेहद थक गया हूँ। 29 जून से आज तक की यात्रा में पत्नी, छोटी बहू और पोती अनन्या भी साथ थी। ये तीनों पहली बार हवाई यात्रा कर रहे थे। अतः उन्हें सँभालना पड़ता था। भुवनेश्वर की प्रसिद्ध शैक्षणिक संस्था 'कीट' और 'किस' ने सपरिवार यात्रा के लिए आमन्त्रित किया था। मेरे परिवार में दस व्यक्ति हैं, मगर मैं तीन के साथ गया। 'कीट' के डायरेक्टर श्री महेन्द्र प्रसाद ने यात्रा में किसी प्रकार की असुविधा न होने दी।

30 जून को सायंकाल भुवनेश्वर में बहुत अच्छी वर्षा हुई। गरज, तड़क और चमक के साथ काले बादलों को देख मन हर्षित हो उठा। गर्मी ने इतना तपाया था कि यह वर्षा कुछ अधिक ही सुखद लगी। बारिश में ही रमाकांत

रथ और प्रतिभा राय के घर गया। दोनों स्नेह से मिले। एक जुलाई को परिवार के सदस्यों के साथ पुरी गया। जगन्नाथ जी की रथयात्रा का अन्तिम दिन था। उनका विग्रह रथ पर मन्दिर के द्वार के सामने था। भीड़ बहुत थी, अतः दूर से ही दर्शन हुआ। मेरी पत्नी सामान्य से कुछ ज्यादा ही धार्मिक हैं। वे तीसरी बार पुरी दर्शन कर रही थीं। पुरी से कोणार्क होते भुवनेश्वर लौटा। शंकरलाल पुरोहित को भी साथ ले लिया था। सायंकाल श्री जानकीवल्लभ पटनायक की पुस्तक 'बंकिम उपन्यासावली' (बंकिमचन्द्र के 9 उपन्यासों का ओड़िया अनुवाद) का लोकार्पण करना था। श्री पटनायक इस समय असम के राज्यपाल हैं। वे इसी कार्यक्रम के लिए भुवनेश्वर आये थे। समारोह संक्षिप्त और अच्छा रहा। श्री रमाकांत रथ, प्रतिभा राय, हर प्रसाद दास आदि भी श्रोताओं में थे। इसका आयोजन भुवनेश्वर की 'संवाद' संस्था ने किया था। अतिथि रूप में केदारनाथ सिंह भी मंच पर उपस्थित थे। वे मेरे साथ ही दिल्ली से भुवनेश्वर गये थे। समारोह के बाद हमें भोजन के लिए भुवनेश्वर क्लब ले जाया गया। विचित्र क्लब है। उसमें चप्पल पहन कर जाना मना है। केदारनाथ सिंह को जाने से रोक दिया। उन्हें किसी दूसरे का जूता पहनना पड़ा। अंग्रेजों के बनाये नियम इन क्लबों में आज भी चल रहे हैं। क्लब में एक जगह लिखा है– "Resolutions can be a little late. Let the world wait." अर्थात् जितनी देर आप क्लब में हैं, मौज मस्ती में रहें। दुनिया भले भाड़ में चली जाय। मैं वहाँ बैठकर बहुत दुखी था। बहाना बना कर मैं वहाँ से बीच में ही चला आया।

2 जुलाई को प्रातः 'कीट' (कलिंग इंस्टीट्यूट आफ टेक्नालाजी) और 'क्रिस' (कलिंग इंस्टीट्यूट आफ सोशल साइन्सेज) के संस्थापक श्री अच्युत सामन्त, डायरेक्टर श्री महेन्द्र प्रसाद और सहायक सम्पर्क अधिकारी श्री चित्तरंजन पंडा अपना कैम्पस दिखाने के लिए ले गये। साथ में अंग्रेज़ी लेखिका अनीता नायर, दुबई में भारतीय पत्रकार सुस्मिता बोस और रीडर्स डाइजेस्ट के सम्पादक मोहन शिवानंद भी थे। 'कीट' और 'किस' का परिसर 450 एकड़ में फैला है जिसमें अनेक बड़े-बड़े भवन हैं। मेडिकल कालेज, इंजीनियरिंग कालेज आदि। इसमें प्रशंसनीय है 'किस' की योजना। बताया

गया कि इस समय 16500 आदिवासी बच्चों को निःशुल्क के. जी. से पी. जी. तक की शिक्षा दी जा रही है। उनका आवास, भोजन आदि भी निःशुल्क है। इन सबका श्रेय श्री अच्युत सामन्त को है जिन्होंने मात्र 15 वर्षों में इतना विशाल शिक्षा संकुल खड़ा कर दिया है। सायंकाल 'कीट' की पत्रिका 'क़ादंबिनी' का वार्षिक आयोजन था, जिसके लिए ही मुझे विशेष रूप से आमन्त्रित किया गया था।

संग्रीला होटल, लेह : 22 जुलाई, 2012

लद्दाख देखने की इच्छा बहुत थी मगर लोग डराते थे कि वहाँ आक्सीजन की कमी होती है जिसके कारण कई लोगों को अस्पताल में दाखिल होना पड़ता है और कुछ लोगों को तो उसी दिन वापसी विमान से लौटना पड़ता है। इस अफवाह से कई बार यात्रा टालते-टालते इस बार हिम्मत करके लेह पहुँच ही गया। भीतर सिन्धु नदी के दर्शन की इच्छा बहुत प्रबल थी। सिन्धु जो भारत में कहीं और दिखाई नहीं देती। सिन्धु जिसके किनारे विश्व की प्राचीनतम सभ्यताओं में से एक फली-फूली थी। सिन्धु जिसके नाम पर ही भारत को हिन्दुस्तान और सिन्धु के पार रहने वाले विशाल जनसमूह को 'हिन्दू' कह कर सम्बोधित किया गया था। क्या ऐसी प्राचीन, ऐतिहासिक और अपने शिनाख्त से जुड़ी नदी को देखने की इच्छा स्वाभाविक नहीं थी? परसों (20 जुलाई) प्रातः साढ़े आठ बजे दिल्ली से लेह के लिए विमान के उड़ान भरने के कुछ ही देर बाद हिमालय की हिममंडित पर्वत शृंखलाओं का जो दर्शन हुआ वह अद्भुत था। अपनी यात्राओं में ऐसा दृश्य मैं पहली बार देख रहा था। मौसम निर्मल था ऊपर नीला आसमान और नीचे जहाँ तक निगाह जाती थी नगाधिराज के असंख्य हिम मंडित शिखर। दर्रे और पिघलती हुई बर्फ से निर्मित स्रोतस्विनियों की आकृतियाँ। जैसे-जैसे लेह निकट आ रहा था हिमालय का अपना रूप रंग बदल रहा था। बर्फीली चोटियाँ अब सूखी पहाड़ियों और रेत के बड़े-बड़े टीलों के रूप में दिख रही थीं। कहीं कोई वनस्पति नहीं। चारों ओर केवल सूखी, निर्जन पहाड़ियाँ और बीच में लेह घाटी। घाटी के चारों ओर सुदूर ऊँचाई पर

चमकते हिम शृंग। मई से अगस्त तक का महीना लेह के लिए सबसे अधिक अनुकूल होता है। जुलाई यहाँ के लिए उपयुक्ततम है। दिल्ली में तापमान 40 डिग्री सेल्सियस था। हम घंटे भर में ही 20 डिग्री सेल्सियस पर पहुँच गये। रात में तापमान इन दिनों 7 डिग्री तक पहुँच जाता है। यह लेह के लिए बरसात का महीना है मगर बारिश यहाँ बहुत कम होती है। लेह 11 हजार फीट की ऊँचाई पर है। वृक्ष-वनस्पतियाँ नहीं के बराबर हैं। अतः यहाँ आक्सीजन की कमी है। बाहर से विमान द्वारा आने वाले लोग यहाँ पहुँचने के बाद प्रायः दिन भर आराम करते हैं ताकि उनका शरीर उस मौसम से अभ्यस्त हो जाय। हम लोगों (माधव कौशिक, वीना गुप्ता, चन्द्र प्रकाश देवल, आलोक भल्ला, दीपक मन मोहनसिंह, गीतांजलि आदि) ने भी ऐसा ही किया। फिर भी सबको कुछ न कुछ शारीरिक परेशानी बनी रही। मुझे भी कुछ हलका सिरदर्द या कहें मस्तिष्क पर दबाव महसूस होता रहा और कभी-कभी साँस भी फूल जाती रही। होटल के मैनेजर ने बताया कि पानी ज्यादा पियें क्योंकि पानी में आक्सीजन होता है लेकिन इसके बावजूद मुझे दोनों रात नींद नहीं आयी और नींद की गोली लेनी पड़ी।

कल (21 जुलाई) हम लोग हेमिस मठ (Hemis Monastery) और थिकसे मठ (thiksay monastery) तथा सिन्धु दर्शन के लिए गये। हेमिस मठ बहुत प्राचीन है तथा पहाड़ियों के बीच ऐसी जगह स्थित है जो दूर से दिखाई नहीं पड़ता। वहाँ एक समृद्ध बौद्ध संग्रहालय है। लद्दाख के मठों में वही ऐसा है जो आक्रमणकारियों के लूटपाट का शिकार होने से बच गया। इस मठ में गुरु पद्मसम्भव की विशाल प्रतिमा है। थिकसे मठ काफी ऊँचाई पर है जिस पर चढ़ने की मेरी हिम्मत नहीं हुई। सिन्धु दर्शन मेरी लेह यात्रा की उपलब्धि है। यहाँ सिन्धु की पतली-सी धारा ने लेह घाटी को हरा भरा बना दिया है। केवल इसी के चारों ओर हरियाली दिखती है और इसी के जल से खाने-पीने की चीजें पैदा होती हैं जिनके कारण इस घाटी में जीवन सम्भव हुआ है। जब लालकृष्ण आडवाणी भारत के गृहमंत्री थे तो उन्होंने लेह में सिन्धु उत्सव की शुरुआत की थी, सम्भवतः 2001 या 2002 में। तब से यहाँ प्रतिवर्ष सिन्धु उत्सव का भव्य आयोजन होता है। उन्होंने उसी समय

एक पक्का घाट भी बनवाया था। हम लोग उस घाट पर कुछ देर बैठे रहे। सिन्धु के शीतल पवित्र जल का आचमन किया, उसे अपनी काया पर छिड़क कर अपने को पवित्र किया। पंजाबी के प्रोफेसर दीपक मनमोहन सिंह यहाँ सबसे अधिक तृप्ति महसूस कर रहे थे। मुझ से उन्होंने अपने सिर पर जल छिड़कवा कर मन्त्र पढ़वाया।

लेह एक छोटा-सा कस्बा है जहाँ दैनिक आवश्यकता की कुछ दुकानें हैं। वास्तव में यह सैनिक क्षेत्र है जहाँ भारत की सेना का अड्डा है। लेह में छोटे-छोटे बहुत से स्तूप दिखे जिनकी बनावट कुछ भिन्न प्रकार की है। ये स्तूप चूने से सफेद रंग में रँगे हुए थे। मुझे गाड़ी के ड्राइवर ने बताया कि यहाँ का एक राजा अपराधियों को स्तूप बनाने का दंड दिया करता था। लेह में मुझे दो प्रकार के वृक्ष दिखाई पड़े। एक पतला, छरहरा और युकिलिप्टस की तरह लम्बा। यह वृक्ष मुझे बहुत सुन्दर लगा। इसका नाम मेरी गाड़ी के ड्राइवर ने यूलत बताया। मेरे साथ की एक कश्मीरी महिला ने कहा कि वे लोग इसे सफेदा या बेंत कहते हैं। दूसरा वृक्ष मझोले कद का था, वह भी पतला-सा ही। उसका नाम ड्राइवर ने यारपा बताया। इन्हीं वृक्षों की लकड़ियों से यहाँ भवन निर्माण आदि होता है। लेह का सौन्दर्य अपने में एक भिन्न प्रकार का विरल और विशिष्ट है। इसे देखते हुए मुझे ग़ालिब का एक शेर याद आ रहा था– 'कैसी वीरानी सी वीरानी है।'

भुवनेश्वर : 24 अगस्त, 2012

आज साहित्य अकादेमी कार्यकारिणी की बैठक में अधिकांश सदस्यों ने अकादमी के सचिव श्री अग्रहार कृष्णमूर्त्ति पर अनेक आरोप लगाये। दक्षिण के एक व्यक्ति ने सचिव के बारे में आर. टी. आई. के तहत कुछ सूचनाएँ माँगी थीं जिनके उत्तर अकादेमी द्वारा दे दिये गये थे। इस उत्तर को उस व्यक्ति ने कार्यकारिणी के सभी सदस्यों के पास भेजा था। इस बैठक में उसी उत्तर को हाथ में लेकर सदस्य अपना आक्रोश प्रकट कर रहे थे और बैठक के बहिष्कार की धमकी दे रहे थे। इस बैठक में भारत सरकार के संस्कृति मंत्रालय के ज्वाइंट सेक्रेट्री और वित्त मंत्रालय के एडीशनल सेक्रेट्री

भी उपस्थित थे। अकादेमी के अध्यक्ष श्री सुनील गंगोपाध्याय ने सदस्यों को शान्त करते हुए मेरी अध्यक्षता में एक जाँच समिति की घोषणा कर दी तथा चार भाषाओं (तमिल, गुजराती, ओड़िया और हिन्दी) के संयोज़कों को समिति का सदस्य नामित किया। अध्यक्ष की यह घोषणा सुनते ही सचिव जो कार्रवाई का पहला एजेंडा पढ़ रहे थे, बैठक छोड़कर बाहर चले गये। उन्हें वापस लाने के लिए अध्यक्ष ने दो बार उपसचिव प्रशासन को भेजा, लेकिन वे नहीं आये। फिर उनकी जगह जब उपसचिव प्रशासन एजेंडा पढ़ने लगे तो सचिव अपने आप आ गये और पुनः एजेंडा पढ़ना शुरू किया लेकिन बैठक के बाद उन्होंने उपसचिव प्रशासन के हाथ अपना स्वेच्छा अवकाश ग्रहण पत्र (वी.आर.एस.) अकादेमी अध्यक्ष को भेज दिया। अध्यक्ष ने मेरी उपस्थिति में दस मिनट तक फोन पर उन्हें विनम्रतापूर्वक समझाने की कोशिश की मगर वे नहीं माने और भुवनेश्वर से दिल्ली लौट गये। आज का कार्यक्रम तो हो गया। एक छोटी-सी दुर्घटना यह हुई कि कार्यक्रम के मुख्य अतिथि श्री जयंत महापात्र सीढ़ी से फिसल गये जिससे उनके सिर में चोट आ गयी और खून बहने लगा। मैं अभी-अभी कटक से उन्हें देख कर लौटा हूँ। कोई गम्भीर नहीं, मामूली चोट है।

गोरखपुर : 7 अक्तूबर, 2012

5 अक्तूबर को सायंकाल रमणिका गुप्ता की पुस्तक– 'स्त्री मुक्ति' का लोकार्पण किया जिसकी अध्यक्षता राजेन्द्र यादव ने की। निर्मला जैन, गीताश्री, अर्चना वर्मा सहित बहुत-सी लेखिकाएँ वहाँ उपस्थित थीं। उसी समय गोरखपुर लौटने के लिए गाड़ी का समय था अतः प्रारम्भ में अपना एक छोटा-सा वक्तव्य देकर रेलवे स्टेशन चला आया। कल (6 अक्तूबर) ट्रेन में ही था, जब गोपेश्वर सिंह का फोन आया। वे मेरे व्याख्यान की प्रशंसा कर रहे थे तथा उसे अत्यन्त सन्तुलित और ज़रूरी बता रहे थे। आज (7 अक्तूबर) कैलाश वाजपेयी ने बताया कि मेरे चले आने के बाद कुछ लेखिकाओं ने मेरे व्याख्यान का विरोध किया। वे राजेन्द्र यादव पर भी तीखे आरोप लगा रही थीं–जिनके उत्तर यादव ने नहीं दिये। मेरे वक्तव्य में तो कुछ भी ऐसा नहीं

था जो पुरुषवादी या स्त्री विरोधी हो। मैंने इस बात पर जोर दिया था कि महा प्रकृति ने स्त्री-पुरुष को रथ के दो पहियों के रूप में बनाया है जिनके परस्पर सहयोग के बिना सृष्टि का रथ चल नहीं सकता। 'विवाह' और 'परिवार' भारतीय समाज व्यवस्था का आधार है। अतः स्त्री मुक्ति के बारे में समाज को छोड़कर विचार करना उचित नहीं। हमें सोचना होगा कि कैसे स्त्री पुरुष प्रेम से साथ रहते हुए प्रकृति के मूल निहितार्थ का निर्वाह कर सकेंगे। इसके लिए सिर्फ लिखने से काम नहीं चलेगा बल्कि समाज सुधार आन्दोलन चलाने पड़ेंगे, पुरुष को संवेदनशील और स्त्री को आत्मनिर्भर बनाना होगा। इसमें पुरुषों का भी सहयोग चाहिए। पुरुष मात्र को स्त्री विरोधी मान लेना एक अतार्किक निष्कर्ष होगा।

इंडिया इंटरनेशनल सेंटर, नयी दिल्ली : 23 अक्तूबर, 2012

साढ़े पाँच बजे प्रातः मोबाइल की घंटी बजी। ऐसे असमय आने वाले फोन किसी अनिष्ट की आशंका के साथ डरते हुए उठाता हूँ। वह अकादेमी के प्रशासनिक उपसचिव के.एस. राव का फोन था और खबर स्तब्ध करने वाली थी। सुनील गंगोपाध्याय नहीं रहे। राव मुझसे पूछ रहा था, 'क्या करूँ?' और मैं किंकर्तव्यविमूढ़ सोच नहीं पा रहा था कि क्या कहूँ? आगे 6 नवम्बर तक के सारे कार्यक्रम सुनील दा स्वयं निश्चित कर गये थे। उनके बारे में क्या निर्णय लूँ? मैंने राव से कहा कि कुछ और लोगों से राय लें और मुझे एक घंटे बाद फोन करें। तब तक मैं सोचता हूँ। घंटे भर बाद राव का फोन आया कि उसे सारे कार्यक्रम जारी रखने की राय मिल रही है। मैंने कहा कि यही मेरा निर्णय भी है। आखिर कार्यक्रम तो सभी करने ही पड़ेंगे। यदि 15 दिन के लिए स्थगित कर दिया जाय तब भी आगे उन्हें सम्पन्न करना होगा। 28 अक्तूबर को कोलकाता में अकादेमी की वर्तमान जनरल कौंसिल की अन्तिम बैठक बुलाई गयी है। जिसमें आगामी जनरल कौंसिल के सदस्यों का चुनाव होना है। यह बैठक सुनील गंगोपाध्याय ने अपनी सुविधा के लिए कोलकाता में बुलाई है। पहले यह 29 अक्तूबर को औरंगाबाद में होनी थी।

पता नहीं नियति अकादेमी के साथ कौन-सा खेल खेल रही है।

पहले उपाध्यक्ष प्रो. नूर का निधन हुआ, फिर सचिव सस्पेंड हुए, अब अध्यक्ष ही चल बसे। अकादेमी संविधान के अनुसार अब उनकी सारी जिम्मेदारी मुझ पर आयेगी। सबसे पहले तो कल सुनील दा के अन्तिम संस्कार में कोलकाता पहुँचना होगा।

बेंगलूरु : 15 दिसम्बर, 2012

साहित्य अकादेमी के अध्यक्ष पद का चुनाव होने में लगभग साढ़े तीन महीने रह गये थे। इसमें शुरू के डेढ़ महीने मेरे लिए बहुत व्यथा और तनाव के थे। मेरे कई मित्रों ने महीने भर पहले से संकेत देना और सचेत करना शुरू कर दिया था कि प्रो. गोपीचंद नारंग मेरे पक्ष में नहीं हैं। लेकिन मुझे खुद विश्वास नहीं हो रहा था क्योंकि वे तो शुरू से मेरे साथ थे। 28 अक्तूबर 2012 को कोलकाता में हो रही जनरल कौंसिल की उस बैठक में जो अगली जनरल कौंसिल के सदस्यों का चुनाव करती है, मैं पहली बार चौंका और सतर्क हुआ जब हिन्दी बोर्ड के एक सदस्य योगेन्द्र नाथ शर्मा 'अरुण' ने बैठक शुरू होते ही यह प्रस्ताव रखा कि बैठक कल तक के लिए स्थगित हो जानी चाहिए। ज्ञातव्य है कि अकादेमी की सभी बैठकें शोक प्रस्ताव के बाद ही शुरू होती हैं। फिर इसी बैठक को स्थगित करने का प्रस्ताव क्यों? कश्मीरी के सदस्य श्री मसूदी ने इस प्रस्ताव का समर्थन भी कर दिया लेकिन इन दो के अतिरिक्त अन्य सभी सदस्यों ने प्रस्ताव का विरोध किया। कोलकाता से लौट कर 31 अक्तूबर को मैं दिल्ली में नारंग साहब से मिला। उन्होंने कोई ऐसा संकेत नहीं दिया कि वे मेरा विरोध कर रहे हैं। मैं निश्चिन्त हो गया। 5 नवम्बर को नये सेक्रेटरी का चुनाव था जिसमें विशेषज्ञ के रूप में नारंग साहब और चन्द्रशेखर कंबार थे। श्री के.एस. राव का नये सेक्रेट्री के रूप में चुनाव हुआ। 6 नवम्बर को दिल्ली में कार्यकारिणी समिति की बैठक थी जिसमें राजस्थानी भाषा के संयोजक श्री चन्द्रप्रकाश देवल ने प्रस्ताव रखा कि अगले अध्यक्ष पद के लिए मेरा चुनाव लड़ना असंवैधानिक है। इस पर बहस हुई और एक भी सदस्य

देवल के तर्कों से सहमत नहीं हुआ। देवल ने विरोध में बैठक का बहिष्कार किया। बहरहाल, कार्यकारिणी ने अगले अध्यक्ष का चुनाव लड़ने के लिए तीन लेखकों के नाम का पैनल स्वीकार कर लिया--मेरा, प्रो. चन्द्रशेखर कंबार और डॉ. इनोक का। श्री एम.टी. वासुदेवन नायर ने अपना नाम वापस ले लिया था। 28 अक्तूबर और 6 नवम्बर की घटनाओं के बाद मुझे सन्देह हो गया कि नारंग साहब मुझे अगले अध्यक्ष के रूप में नहीं देखना चाहते। शायद वे चन्द्रशेखर कंबार के पक्ष में हैं। फिर मैंने पुरानी कौंसिल के अपने निकट के लोगों को यह सूचना दी और नयी जनरल कौंसिल सदस्यों से अपने पक्ष में मतदान के लिए अनुरोध करना शुरू किया। कितना तकलीफदेह लगता है किसी से अपने लिए वोट माँगना। कितना अश्लील अपने बारे में बताना। राजनीति के लोग कैसे यह कठिन कार्य करते हैं। मेरे तो लगभग सौ ही मतदाता हैं, वे भी सब पढ़े-लिखे, लेकिन केवल सौ को फोन करना कितना भारी हो गया है। बड़ी हिम्मत करके एक दिन में तीन-चार लोगों को फोन कर पाता। फिर दिन भर के लिए अवसाद में डूब जाता। कुछ करने की इच्छा न होती। दिन में दो-तीन बार चारपाई पर सो जाता। अवसाद अन्धकार और अकेलेपन की ओर ले जाता है। फिर पश्चात्ताप करता। कहाँ फँस गया हूँ? किस चक्रव्यूह में? क्यों? मेरे लिए भयानक राजनीतिक दुश्चक्र, विश्वासघात और खतरनाक यथार्थ के बीच से गुजरने के दिन थे, वे। कुछ ही दिनों पूर्व दिल्ली के कोटला मैदान में भानु भारती द्वारा निर्देशित 'तुगलक' नाटक देखा था। प्रस्तुति शानदार थी। इतिहास का एक कालखंड सजीव हो गया था। राजनीति के दाँवपेंच कितने निर्मम होते हैं और कितना मुश्किल होता है सत्ता को सँभालना। मुझे लग रहा था मैं ही तुगलक हूँ। मेरे ही विरुद्ध षड्यन्त्र जाल बुना जा रहा है। मेरे ही लोगों के कन्धों पर बन्दूकें रख कर मुझे ही मारने की कोशिशें हो रही हैं। मुझे वर्षों पहले लिखी 'राजधानी' शीर्षक अपनी कविता याद आ रही थी। इस दलदल से चाहूँ तो निकल सकता हूँ। क्या यह मेरी ही महत्वाकांक्षा का दलदल नहीं है? कितना सुखी था मैं अपने छोटे से शहर के छोटे से कमरे में।

कितनी भयानक है दिल्ली, कितने रहस्यमय गलियारों वाली। प्रभु क्या करूँ मैं? क्या पराजय और अपमान के साथ हाथ जोड़ कर बाहर निकल जाऊँ इस चक्रव्यूह से? सत् प्रेरणा दें, दिशा निर्देश दें मुझे।

जब कोई थका-हारा चारों ओर से निराश होकर परमसत्ता से मदद की गुहार लगाता है तो उसे मदद मिलती है, निर्देश भी मिलता है मगर परमसत्ता स्वयं उपस्थित होकर ऐसा नहीं करती। वह उस व्यक्ति को ही प्रेरित करती है कि स्वयं अपना निदेशक और मददगार बने। मैंने अपने जितने मतदाताओं से बात की उनमें लगभग अस्सी फीसदी ने मुझे मत देने का वचन दिया। मेरे विश्वस्त मित्रों ने मुझसे चुनाव लड़ने का आग्रह किया। हिन्दी के वरिष्ठ लेखकों– नामवर सिंह, कुँवरनारायण, केदारनाथ सिंह, अशोक वाजपेयी और 'जनसत्ता' सम्पादक ओम थानवी को फोन करके मैंने वस्तुस्थिति की जानकारी दी। उन्हें अचरज हो रहा था क्योंकि वे जानते थे कि नारंग साहब मेरे मददगार हैं। उन्होंने भी समर्थन का विश्वास दिया। फिर मैंने निर्णय ले लिया कि मुझे चुनाव लड़ना चाहिए।

विरोधियों को मेरे विरुद्ध कोई खास तर्क मिल नहीं रहा था। मेरे बारे में सूचनाएँ माँगी गयीं कि मेरी यात्राओं पर कितना खर्च हुआ है और 'दस्तावेज' पत्रिका को कितने रुपयों का विज्ञापन दिया गया है। इस सूचना से उन्हें कोई लाभ नहीं हुआ क्योंकि मैंने अकादेमी से कभी वह भी नहीं लिया था जिसके लिए अधिकृत था और जिसे पूर्व उपाध्यक्ष लिया करते थे, जैसे फोन का खर्च या मेडिकल सुविधा आदि। फिर तर्क ढूँढ़ा गया कि मैं अंग्रेजी में व्याख्यान नहीं दे सकता। अतः विदेशों में कैसे काम चलेगा? लेकिन इस तर्क में भी दम नहीं था क्योंकि फिर तो अकादेमी का अध्यक्ष कभी भी दूसरी भाषा का लेखक हो ही नहीं सकता और अकादेमी में मातृभाषाएँ हमेशा उपेक्षित रहेंगी जिनके लिए अकादेमी की स्थापना हुई है। फिर यह कानाफूसी भी सुनने को मिली कि तिवारी जी हिन्दी के बड़े लेखक नहीं हैं। इसका उत्तर देते हुए मेरे एक समर्थक ने कहा कि आखिर बड़े या छोटे लेखक की कसौटी क्या है? किसी लेखक संगठन का समर्थन पाकर, मीडिया द्वारा प्रायोजित होकर, जुगाड़ों द्वारा पुरस्कार प्राप्त करके क्या कुछ

लेखक ओवर रेटेड (over rated) नहीं हो जाते? तिवारी जी इन सबसे अलग रह कर लिखते रहे और बिना कोई सहारा लिये अकेले दम पर उन्होंने जितना किया है उसके लिए उन्हें उनकी भाषा में यथोचित सम्मान भी प्राप्त है। अकादेमी की जनरल कौंसिल के 46 सदस्यों ने जिनमें अकादेमी द्वारा स्वीकृत सभी चौबीस भाषाओं के लेखक शामिल हैं, अध्यक्ष का चुनाव लड़ने के लिए उनके नाम का प्रस्ताव किया, क्या यह कोई छोटी घटना है? इस उत्तर से विरोधी के चेहरे का रंग बदरंग हो गया। स्वयं अकादेमी से सम्बद्ध व्यक्ति और कर्मचारी मेरे पाँच वर्षों के व्यवहार से शायद जान गये थे कि मैं अपमानित होकर भागने से बचने के लिए ही चुनाव लड़ रहा हूँ। अन्यथा मुझमें अकादेमी से किसी प्रकार के लाभ लेने की आकांक्षा नहीं है। न पैसे का, न किसी को नियुक्त कराने का, न स्वदेश या विदेश यात्रा का न होटलों में खाने-पीने का, न किसी प्रकार के प्रदर्शन या अधिकार-सुख का। एक सचिव ने एक दिन कहा, "मैं किसी की निन्दा नहीं कर रहा हूँ, सब लोगों का व्यवहार मेरे प्रति अच्छा रहा, फिर भी कहना चाहता हूँ कि आप जैसा साफ-सुथरा व्यक्ति नहीं देखा।" यही बात मुझसे अकादेमी के एक ड्राइवर ने कही, "सर, आसाम वाले वीरेन्द्र कुमार भट्टाचार्य जी सन्त आदमी थे। उनके जैसा सहज और सरल आपको ही देखा।" जिन दिनों चुनाव में मेरे विरुद्ध तर्क ढूँढ़े जा रहे थे, कश्मीरी के सदस्य अजीज हाजिनी ने अकादेमी के सचिव और पंजाबी के संयोजक से कहा, "तिवारी जी इतने साफ दिल हैं कि उनके विरुद्ध जो कुछ सोचेगा भी, खुदा उसका भला नहीं करेगा।" ये प्रतिक्रियाएँ उन व्यक्तियों की उदारता के प्रति आभार प्रकट करने के लिए हैं न कि अपनी प्रशंसा और प्रमाणपत्र के लिए। दरअसल आदमी मैं उतना अच्छा नहीं जितना उपर्युक्त प्रतिक्रियाएँ कहती हैं।

4 या 5 दिसम्बर को कन्नड़ भाषा के संयोजक श्री पट्टन शेट्टी और कन्नड़ कवि नाटककार श्री शिवप्रकाश ने फोन करके मुझे सूचना दी कि श्री कंबार अध्यक्ष का चुनाव नहीं लड़ेंगे। वे दोनों ऐसा ही चाहते थे। मैं इतना मर्माहत महसूस कर रहा था कि 6 नवम्बर के बाद मैंने प्रो. नारंग से कोई

बात नहीं की थी। लगभग एक महीने बाद 10 दिसम्बर को श्री के.एस. राव ने मुझे बताया कि उन्हें सूचना मिली है कि श्री कंबार अध्यक्ष के चुनाव में अपना नाम वापिस ले लेंगे। राव ने मुझसे प्रो. नारंग से बात करने का सुझाव दिया। उसी दिन सायंकाल मैंने नारंग साहब से बात की। प्रो. नारंग ने कहा, "हम दोनों के बीच कुछ लोग गलतफहमी और गन्दगी पैदा कर रहे हैं जिसे सुन कर बहुत दुख हो रहा है। कंबार अपना नाम आपके पक्ष में वापिस ले लेंगे और उपाध्यक्ष का चुनाव लड़ना चाहते हैं।" इस प्रकार 10 दिसम्बर को यह स्पष्ट हो गया कि अध्यक्ष पद पर किसी विशेष प्रचार की जरूरत नहीं है और मेरे मन का तनाव समाप्त हो गया।

इंडिया इंटरनेशनल सेंटर, नयी दिल्ली : 19 फरवरी, 2013

आज प्रातः उठते ही इंडिया इंटरनेशनल सेंटर के अपने कमरे में मैं इतना भावुक हो गया—जैसे किसी प्रबल भीतरी ऊर्जा से आविष्ट हो गया होऊँ— कि दस मिनट तक मेरी आँखों से आँसू बहते रहे और मैं सुबक-सुबक कर रोता रहा। मुझे अपने पुरखों की याद आ रही थी— बाबा, ईआ, माँ, बाबूजी की—जिनकी गोद में मेरा बचपन बीता था। जिनमें अब कोई जीवित नहीं है। मैं सोच रहा था, यदि वे होते तो यहाँ से सीधे उनके पास पहुँचकर उनके चरणों में माथा रख देता और कहता कि देखो तुमने जिस बच्चे को उँगली पकड़ कर चलना सिखाया था वह डगमगाते, लड़खड़ाते आज यहाँ तक पहुँच गया और उस कुर्सी पर बैठने जा रहा है जिस पर कभी जवाहरलाल नेहरू, राधाकृष्णनन, जाकिर हुसैन और सुनीति कुमार चटर्जी बैठे थे। कमरे में कोई नहीं था और मैं भी कमरे में कहाँ था? स्मृतियों ने मुझे उठा कर सुदूर गाँव में और मेरी बाल्यावस्था में पटक दिया था। 1940 से 1955 के बीच का वह अत्यन्त पिछड़ा गाँव, निरक्षर परिजन पुरजन और उपेक्षित परिवेश। मेरा दिल, मेरे फेफड़े काँप रहे थे। मैं पूरे शरीर से बिलख रहा था। ऐसे अवसर जो गर्व से फूल कर प्रसन्न होने के हैं, मेरी आँखों में आँसू क्यों भर देते हैं? दरवाजे पर अखबार वाले ने दस्तक दी। बधाई देने के लिए मोबाइल लगातार उतावला था। मुझे दस बजे अकादेमी

कार्यालय पहुँचना था। उसके पहले तैयार भी होना था। क्या यही है जीवन जो चलता रहता है और जिसमें सब गुजर जाता है? कुछ भी तो ऐसा नहीं जिस पर करूँ अहंकार। कल 18 फरवरी को मैं साहित्य अकादेमी (दिल्ली) का 12 वाँ अध्यक्ष चुना गया। 1954, जब से अकादेमी स्थापित है हिन्दी का कोई लेखक पहली बार इस पद पर निर्वाचित हुआ था। यह एक ऐतिहासिक घटना थी जो साठ वर्षों बाद घटित हुई थी। बीस वर्षों बाद कोई अध्यक्ष निर्विरोध चुना गया था। मुझसे पहले जो ग्यारह अध्यक्ष (जवाहर लाल नेहरू, सर्वपल्ली राधाकृष्णनन, जाकिर हुसैन, सुनीति कुमार चटर्जी, उमाशंकर जोशी, वी.के. गोकाक, वी. के. भट्टाचार्य, यू. आर. अनंतमूर्त्ति, रमाकांत रथ, गोपीचंद नारंग, सुनील गंगोपाध्याय) इस पद पर आसीन हुए, इतने बड़े लोग थे कि उनके नाम के साथ अपना नाम जुड़ने पर मैं गौरवान्वित भी महसूस कर रहा था और संकुचित भी। चुनाव के बाद जनरल कौंसिल के सदस्यों के प्रति आभार व्यक्त करते हुए अपने दो मिनट के संक्षिप्त सम्बोधन में मैंने यही कहा भी कि अकादेमी के महान अध्यक्षों की परम्परा में मैं एक छोटा व्यक्ति हूँ मगर कोशिश करूँगा कि उनके पद चिह्नों पर चलते हुए अपने लक्ष्य तक पहुँचूँ।

आई.आई.सी., दिल्ली : 18 मार्च, 2013

आज दिल्ली आकाशवाणी पर एक रिकार्डिंग थी। साथ में बातचीत के लिए थे ज्ञानपीठ के पूर्व निदेशक श्री दिनेश मिश्र। हम जिस छोटे से रिकार्डिंग कक्ष में पहुँचे उसमें मात्र एक मेज और चार कुर्सियाँ थीं। आकाशवाणी के उपनिदेशक श्री लक्ष्मीशंकर वाजपेयी ने बताया कि यह वही कक्ष है जिसमें बैठकर लार्डमाउंट बेटन ने भारत-पाक बँटवारे की घोषणा की थी तथा गाँधी जी की हत्या के तुरन्त बाद जवाहर लाल नेहरू ने राष्ट्र को सम्बोधित किया था। इस कक्ष में सरदार पटेल आदि महान विभूतियाँ रिकार्डिंग करा चुकी हैं। मैं चकित था कि इतने छोटे से 8×8 फीट के कमरे में इतिहास की कितनी त्रासद या सुखद उद्घोषणाएँ हुई हैं। लेकिन यह कमरा सब कुछ से

अनजान और निरपेक्ष है। जीवन प्रवाह से उसका कोई रिश्ता नहीं। क्या सत्य इस कमरे की तरह ही मानव निरपेक्ष होता है? आइंस्टीन ने ऐसा ही कहा था गुरुदेव रवीन्द्रनाथ से।

ब्रह्मपुत्र अशोक होटल, गुवाहाटी : 22 मार्च, 2013

जिस कमरे में हूँ उसकी लगभग आधी उत्तरी दीवार शीशे की है जिससे ब्रह्मपुत्र का विस्तार दूर-दूर तक दिखाई पड़ता है। उसकी जलधार, रेती, सुदूर क्षितिज, उमानंद पहाड़ी, तट पर खड़ी और धार में तिरती नौकाएँ। कल सायंकाल 5 बजे अचानक अँधेरा-सा घिर गया। बादलों की गड़गड़ाहट, आँधी और बिजली का चमकना। गुवाहाटी में कई महीनों बाद पहली वर्षा हो रही थी। मेरे लिए सुखद दृश्य था। ऐसे मौसम में ब्रह्मपुत्र को देखना तो और भी दुर्लभ। विस्तृत आकाश में बिजली की लम्बी रेखा कभी सीधी और कभी गोलाई में मुड़ कर स्वर्ण माल बनती हुई। नद का जल अँधेरे में भी चमक जाता। अँधेरा घिरने पर जब कमरे का प्रकाश शीसे की दीवार से टकराने लगा और बाहर का दृश्य दिखने में कठिनाई होने लगी तो मैंने कमरे की बत्तियाँ बन्द कर दीं। अपनी पलँग पर लेटे-लेटे रात साढ़े बारह बजे तक उनका कोलाहल सुनता रहा। नींद कब आयी या शायद नहीं आयी, कह नहीं सकता, लेकिन प्रातःकाल तक गरजते रहे बादल। किसी नदी या नद के साथ सोने का यह अलग अनुभव था।

गोरखपुर : 5 अप्रैल, 2013

अप्रैल 2011 में जब मैं साहित्य अकादेमी का उपाध्यक्ष निर्वाचित हुआ, गोरखपुर विश्वविद्यालय के कुलपति प्रो. पी.सी. त्रिवेदी ने मेरा सम्मान करने की इच्छा जाहिर की। मैंने उनके निवास पर उनके साथ चायपान के बाद विनम्रतापूर्वक कहा कि यही पर्याप्त है, इसे सार्वजनिक करने की जरूरत नहीं। लेकिन जब 18 फरवरी, 2013 को मैं अकादेमी का अध्यक्ष निर्वाचित हुआ, श्री त्रिवेदी ने सम्मानित करने का पुनः प्रस्ताव किया। मैं अपने सम्मान के सभी प्रस्तावों को मना कर चुका था फिर भी नगर की मेयर और मेरे कुछ परिचित

मित्रों ने घर आकर गुलदस्ते और फूल मालाएँ आदि भेंट कीं। कुलपति जी के स्नेह को देखते हुए उनका प्रस्ताव स्वीकार करना ही उचित लगा। आज विश्वविद्यालय संवाद भवन में उन्होंने हृदय से सम्मान समारोह आयोजित किया। लगभग तीन सौ बुद्धिजीवी, लेखक, पत्रकार, मेरे मित्र, परिजन, छात्राएँ और छात्र उपस्थित थे। तीन घंटे चलते रहे इस कार्यक्रम में मैं अपनी प्रशंसा से संकुचित महसूस करता रहा। उस दृश्य को कैसे भूल सकता हूँ जब सभी तीन सौ श्रोता मेरे सम्मान में खड़े होकर करतल ध्वनि करते रहे। जब मुझे बोलने का समय मिला तो मैंने अपने पुराने दिनों की याद की। वे सहज अभिव्यक्तियाँ थीं जो ऐसे अवसरों पर स्वयमेव भीतर से निकल पड़ती हैं। मैंने कहीं पढ़ा है कि महत्त्व इस बात का नहीं कि कोई व्यक्ति कितनी दूर या कितनी ऊँचाई तक पहुँचता है, बल्कि महत्त्व इसका है कि वह कहाँ से चला था और उस ऊँचाई पर कितनी देर तक टिका रह पाता है।

पंथ निवास, भुवनेश्वर : 13 अप्रैल, 2013

प्रातः जनशताब्दी से शंकरलाल पुरोहित के साथ बालेश्वर गया। स्टेशन से सीधे श्री फकीर मोहन सेनापति (1843-1918) के बगीचे में पहुँच कर उनकी मूर्त्ति को माल्यार्पण किया। फकीर मोहन आधुनिक भारतीय कथा-साहित्य के प्रथम पीढ़ी के लेखकों में थे। हिन्दी कथाकार प्रेमचन्द से थोड़ा पहले। उन्होंने यह कह कर कि पता नहीं उनके न रहने पर लोग उन्हें स्मरण करेंगे या नहीं, अपनी आदमकद मूर्त्ति स्वयं बनवा कर स्थापित की थी। उसी मूर्त्ति को माल्यार्पित करते हुए, मैं यह भी सोच रहा था कि लेखक अपने समाज पर ऐसा अविश्वास क्यों करता है? क्या अपने समाज की किसी संवेदनहीनता या उपेक्षा ने फकीर मोहन को आहत किया था? उस बगीचे की देखभाल करने वाले बहुत प्रसन्न थे कि पहली बार साहित्य अकादेमी के किसी अध्यक्ष ने बालेश्वर आकर ऐसा किया। 10 बजे मेरे कविता-संग्रह—'फिर भी कुछ रह जायेगा'— के उड़िया अनुवाद का लोकार्पण श्री ब्रजनाथ रथ ने किया। वे कैंसर से पीड़ित होते हुए भी पूरे समय मंच पर बैठे रहे। किसी होटल का छोटा-सा हाल था मगर खचाखच भरा हुआ।

उपस्थितों में अधिकांश प्रौढ़ वय के और वृद्ध लोग थे, जिन्हें देख कर आश्चर्य हुआ। यह अनुवाद विजय कुमार मोहांति ने किया है और उनके बार-बार आग्रह पर ही बालेश्वर पहुँचा था। वे 2005 में मेरी चुनी हुई कविताओं का उड़िया में एक अन्य संग्रह प्रकाशित कर चुके हैं।

पंथ निवास, भुवनेश्वर : 14 अप्रैल, 2013

आज ओड़िया नववर्ष का दिन है। इस दिन कटक में प्रजातंत्र प्रचार समिति की ओर से विषुव मिलन समारोह 1950 से प्रतिवर्ष आयोजित हो रहा है जिसकी शुरुआत श्री हरिकृष्ण मेहताब ने की थी। उनके पुत्र श्री भतृहरि मेहताब, जो कटक से लोकसभा के सदस्य हैं, भी इसे जारी रखे हुए हैं। यह उड़ीसा का प्रतिष्ठित समारोह है। हरेकृष्ण मेहताब ने 'प्रजातंत्र' नाम से एक दैनिक पत्र निकाला था जो अपने समय में उड़ीसा का सर्वाधिक महत्त्वपूर्ण पत्र था। वह आज भी निकल रहा है मगर उतना महत्त्वपूर्ण नहीं। श्री मेहताब ने 'झंकार' नाम से एक साहित्यिक मासिक भी निकाला था जिसमें प्रकाशित होना उड़िया साहित्य में स्वीकृत होने का प्रमाण-पत्र था। वह भी निकल रहा है मगर उसकी झंकार मंद है। श्री भतृहरि मेहताब ने विषुव मिलन में मुख्य अतिथि के रूप में आमन्त्रित किया था। समारोह की अध्यक्षता प्रतिभा राय कर रही थीं। श्रोताओं में श्री रमाकांत रथ भी उपस्थित थे। आज सायं श्री गौरहरि दास ने जानकीवल्लभ पटनायक से मिलने का समय तय कर लिया था। पटनायक जी असम में राज्यपाल हैं, उड़िया के प्रसिद्ध साहित्यकार भी। उनके पैतृक निवास पर लगभग चालीस मिनट बातें होती रहीं। रात में गौरहरि दास और पक्षीघर प्रकाशन के श्री बनोज त्रिपाठी ने श्री रमाकांत रथ और मुझे किसी होटल में भोजन कराया। लौटते हुए श्री रमाकांत जी मेरे साथ अकेले थे। वे बोले, "तिवारी जी, कविता दुख में ही लिखी जा सकती है। सुखी व्यक्ति कविता नहीं लिख सकता।" रमाकांत जी 79 वर्ष के हैं लेकिन अब भी परिवार का आर्थिक बोझ सँभाल रहे हैं।

सूर्या होटल, इंदौर : 27 अप्रैल, 2013

कल सायंकाल दिल्ली से इन्दौर के लिए रवाना हुआ। हवाई अड्डे पर श्री रामदरश मिश्र और प्रभाकर श्रोत्रिय मिल गये। रामदरश जी के साथ उनकी पत्नी भी थीं। हम लोगों को एक ही उड़ान से इन्दौर पहुँचना था। मध्यभारत हिन्दी साहित्य समिति ने 2012 का राष्ट्रीय पुरस्कार रामदरश जी और प्रभाकर जी को संयुक्त रूप से दिया है। इन्दौर में उन्हें आज यह पुरस्कार देना था। कार्यक्रम पहले से तय था। हवाई अड्डे पर श्री वेद प्रताप वैदिक जी मिले। वे भी उसी उड़ान से इन्दौर आ रहे थे। उसी दिन मुझे ज्ञात हुआ कि उनका जन्मस्थान इन्दौर ही है जहाँ वे अक्सर आते रहते हैं। जहाज में उनकी सीट दूसरी जगह थी लेकिन वे मेरे साथ ही बैठ गये और रास्ते भर बातें करते रहे। उनकी बातचीत में बहुत रस आता है क्योंकि वे अनेक राजनेताओं और प्रसिद्ध व्यक्तियों के अपने संस्मरणों से भरेपूरे हैं। उनकी वाणी में मिठास और कहने का एक अन्दाज है। आज दोपहर उन्होंने हम सबको अपने घर भोजन के लिए आमन्त्रित किया। मालवा का एक विशिष्ट व्यंजन है जिसे दाल बाफला कहते हैं। हमारे यहाँ अर्थात् पूर्वी उत्तर प्रदेश और बिहार में इसी का एक प्रकार है जिसे बाटी चोखा या लिट्टी चोखा के नाम से जाना जाता है। लेकिन दाल बाफला के सामने लिट्टी चोखा वैसे ही है जैसे राजा के सामने सेवक। इसका आकार तो वैसा ही होता है पर इसमें घी का प्रचुर प्रयोग होता है। वैदिक जी के घर पर हम लोगों ने आज इसी का विशिष्ट स्वाद लिया। उनके घर की स्त्रियों, बच्चों और उनके भाई श्वेतकेतु ने जिस भाव से हम लोगों को भोजन कराया वह अविस्मरणीय है। हम सभी इतना तृप्त होकर लौटे कि आज रात का भोजन करने की इच्छा नहीं हो रही थी।

आज सायंकाल साहित्य समिति के मुख्य कार्यक्रम जिसके लिए हम लोग इन्दौर आये हैं, सादगी और सुरुचि के साथ सम्पन्न हुआ। श्री रामदरश मिश्र, प्रभाकर श्रोत्रिय और ज्योत्स्ना मिलन को पुरस्कृत सम्मानित करके मुझे सुख मिला। ये जेनुइन लेखक हैं और पुरस्कारों के जोड़-तोड़ से दूर रहते हैं। मैं स्वयं इस पुरस्कार की निर्णायक समिति में था अतः

इस बात को जानता हूँ। आज प्रातः श्री शरद पगारे, जो 81 वर्ष के हैं, होटल में मिलने आये थे। वे अपनी पुस्तकों के साथ रतलाम का एक बड़ा पैकेट नमकीन भी ले आये थे। पुस्तकें तो ठीक पर नमकीन लेते हुए संकोच हो रहा था। लेकिन उनकी आयु और प्रेम को देखते हुए लेना ही पड़ा।

सूर्या होटल, इंदौर : 28 अप्रैल, 2013

आज ओंकारेश्वर गया था। साथ में सूर्यकान्त नागर और हरेराम वाजपेयी थे। इन्दौर की यह दूसरी यात्रा है। जहाँ तक स्मरण है 1965 में पहली बार आया था। तब से अब का इन्दौर काफी बदल चुका है। यहाँ की सड़कों, चौराहों, मकानों को देखकर तथा यहाँ के लोगों से मिलकर लगा कि इन्दौर रहने लायक जगह है। यहाँ से ओंकारेश्वर का रास्ता मनोरम है। सड़क के दोनों ओर सतपुड़ा के जंगलों की शृंखला है। भवानी भाई की प्रसिद्ध कविता है—सतपुड़ा के घने जंगल, जिसे वे बहुत डूब कर सुनाया करते थे। मुख्य सड़क से ओंकारेश्वर के लिए जो सड़क निकलती है वह और भी शान्त तथा आकर्षक लगती है। मन होता है यहीं कुटी बना कर रहा जाय। ओंकारेश्वर नर्मदा तट पर स्थित प्रसिद्ध ज्योतिर्लिंग है। उसके इस पार ममलेश्वर है। हम लोग ममलेश्वर में गाड़ी खड़ी करके नाव द्वारा उस पार ओंकारेश्वर पहुँचे और ज्योतिर्लिंग का दर्शन करके पुनः नाव द्वारा इस पार लौट आये। ममलेश्वर में भी प्राचीन शिव मन्दिर है जिसे कुछ लोग असली ज्योतिर्लिंग मानते हैं। हम लोगों ने दोनों के दर्शन किये। इन्दौर की महारानी अहिल्याबाई धार्मिक और प्रजावत्सल थीं। उन्होंने देश भर के मन्दिरों, विशेष रूप से शिवमन्दिरों का पुननिर्माण कराया तथा अनेक धर्मशालाएँ, कुएँ, घाट आदि के निर्माण कराये। इन्दौर हवाईअड्डा और विश्वविद्यालय का नामकरण उनके नाम पर हुआ है, यह देख कर अच्छा लगा।

गोरखपुर : 31 मई, 2013

इस महीने छत्तीसगढ़ के दरभा में माओवादियों ने कांग्रेस के काफिले पर छिपकर हमला किया जिसमें 27 व्यक्ति मारे गये। वरिष्ठ कांग्रेसी नेता

विद्याचरण शुक्ल को भी तीन गोलियाँ लगीं। इसके पहले इसी तरह छिपकर माओवादियों ने दंतेवाड़ा में 76 पुलिसकर्मियों की हत्या कर दी थी। उनके द्वारा किये जाने वाले अमानुषिक अत्याचारों और हत्याओं की खबरें तो बराबर आती रहती हैं। इस हिंसा और हत्या की कार्रवाइयों से यह तो स्पष्ट है कि माओवादियों का लोकतांत्रिक मूल्यों में कोई भरोसा नहीं। उनके अपने ही सिद्धान्तों पर हिंसा और हत्या हावी है। उनके हथियारबन्द दस्तों का खर्च कहाँ से आता है? जाहिर है वे सरकारी महकमों और कारपोरेट घरानों, ठेकेदारों और व्यवसायियों से आतंक के बल पर वसूली करते हैं। जो जंगल माफिया आदिवासियों की सम्पदा लूटने में लगे हैं उन्हीं से करोड़ों की उगाही करने वाले माओवादी क्या उन आदिवासियों के शुभेच्छु कहे जायेंगे? जो स्कूलों पर हमले करते हैं वे क्या आदिवासी बच्चों का विकास नहीं रोकते? जो आदिवासी लड़कों और लड़कियों को बहला-फुसलाकर या डरा-धमका कर अपने संगठन में भर्ती करके उन्हें सैन्य शिक्षा देते हैं क्या वे आदिवासियों का भला करते हैं? बताया जाता है कि माओवादी नेताओं ने स्वयं करोड़ों की सम्पत्ति जमा कर रखी है और महानगरों में आलीशान फ्लैट्स खरीद रखे हैं। भोले आदिवासियों को जनमुक्ति और जनसत्ता जैसे प्रलोभनों से बहका कर अपनी सत्ता कायम रखने वाले इन माओवादियों का विचार दर्शन और उद्देश्य आखिर है क्या? क्या हिंसा और शोषण से कोई विकास या परिवर्तन सम्भव है?

इंडिया इंटरनेशनल सेंटर, नयी दिल्ली : 14 जून, 2013

रवीन्द्र भवन, 35 फीरोजशाह रोड। इस भवन की सीढ़ियों से मेरा पुराना परिचय है। मुझे याद नहीं, तब यहाँ लिफ्ट लगी थी या नहीं, क्योंकि मैं सीढ़ियों से ही चढ़ कर ऊपर पहुँचता था। आज लिफ्ट लग जाने के बाद भी सीढ़ियों से ही चढ़ता-उतरता हूँ। मेरे पाँव सीढ़ियाँ चढ़ने-उतरने के ही अभ्यस्त रहे हैं। अपनी दिल्ली यात्राओं में 1970 के बाद से मैं इस कार्यालय में भी आने लगा था। मैं नहीं जानता था कि इस कार्यालय का साहित्य या किसी लेखक के महत्त्व में क्या महत्त्व है।

मैं तो बस इतना जानता था, यहाँ कुछ लेखक बैठते हैं जैसे कि प्रभाकर माचवे, भारत भूषण अग्रवाल, शानी आदि जिनसे यों ही मिल लेना है। इस कार्यालय में कभी स्वयं बैठने की तो स्वप्न में भी कल्पना न की थी, न इच्छा हुई थी। तब मैं एक यशः प्रार्थी युवा लेखक था। प्रसिद्ध लेखकों से मिल कर अपने भीतर कुछ विश्वास और कुछ सम्मान का भाव भी भरता था। इस भवन के लिए एक अज्ञात व्यक्ति था। अब मैं इस कार्यालय के सर्वोच्च पद पर हूँ। जब पोर्टिको में कार रुकती है, कोई न कोई दरवाजा खोलने के लिए लपकता है (यद्यपि मैं स्वयं ही खोल कर उतर जाता हूँ), कोई मेरा सामान उठा कर ले चलना चाहता है (यद्यपि हलका सामान मैं खुद ही उठा लेता हूँ) कोई मुझे लिफ्ट से ऊपर चढ़ने का इशारा करता है (हालाँकि मैं हमेशा सीढ़ियों से ही चढ़ कर ऊपर जाता हूँ)। मैं दूसरी मंजिल पर अध्यक्ष के उस विशाल सुरुचिपूर्ण कक्ष में बैठता हूँ जिसके निर्माण काल में अखबारों तक में चर्चा हो जाती थी। दिल्ली की अपनी उन यात्राओं को मैं भूला नहीं हूँ जब भीड़ भरी बसों में लटक कर या अधिक से अधिक आटो रिक्शों में चला करता था। अब रेलवे स्टेशन या हवाई अड्डे पर अकादेमी की गाड़ी ले जाने और छोड़ने के लिए तैनात रहती है। जब राजधानी की प्रशस्त सुन्दर सड़कों से गुजरता हूँ और गाड़ी के सामने घूँघट काढ़े राजस्थानी ग्रामीण स्त्रियाँ या पग्गड़ बाँधे काठियावाड़ी गुजराती वृद्ध झुंड में घबराते डरते सड़क पार करते दिखते हैं तो मुझे अपने वे दिन याद आते हैं जब इन्हीं की तरह मैं भी ये डरावनी सड़कें पार किया करता था और महज एक सौ फीट चौड़ी सड़क पार कर लेने पर मुझे ऐसी आश्वस्ति महसूस होती जैसे एक लम्बी कंटकाकीर्ण जिन्दगी पार कर ली हो। उन दिनों की स्मृति से मेरी आँखें डबडबा जाती हैं। कोई व्यक्ति चाहे जितनी दूर निकल जाय या जिस भी ऊँचाई पर पहुँच जाय, उसे उस जगह को नहीं भूलना चाहिए जहाँ से वह चला था।

गोरखपुर : 19 जून, 2013

हम अपने को स्वाधीन चिन्तक मानते हैं मगर वास्तव में हम अपनी भाषा के बन्दी होते हैं। जो अन्तिम सत्य तक पहुँचना चाहता है उसके

रास्ते की सबसे बड़ी रुकावट उसकी भाषा ही है। जिस भाषा द्वारा हम जानना चाहते हैं वह अनेक जटिल संस्कारों, परम्पराओं, धर्मों, विचारधाराओं, अवधारणाओं और प्रणालियों में जकड़ी होकर हमारे जानने की प्रक्रिया को नियंत्रित करती है तथा हमें उसी वृत्त में उड़ने के लिए विवश किये रहती है। हम जिस ब्रह्माण्ड के अंग हैं और जो भाषा हमको मिली हुई है क्या उसके बाहर निकल सकते हैं? यदि नहीं तो हम अन्तिम सत्य तक पहुँच नहीं सकते। क्या कोई भाषातीत अवस्था भी सम्भव है जो ज्ञाता को अनुभव के किसी ऐसे स्तर पर पहुँचा दे जहाँ से वह ज्ञेय को महसूस कर सके? क्या योगी और साधक उसी की ओर इंगित करते हैं?

गोरखपुर : 20 जून, 2013

जब चारों ओर अँधेरा घेर लेता है, कहीं से कोई प्रकाश की किरण नहीं दिखती, इष्ट-मित्र, सम्बन्धी, परिजन सब साथ छोड़ देते हैं, कोई रास्ता नहीं सूझता, तब केवल अपना 'कर्म' साथ होता है। इसी को 'धर्म', 'अधर्म', 'सत्य', 'असत्य' चाहे जिस नाम से पुकारें, यह होता है अपना 'कर्म' ही। यही सबसे विश्वसनीय साथी है। लोक में भी और यदि कोई परलोक है तो उसमें भी। जब कर्म है तो उसका फल भी ज़रूर होगा। कहा गया है कि हजारों गायों के बीच जैसे बछड़ा अपनी माँ को ढूँढ़ लेता है, उसी प्रकार फल भी अपने कर्म तक पहुँच जाता है। कर्म कभी निष्फल नहीं होता।

अनुक्रमणिका

□□